农业与农村电子商务

杨振荣 王仲梅 马雪文 主编

姜志梅 李涛 蒋莉丽 朱艺 副主编

U0360761

清华大学出版社

北京

内 容 简 介

本书以支持农业与农村电子商务人才培养为出发点,充分考虑岗位能力需求,结合大量经营管理案例,系统地阐述了农业与农村电子商务理论知识和实践技能。本书共 13 章,涵盖了农业与农村电子商务基础,农产品电子商务——基本概述、选品及卖点挖掘、标准化打造、品牌建设、经营模式选择、电子商务平台选择及网店装修与运营、网络营销、基础条件建设,农资、农旅及农村消费品电子商务等多个方面的内容,着重解读了农产品电子商务的运营方法,兼顾理论性与实用性。为便于教学,本书配有教学课件等资源。

本书既可作为电子商务类、工商管理类专业的教材,也可作为农业与农村电子商务相关培训的辅助用书和了解农业与农村电子商务的通俗读物。

图书在版编目(CIP)数据

农业与农村电子商务/杨振荣,王仲梅,马雪文主编. —北京:清华大学出版社,2022.8(2024.8重印)
ISBN 978-7-302-61346-6

Ⅰ. ①农… Ⅱ. ①杨… ②王… ③马… Ⅲ. ①农村—电子商务—研究—中国 Ⅳ. ①F724.6

中国版本图书馆 CIP 数据核字(2022)第 124211 号

责任编辑:刘士平 强 溦
封面设计:常雪影
责任校对:刘 静
责任印制:曹婉颖

出版发行:清华大学出版社
  网 址:https://www.tup.com.cn,https://www.wqxuetang.com
  地 址:北京清华大学学研大厦 A 座   邮 编:100084
  社 总 机:010-83470000   邮 购:010-62786544
  投稿与读者服务:010-62776969,c-service@tup.tsinghua.edu.cn
  质量反馈:010-62772015,zhiliang@tup.tsinghua.edu.cn
  课件下载:https://www.tup.com.cn,010-83470410
印 装 者:三河市天利华印刷装订有限公司
经 销:全国新华书店
开 本:185mm×260mm   印 张:15.75   字 数:379 千字
版 次:2022 年 9 月第 1 版   印 次:2024 年 8 月第 3 次印刷
定 价:49.00 元

产品编号:090081-01

序 >>>

2016年4月25日,习近平总书记在安徽省滁州市凤阳县小岗村主持召开农村改革座谈会时强调:"中国要强,农业必须强;中国要美,农村必须美;中国要富,农民必须富。"随着互联网的普及,我国农业与农村电子商务蓬勃发展,为脱贫攻坚和乡村振兴不断注入新动能,给农民带来更多希望。

2022年中央一号文件提出,要持续推进农村一、二、三产业融合发展,实施"数商兴农"工程,推进电子商务进乡村,促进农副产品直播带货规范健康发展,开展农业品种培优、品质提升、品牌打造和标准化生产提升行动,推进食用农产品承诺达标合格证制度,完善全产业链质量安全追溯体系。同时,加快农村物流快递网点布局,实施"快递进村"工程,加快实施"互联网+"农产品出村进城工程,推动建立长期稳定的产销对接关系。

农业与农村电子商务的快速发展,为广阔乡村架设了重要的交易平台,给越来越多的普通农民提供了致富的可能性。什么是农业与农村电子商务?怎样因地制宜地实施农产品电子商务?怎样实现从简单卖货到创新发展?由杨振荣、王仲梅、马雪文等编写的《农业与农村电子商务》比较全面、深入地解答了这些问题。

《农业与农村电子商务》采用案例引导的方式提出问题,引发思考式学习,书中提供了大量典型成功案例,沿着学习知识、掌握方法、提高能力、重在应用的思路指导学习者不断提升学习能力与实践能力,是一本知识传授与实践指导并重的书籍。本书既可以作为电子商务相关专业的参考教材,也可以作为农业与农村电子商务相关工作与培训的工作手册和辅助资料。

全国电子商务职业教育教学指导委员会秘书长　支芬和
2022年4月

前言 >>>

党的二十大报告指出,要全面推进乡村振兴,坚持农业农村优先发展,加快建设农业强国,扎实推动乡村产业、人才、文化、生态、组织振兴,巩固拓展脱贫攻坚成果。乡村是具有自然、社会、经济特征的地域综合体,兼具生产、生活、生态、文化等多种功能,与城镇互促互进、共生共存,共同构成人类活动的主要空间。推进中国式现代化,必须坚持不懈夯实农业基础,推进乡村全面振兴。

实施乡村振兴战略,首要的任务便是发展乡村经济,即通过经济带动乡村发展,进而促进乡村其他方面的提升和改善。在互联网时代下,最为快速、有效且实用的经济发展方式便是推行农业与农村电子商务,通过电子商务途径将农业与农村的各类产品"送出去",实现劳动经济变现,帮助农民增收;通过电子商务途径将城市中的农业资料"引进来",帮助发展农业,提升农业产值;通过电子商务途径将城市中的消费者"迎进来",让其在农村地域消费,促进农业多业态发展、农民多形式增收。

农业与农村电子商务的实施涉及专业的经营知识与技巧,本书对此进行了系统梳理与讲解。本书内容分为三个部分:第1部分介绍农业与农村电子商务基础;第2部分为本书的核心内容——农产品电子商务,包括基本概述、选品及卖点挖掘、标准化打造、品牌建设、经营模式选择、电子商务平台选择及网店装修与运营、网络营销、基础条件建设等;第3部分为农资、农旅及农村消费品电子商务,补充、完善了农业与农村电子商务的基本体系。

本书每章都以案例导入学习内容,让学生带着问题主动学习并获得解答;每章都明确提出知识与能力目标,添加内容导图,帮助学生提前了解本章详细知识点,建立知识架构;每章结尾设有知识盘点、深度思考及项目实训,帮助学生巩固理论知识,提升实际操作能力。

本书既可作为电子商务类、工商管理类专业的教材,也可作为农业与农村电子商务相关培训的辅助用书和了解农业与农村电子商务的通俗读物。

本书在编写过程中,得到了诸多学者、专家的指导,借鉴了许多权威观点和真实案例,在此一并表示感谢!由于编者水平有限,书中难免有不足之处,敬请各位专家和广大读者批评、指正。

杨振荣

2024 年 1 月

目 录 >>>

第 2 部分　农产品电子商务

第 3 部分　农资、农旅及农村消费品电子商务

◆ 第1部分 ◆

农业与农村电子商务基础

第 1 章

认识农业与农村电子商务

沙集农村电子商务经

沙集是江苏省徐州市睢宁县的一个农村小镇,包括 17 个社区和行政村,总人口 6 万余人。它位于苏北的盐碱地上,农民人均土地不足一亩,村里的人除了外出打工,就是回收废旧塑料。

2006 年,被称为沙集镇网商"三剑客"的孙寒、夏凯和陈雷从外地返乡开网店创业,选择的产品是简易拼装的板式家具。最初起步时,他们找来样品,让镇上的老木匠按样品做出来,在淘宝网上进行销售。经历过一番摸索之后,"三剑客"的网店生意越来越好,2007 年年底,他们投资 10 万元建立了一个小型的家具生产作坊。

农村是个熟人社会,很容易形成带动效应,村里的人纷纷向"三剑客"学习。于是,"三剑客"的网店生意模式被快速复制,网店在沙集镇开始遍地开花。在沙集镇上,无论是带孩子的妇女开的杂货小铺,还是年轻人开的数码店,甚至是理发店、摩托车修理店等,都无一例外地在店里摆着一台计算机,在线开着网店的网页和旺旺。这些人多是兼职开网店,在网上接单,然后在工厂提货。

经过十多年专注家具电商产业发展,沙集镇已聚集 1.64 万个家具电商,1100 家生产型企业,136 家物流公司,2019 年电商家具销售额 125 亿元,被誉为"中国第一电商村"。

2020 年 3 月底,睢宁县县长薛永走进沙集镇智慧电商产业园直播间,变身"带货达人",引发沙集众多电商企业架起手机开启直播活动。2020 年"6·18"电商购物节活动中,共有 93 家企业参与联合直播,开设了 81 个拼多多直播间,3 天时间吸引了 600 多万消费者关注,店铺累计成交额近 2000 万元。通过抢占直播流量红利,沙集电商企业订单转化效果超过传统电商平台的 3 倍,沙集家具产业迎来了新的转型机遇。

为了给电商企业创造良好的发展条件,沙集镇建起了 3000 平方米、能同时容纳 50 家企业直播的直播大厦,帮助实力较弱的企业打造了"沙集镇""沙集网事"等集体品牌,成立了沙集镇家具设计研发院,联合高校力量,免费向企业提供产品设计方案,并注册成立了沙集镇天猫、京东、拼多多官方旗舰店,不断提高沙集品牌影响力。

案例思考:

1. 通过案例,你领悟到了什么?

2. 沙集的农村电子商务经的核心是什么?

3. 通过案例阅读,你认为应该如何定义农村电子商务?

【知识目标】 --------------------------------------■

• 了解农业与农村的基本含义。

• 明晰电子商务的概念与本质。

• 了解农业与农村电子商务的基本概念、现状及发展趋势,理解二者的关系。

【能力目标】 --------------------------------------■

通过对农业、农村及电子商务的学习,全面掌握它们的本质及规律,能够对农业与农村电子商务的相关内涵作深入辨析。

【内容导图】 --------------------------------------■

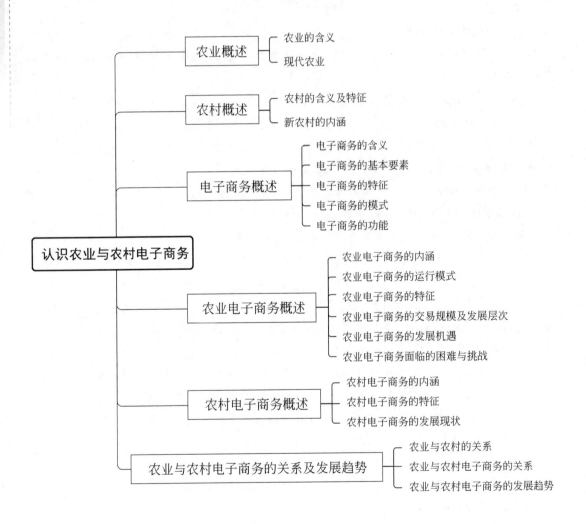

1.1 农业概述

1.1.1 农业的含义

　　农业是以土地资源为生产对象的部门,是通过培育动植物产品从而生产食品及工业原料的产业,其劳动对象是有生命的动植物,获得的产品是动植物本身。农业的生产时间与劳动时间不一致,受自然条件影响大,有明显的区域性和季节性。

　　广义农业包括种植业、林业、畜牧业、渔业、副业五种产业形式,其中利用土地资源进行种植生产的是种植业;利用土地上水域空间进行水产养殖的是水产业,又称渔业;利用土地资源培育采伐林木的是林业;利用土地资源培育或者直接利用草地发展畜牧的是畜牧业;对这些产品进行小规模加工或者制作的是副业;它们都是农业的有机组成部分。对这些景观或者所在地资源进行开发并展示的是观光农业,又称休闲农业,这是随着人们的业余时间富余而产生的新型农业形式。狭义农业是指种植业,是生产粮食作物、经济作物、饲料作物、绿肥等农作物的生产活动。

1.1.2 现代农业

　　现代工业和科学技术的发展催生了一种新型的农业——现代农业,它是萌发于资本主义工业化时期,在第二次世界大战后得以形成的发达农业。其主要特征是广泛地运用现代科学技术,将农业生产由顺应自然变为自觉地利用自然和改造自然,由凭借传统经验变为依靠科学,使其在植物学、动物学、化学、物理学等科学的基础上得以进一步发展,成为科学化的农业;把工业部门生产的大量物质和能量投入农业生产中,以换取大量农产品,成为工业化的农业;使农业生产走上区域化、专业化的道路,由自然经济变为高度发达的商品经济,成为商品化、社会化的农业。现代农业是健康农业、有机农业、绿色农业、循环农业、再生农业、观光农业的统一,是田园综合体和新型城镇化的统一,是农业、农村、农民现代化的统一。

1. 现代农业的特征

　　现代农业具有不同于传统农业的新特征,具体有以下几点。

　　(1) 更高生产率。现代农业具有较高的综合生产率,包括土地产出率和劳动生产率。

　　(2) 可持续发展。现代农业广泛采用生态农业、有机农业、绿色农业的生产技术和生产模式,可以进一步促进区域生态的良性循环,形成可持续的生态产业系统。

　　(3) 高度商业化。现代农业借助趋于成熟的商业体系,成为具有较高经济效益和市场竞争力的产业,在农业现代化水平较高的国家或地区,农产品商品率可达90%以上。

　　(4) 生产条件现代化。包括电力、农膜、肥料、农药、良种、农业机械等在内的物质投入和农业劳动力投入以及现代基础设施建设,使农业生产条件高度现代化。

　　(5) 管理方式现代化。现代农业广泛采用先进的经营方式和管理手段,将产前、产中、产后环节紧密联系在一起,形成有机衔接的产业链条,全面提升了农业生产组织化的程度,保证了相对稳定、高效的农产品加工和销售水平。

（6）农民素质普遍提升。具有较高素质的农业经营管理人才和劳动力，是建设现代农业的前提条件，也是现代农业的突出特征。

（7）农业生产规模化、专业化和区域化。现代农业常通过规模化、专业化和区域化的生产模式来降低农业经营的公共成本和外部成本，减少农业经营成本。

2. 现代农业的基本类型

根据现代农业的经营模式，可将其分为九种类型。

1）绿色农业

绿色农业是指充分运用先进科学技术、先进工业装备和先进管理理念，以促进农产品安全、生态安全、资源安全和提高农业综合经济效益的协调统一为目标，以倡导农产品标准化为手段，推动人类社会和经济全面、协调、可持续发展的农业发展模式。绿色农业不是传统农业的回归，也不是对生态农业、有机农业、自然农业等各种类型农业的否定，而是取长补短、内涵更丰富的一种新型农业。

2）物理农业

物理农业是相对于化学农业的一种农业生产新技术体系型农业，是物理技术和农业生产的有机结合，是利用具有生物效应的电、磁、声、光、热、核等物理因子操控植物的生长发育及其生长环境，促使传统农业逐步摆脱对化学肥料、化学农药、抗生素等化学品的依赖以及自然环境的束缚，最终获取高产、优质、无毒农产品的环境调控型农业。

3）休闲（观光）农业

休闲（观光）农业是利用农村的设备与空间、农业生产场地、农业自然环境、农业人文资源等，经过规划设计，以发挥农业与农村休闲旅游功能，提升旅游品质，并提高农民收入，促进农村发展的一种新型农业。游客不仅可以观光、采摘、体验农耕、了解农民生活、享受乡间情趣，而且可以住宿、度假、游乐。

4）工厂化农业

工厂化农业是以综合运用现代高科技、新设备和管理方法而发展起来的一种全面机械化、自动化，技术、资金高度密集的现代农业，它能够在人工创造的环境中进行全过程的连续作业，从而摆脱自然界的制约。

5）特色农业

特色农业就是将区域内独特的农业资源（地理、气候、资源、产业等）开发成为区域内特有的名优产品，进而转化成为特色商品的一种现代农业。特色农业的"特色"在于其产品能够得到消费者的青睐，在本地市场上具有不可替代的地位，在外地市场上具有绝对优势，在国际市场上具有相对优势甚至绝对优势。

6）立体农业

立体农业又称层状农业，是利用光、热、水、肥、气等资源，以及各种农作物在生长过程中的时间差和空间差，在地面下、水面下、空中以及前方、后方同时或交替进行生产，通过合理组装、粗细配套，组成多功能、多层次、多途径的高产优质农业生产系统，如在葡萄地里种草莓，草莓收获后种菜；水库水面发展网箱养鱼，环库养殖猪、鸡、水禽等。

7）订单农业

订单农业又称合同农业、契约农业，是 20 世纪 90 年代后出现的一种新型农业生产经营模式，它是指农户根据其本身或其所在的乡村组织与农产品的购买者签订的订单，组织安排农产品生产的一种农业产销模式。订单农业很好地适应了市场需要,使农户可以根据订单安排生产,避免了盲目生产。

8) 都市农业与城郊农业

都市农业与城郊农业都是依托城市、服务城市、适应城市发展要求,纳入城市发展战略和建设规划的农业。二者的差异在于,城郊农业主要是为城市供应农副产品,以满足城市商品性消费需要为目标,它的发展水平相对较低,位置居于城市周边地区;而都市农业是为满足城市多方面需求服务,是多功能农业,它的发展水平较高,位置可以在市区近郊,也可以在市区内部。

9) 数字农业

数字农业是指将遥感、地理信息系统、全球定位系统、计算机技术、通信和网络技术、自动化技术等高新技术与地理学、农学、生态学、植物生理学、土壤学等基础学科有机结合起来,在农业生产过程中对农作物、土壤从宏观到微观进行实时监测,以定期获取农作物生长、发育状况、病虫害、水肥状况以及相应的环境信息,生成动态空间信息系统。它可以对农业生产中的现象、过程进行模拟,达到合理利用农业资源,降低生产成本,改善生态环境,提高农作物产量和品质的目的。

1.2 农村概述

1.2.1 农村的含义及特征

"农村"一词源于俄语,有垦荒、从树林中开辟耕地等意义,指以从事农业生产为主的劳动者聚居的地方,是与城市相对应的一种地域概念;也指农业区,有集镇、村落,以农业产业(自然经济和第一产业)为主,包括各种农场(畜牧和水产养殖场)、林场、园艺和蔬菜生产等。

拓展阅读:农村的发展进程

与城市相比较,农村具有以下特征。

(1) 人口居住分散,生产场所分散。

(2) 农村人口生计方式以农业生产为主,以工商业为辅。

(3) 广大农民劳动时间季节性差异较大。

(4) 农村经济发展水平较低,农民的物质及文化生活水平较低。

(5) 家族聚居现象较为明显,地方习俗较浓厚。

(6) 基础设施建设水平较低。

1.2.2　新农村的内涵

拓展阅读："新农村"概念的产生与发展

"生产发展、生活宽裕、乡风文明、村容整洁、管理民主",是党的十六届五中全会对建设社会主义新农村的总体要求。短短 20 字的定位,涵盖了多方面意义。建设社会主义新农村,绝不仅仅是加快农村经济发展,也不止于增加农民收入。要大力发展农村公共事业,意味着在加快经济发展的同时,也要加快农村教育、文化、医疗、社会保障、基础设施等社会事业的发展。

新农村概念是在新的历史背景下,由我国党和政府提出的,它是针对我国农村实际发展情况而来的,重在发展农村,让农村地区赶上我国社会的整体发展步伐。新农村建设涉及内容广泛,包括四大方面:一是农村经济,二是农村综合治理,三是农村社会事业,四是农民收入。

1.3　电子商务概述

1.3.1　电子商务的含义

从狭义上讲,电子商务(electronic commerce,EC)是指通过使用互联网等电子工具(这些工具包括电报、电话、广播、电视、传真、计算机、计算机网络、移动通信等)在全球范围内进行的商贸活动。它是以计算机网络为基础进行的各种商贸活动,是商品和服务的提供者、广告商、消费者、中介商等有关各方参与者的总和。人们一般理解的电子商务是指狭义上的电子商务。

从广义上讲,电子商务是指通过电子手段进行的商务活动。通过使用互联网等电子工具,使公司内部、供应商、客户和合作伙伴之间,利用电子业务共享信息,实现企业间业务流程的电子化,配合企业内部的电子化生产管理系统,提高企业的生产、库存、流通和资金等各个环节的效率。

无论是广义还是狭义上的概念,电子商务都是以商务活动为主体,以计算机网络为基础,以电子化方式为手段,在法律许可范围内进行的一种商务活动。它不仅仅是经营一个网络商城,更不是一个京东、淘宝、天猫等电子商务平台上的网络店铺。

1.3.2　电子商务的基本要素

一个完整的电子商务系统包含六个要素,分别为网络商城平台、商家、消费者、商品、物流、支付系统。网络商城平台提供网络交易的平台,并提供商品展示;商家将自己所售卖的商品上传至网络商城平台之中,借助网络商城平台进行商品展示、售卖及为消费者提供相关服务;消费者通过网址进入网络商城平台浏览商品信息,并从中选取中意的商品,再通过支付系统支付商品费用;最后通过物流(服务商)形式将商品配送至消费者手中。这样就形成了一个完整的电子商务交易系统。

1.3.3　电子商务的特征

电子商务的特征可归纳为以下五点。

1. 普遍性

电子商务是一种在互联网和电子科技基础上孕生的商业交易模式,可以适用于各类经营者,具有普遍性。

2. 方便性

在电子商务环境中,人们不再受地域、时间等的限制,只要有网络就能随时随地进行消费,获取所需要的物品、服务等,如通过网络银行能够全天候地存取账户资金、查询信息等。同时,作为提供物品或服务的企业方,可以进行更灵活的商品售卖,扩大商业经营规模,提高对客户的服务能力。无论是对于普通消费者还是经营者,电子商务都体现了其方便性,极大地满足了各方需求。

3. 整体性

电子商务能够规范事务处理的工作流程,将人工操作和电子信息处理集成为一个不可分割的整体,不仅提高了人力和物力的利用率,还提高了系统运行的严密性。

4. 安全性

在电子商务中,安全性是一个核心问题,它要求网络提供一种端到端的安全解决方案,如加密机制、签名机制、安全管理、存取控制、防火墙、防病毒保护等,这与传统的商务活动有很大不同。

5. 协调性

商业活动本身是一种协调过程,它需要客户与公司内部、生产商、批发商、零售商间的协调,更要求银行、配送中心、通信部门、技术服务等多个部门的通力协作。

1.3.4　电子商务的模式

1. 以交易主体划分

按照交易主体的不同,电子商务可以分为以下模式。

1) B2B(business to business)模式

商家对商家的电子商务,即企业与企业之间通过互联网进行产品、服务及信息的交换。这种形式下进行电子商务交易的供需双方都是商家(或企业、公司),它们使用互联网技术或各种商务网络平台,完成商务交易的过程。这些过程包括发布供求信息、订货及确认订货、支付、票据的签发和接收、确定配送方案并监控配送过程等。

2) B2C(business to customer)模式

商家对用户的模式是国内最早被广泛使用的电子商务模式,也是如今最为主流的电子商务模式之一,国内的 B2C 电子商务网站更是非常多,如天猫商城、京东商城、一号店、亚马逊、苏宁易购、国美在线等。

3) C2C(consumer to consumer)模式

C2C 是用户对用户的模式,这种模式为买卖双方提供一个在线交易平台,使卖方可以通过平台发布、推广自己的商品,而买方可以自行选择商品进行购买。

4) ABC(agent,business,consumer)模式

ABC 模式是新型电子商务模式的一种,被誉为继阿里巴巴 B2B 模式、京东商城 B2C 模式以及淘宝 C2C 模式之后电子商务界的第四大模式。它是由代理商、商家和消费者共同搭建的集生产、经营、消费为一体的电子商务平台,三个主体之间可以转化。在 ABC 模式中,大家相互服务,相互支持,形成了一个利益共同体。

5) B2M(business to manager)模式

B2M 模式是相对于 B2B、B2C、C2C 等电子商务模式而言的一种全新的电子商务模式,其区别在于目标客户群的性质不同,前三者的目标客户群都是作为消费者出现的,而 B2M 模式所针对的客户群是该企业或者该产品的销售者或者工作者,而不是最终消费者。

6) B2G(business to government)模式

B2G 模式是企业与政府管理部门之间的电子商务,如政府采购、海关报税的平台、国税局报税的平台等。

7) M2C(manufacturers to consumer)模式

M2C 是针对 B2M 电子商务模式出现的延伸概念,是生产厂家直接对消费者提供自己所生产的产品或服务的一种电子商务模式,特点是流通环节减少至一对一,从而保障产品品质和售后服务质量。2009 年 10 月,著名经济学家郎咸平在"GMC 中国制造商高峰论坛"上首次提出了"6+1"理论,这是 M2C 模式第一次在中国被正式推出。其中"6"是指产品设计、原料采购、仓储运输、订单处理、批发经营、终端零售这 6 个环节;"1"则指"加工制造"这个环节。

8) O2O(online to offline)模式

O2O 是电子商务领域新兴起的一种电子商务模式,是将线下商务活动与互联网结合在了一起,让互联网成为线下交易的前台。这样线下服务就可以用线上平台来招揽客人,消费者可以用线上平台来筛选服务,即通过线上平台将线下服务与消费者进行了紧密连接。该模式最重要的特点是推广效果可查,每笔交易可跟踪。例如,美乐乐家具网通过搜索引擎和社交平台建立海量网站入口,将网络中的一批消费者吸引到美乐乐家具网,进而引流到当地的美乐乐体验馆,线下体验馆则承担产品展示与体验以及部分的售后服务功能,促进消费者购买。

9) C2B(customer to business)模式

C2B 是电子商务模式的一种,即消费者对企业。这是一种将 B2C 模式进行转换运用的新的电子商务模式。C2B 模式的核心是通过聚合分布分散但数量庞大的用户形成一个强大的采购集团,以此来改变 B2C 模式中用户一对一出价的弱势地位,使之能够以大批发商的价格购买单件商品。

10) P2D(provide to demand)模式

P2D 是一种涵盖范围更广泛的电子商务模式,强调的是供应方和需求方的多重身份,即

在特定的电子商务平台中,每个参与个体的供应和需求都能得到充分满足,充分体现特定环境下的供给端报酬递增和需求端报酬递增。

11) B2B2C(business to business to customers)模式

B2B2C 中第一个 B 指广义的卖方(即成品、半成品、材料提供商等),第二个 B 指交易平台,即卖方与买方的联系平台,用于提供优质的附加服务,C 即指买方。卖方可以是公司,也可以是个人,即一种逻辑上的买卖关系中的卖方。

12) C2B2S(customer to business-share)模式

C2B2S 模式是 C2B 模式的进一步延伸,该模式解决了 C2B 模式初期无法聚集庞大的客户群体而导致其与邀约商家交易失败的问题。全国首家采用该模式的平台为晴天乐客。

13) B2T(business to team)模式

B2T 是以一个团队向商家采购的交易模式,即互不认识的消费者,借助互联网聚集资金,加大与商家的谈判能力,以求得最优的价格。网络团购已经成为十分流行的一种消费方式,在北京、上海、深圳等大城市十分普遍,其主力军是 25~35 岁的青年群体。

2. 以其他方式划分

按照数字化程度,电子商务可以分为完全电子商务和非完全电子商务两种模式;按照交易过程中的直接性,电子商务可以分为间接电子商务(有形货物与服务,仍需借助传统渠道)和直接电子商务(无形货物和服务,如计算机软件、娱乐产品的联机订购、付款和交付)两种模式;按照活动开展的区域范围,电子商务可以分为区域化电子商务、远程国内电子商务、全球电子商务三种模式;按照交易客体,电子商务可以分为实物商品型电子商务、数字化商品电子商务及在线服务型电子商务;按照所使用的网络类型,电子商务可以分为基于专门增值网络(EDI)的电子商务、基于互联网的电子商务、基于 Intranet 的电子商务三种模式。

1.3.5　电子商务的功能

电子商务可提供网上交易和管理的全过程服务,它具有广告宣传、咨询洽谈、网上订购、网上支付、电子账户、意见征询、交易管理等功能。

1. 广告宣传

电子商务的第一阶段就是网络宣传和推广,商家、企业借助互联网及相关电子设备进行相关商业、产品信息的发布与宣传。互联网及相关电子设备在信息传播、推送方面非常便捷、快速,能够彻底打破空间的限制,与以往的各类广告相比,广告成本低廉,且能够向顾客传递大量信息。

2. 咨询洽谈

电子商务可借助电子邮件、即时通信软件等网络端通信手段了解市场和商品信息、洽谈交易事务,如有进一步的需求,还可用网上的白板会议(whiteboard conference)即时交流图形信息。网络咨询和洽谈为人们提供了多种方便的异地交谈形式,是促进电子商务发展的有力支柱。

3. 网上订购

在电子商务平台上,商家、企业可以根据实际情况展示相关商品,而买家则可以在电子商务平台中寻找、浏览自己感兴趣、想要购买的物品,并在线下单订购。

4. 网上支付

客户和商家可基于网络支付工具和技术,实现在线资金支付和转移。网上支付极大地促进了电子商务的发展,解决了网络交易信息问题,但同时也要求形成更为安全可靠的信息传输系统,以防止欺骗、窃听、冒用等违法行为。

5. 电子账户

电子金融即银行、信用卡公司及保险公司等金融单位提供的网上操作服务,电子账户管理是其基本的组成部分。信用卡号或银行账号都是电子账户的一种标志,其可信度和安全性需要通过必要的技术措施来保证,如数字凭证、数字签名、加密等。

6. 意见征询

电子商务能十分方便地收集用户对销售服务的反馈意见,使企业的市场运营形成闭环。客户的反馈意见不仅能提高售后服务的水平,而且能使企业进一步改进产品、发现市场的商机。

7. 交易管理

交易管理涉及人、财、物多个方面,包括企业和企业、企业和客户、企业内部等各方面的协调和管理,是对商务活动全过程的管理,电子商务依据其互联网优势,能够提供一个良好的交易管理环境。

1.4 农业电子商务概述

1.4.1 农业电子商务的内涵

农业电子商务是指利用现代信息技术(互联网、计算机、多媒体等)为涉农领域主体提供线上产品或服务的销售、购买、电子支付等业务交易的商务活动。它以农业网络平台为载体,能够充分利用互联网的易用性、广域性和互通性,实现农业领域快速可靠的网络化商务信息交流和业务交易。农业电子商务涉及多个主体,包括政府、企业、商家、消费者、农民以及认证中心、配送中心、物流中心、金融机构、监管机构等,各主体通过网络被组织在一起。

农业电子商务是从农业传统生产和经营活动中发展起来的新的社会经济运作模式,是现代信息技术、网络技术等与传统农业贸易的有机结合,其目的是提高农业贸易的运营效率,节约农业贸易成本,扩大农业产品的市场范围,改善农业价值链,最终全面促进农业发展。

依据其交易对象,可将农业电子商务分为农用物资电子商务、农产品电子商务和农业旅游电子商务。值得注意的是,农产品电子商务与农业电子商务有着高度的关联性和契合性,人们常常将两者混淆。农产品电子商务是以农产品为对象而开展的电子商务活动,目的是实现农产品的网络销售、交易,是农业电子商务的核心部分,但不等同于农业电子商务。要发展农业电子商务,首要任务便是发展农产品电子商务,离开农产品电子商务的支撑,农业电子商务将无从谈起。

1.4.2　农业电子商务的运行模式

我国农业电子商务的运行模式主要有以下几种。

1. 农民信息服务模式

农民信息服务模式是农业电子商务最为基本的运行模式,主要通过搭建网站发布农业相关信息,在一定程度上满足农民的信息需求。例如,农广在线—中国农事网(简称"广农网")是由中央农业广播电视学校于 2009 年推出的农业科教类网站,网站以中央农业广播电视学校丰富的媒体资源为基础,集农业科技信息资讯发布、远程教育培训、媒体资源传播、技术咨询及推广普及等综合服务为一体,开设了农技视频、农事广播、农业技术、农家书屋、远程教育、网上课堂、在线培训、卫星讲堂、专家咨询及网上直播十个频道、三十多个栏目,实现了农业视频、音频节目点播,图文形式农业技术资源、多媒体形式培训资源网上发布,以及基于互联网的远程培训、在线学习和咨询答疑等,围绕农科教大联合、产学研大协作,搭建教育培训、科研和技术推广机构、农业企业、广大农户交流互动的公共服务平台,打造教育培训、科学普及、技术推广和信息传播的公共服务平台。使农民能够了解更多的市场信息,并利用网络来销售农产品,给广大农民带来更多销售机会,增加了农民的收入,受到农民的欢迎。农民信息服务模式可进一步细分为以下内容。

(1) 农业信息短信服务模式。农业信息短信服务模式伴随着现代网络信息技术的发展而出现,参与者包括信息内容提供商(ICP)、网络服务提供商(ISP)和手机客户(即农民或广大涉农生产经营者)。这种模式在我国许多地方广泛运行,主要通过手机载体发布农业相关的信息给农民或涉农经营者,提升他们的信息获取速度和及时性,如安徽农网和安徽移动通信公司联合开展此项业务。

农业信息短信服务模式的优点在于能充分利用现代网络信息技术和无线通信技术,服务内容丰富,能够直接面向农民,减少了中间环节,运行效率较高,而投入较小,整体产出效益较大;缺点是没有得到很好的推广,了解的人不多,由于短信服务需要收费,农民还需要一个接受的过程,同时操作的难易度、信息的分类标准和农民手机的持有量也会制约其发展。从我国短信发展历史来看,这种服务模式蕴藏着巨大商机,若能够在信息分类、信息标准等方面下功夫,完善个性服务,就会直接提升这种模式的普及度和受欢迎度。

(2) 农村经纪人商务模式。农村经纪人一般是由居住在本地的农民充当,他们乐于接受新鲜事物,并且非常喜欢与周围的同伴交流沟通,常常在群体中扮演着外界新鲜信息传递者的角色,能够借助这个角色和关系属性进行农业相关信息和业务的传递,搭建起外界与农民进行沟通的桥梁。我国很多农村地域都有农村经纪人,农户对某些方面的信息不知道,可以向经纪人进行了解,市场有相关农产品的需求时也可以通过经纪人进行采购。我国农村经纪人在农业经济活动中非常活跃,在传播信息、促进农产品流通方面起着不可估量的作用。

(3) 会员模式。会员模式是指农业网站通过网站会员制度吸引农村经济组织、经纪人和农村,面向广大农村市场提供农业信息,在帮助农民收集、发布信息,让会员得到实惠的同时,为网站带来源源不断的信息流,创造商机。这种模式的优点是网站不需要投入过多资源就能发动农业相关组织和个人参与,随着业务的发展与完善,由会员带来的效益会越来越大，是农业电子商务中非常具有潜力的一种运行模式。

2. 企业信息服务模式

企业信息服务模式是指按行业分类发布最新动态信息，为企业会员提供精准的信息服务，企业通过这些信息可以及时掌握市场需求的变化情况，从而更好地安排生产经营。按照提供信息服务的目标企业不同，可以将该模式分为以下两种。

（1）农产品加工及贸易企业的信息服务模式。我国农产品加工及贸易企业多为中小型企业，数量庞大，广泛分布在城市边缘或乡村地区。这些地方信息相对闭塞，农产品加工及贸易企业无法及时掌握市场供求信息，非常希望从网络上获得农产品供求信息。同时，缺乏组织的农户所生产的农产品也常常由于信息闭塞而出现滞销。农产品信息服务网站能够为两者搭建信息沟通的桥梁，让农产品能够迅速找到买家，让农产品加工及贸易企业迅速找到所需的农产品，在获得企业、农民对网站信息依赖的基础上，进一步发展电子商务经营活动。

（2）农用生产资料企业信息服务模式。农业生产过程中通常需要大量的生产资料，农业网站可以利用多媒体信息技术，面向广大农民为这类企业发布广告，通过邮件方式直接发给网站会员，这种方式更加精准、直接，无须经过中间环节，可以提升为农用生产资料企业提供服务的能力，是一种非常有效的信息服务模式。

3. 综合服务模式

上述两种模式主要是提供服务，不涉及物流服务。综合服务模式是以信息流为先导，结合物流的一种运行模式。综合服务模式的核心内容是信息流和物流相结合，利用企业传统的物流系统，加上农业网站先进的信息流系统，组成商业联盟，网站会员购买联盟企业的产品实行优惠加积分制，每年根据积分给予会员的一定回报或奖励。

4. 产品售卖交易平台服务模式

产品售卖交易平台服务模式是最为常见和传统的一种商务运行模式，它不提供信息，仅提供供求双方产品交易所需的平台，保障双方顺利成交是其最核心的诉求。

1.4.3　农业电子商务的特征

农业电子商务由于其交易对象的特殊性，与传统工业品电子商务相比有诸多不同之处，其具体特征如下。

1. 季节性强

农业电子商务的核心交易对象为农产品，而农产品都具有非常明显的季节性，需要遵循特定生长规律才能发育成熟，其相应的农用物资也存在季节性差异。因此，农业电子商务同样呈现出了强烈的季节性。

2. 地域性强

古语有言，"橘生淮南则为橘，橘生淮北则为枳"，这是对农产品地域依赖性的最好诠释。农产品具有明显的地域差异，因此，作为以农产品为主要交易对象的农业电子商务，也具有强烈的地域性差异。

3. 物流要求高

农业电子商务的交易对象大多以农产品为主，包括各类生鲜、瓜果、蔬菜，非常容易损坏、变质，对物流运输的要求较高。农产品的运输，不仅要在较短时间内配送到位，而且不能重压、重摔，有的还需要冷藏、保鲜运输。

4. 经营更为复杂、困难

农业电子商务的经营是复杂且困难的，它涉及多个步骤，如种植基地检测、产品检测、产品收购、采摘、筛选、包装、物流、仓储；要进行特殊化处理，如冷藏和冷冻、仓储和抗压、抗摔包装等；此外，农业电子商务难以做到切实的标准化，这是其最难以克服的问题。

1.4.4 农业电子商务的交易规模及发展层次

拓展阅读：我国的农业信息化建设

基于国家政策的倡导、支持和市场企业主体的加盟助力，目前我国已形成了活跃的农业电子商务网络体系。截至 2019 年，各类涉农电商超过 3 万家，农村网络销售额达 1.7 万亿元，其中农产品网络销售额为 4000 亿元；各类返乡入乡创新创业人员累计超过 850 万人，其中利用"互联网＋"创新创业的超过 50％。

农业电子商务主要集中在农产品交易，形式有网上期货、大宗商品电子交易、粮食网上交易、网上交易会、网络零售等；有小部分的农资类电子商务，均处于起步阶段，主要以行业信息资讯平台为主，B2B 模式电子商务交易平台有中国化肥网等，B2C 模式电子商务交易平台有浙江智慧农资等。

从农业电子商务当前的发展层次和规模来看，农业电子商务目前还是初垦之地，未来必将是一片蓝海。中国商务部 2020 年 5 月 12 日公布的数据显示，2019 年全国农村网络零售额从 2014 年的 1800 亿元增加到 1.7 万亿元，规模扩大 8.4 倍，其中农产品网络零售额高达 3975 亿元，同比增长 27％。随着国家政策的大力支持、农业电子商务经营能力的综合提升，未来该领域具有良好的发展前景。

1.4.5 农业电子商务的发展机遇

虽然当前农业电子商务的整体规模较小、层次较低，但它具有良好的发展潜力，拥有多种发展机遇，如行业机遇、政策机遇、技术机遇、人才机遇、基础设施机遇等。

1. 行业机遇

农业电子商务是农业与电子商务两个行业的融合之物，其发展离不开这两个行业的支持与衬托。近年这两个行业已迎来了非常大的发展，为农业电子商务的发展奠定了良好的基础。

1）农业产业化趋于成熟

在土地流转、新型农业主体、产业园区等政策推动下，农业产业形式越来越丰富多样，新型农业经营主体的竞相发展，也使农业产业链条越来越完善，极大促进了农业产业的市场化,这些为农业电子商务的发展带来了新机遇、新动力。

2) 电子商务产业体系趋于成熟

自20世纪90年代至今,我国电子商务获得了长足的发展,形成了众多的电子商务模式,开创了多样的电子商务领域,整体产业链接趋于完善。从前端的软件服务,到中端电子商务平台、支付工具的支持,以及终端的物流配送服务,电子商务交易的每个环节都有专业的服务商支持,整个交易顺利、通畅。这为农业电子商务的发展奠定了坚实的基础,有助于行业的持续发展。

2. 政策机遇

农业电子商务在发展过程中承载了助力农业发展、乡村振兴等使命,政府制定的相关政策也为其营造了良好的政策环境,具体政策包括以下内容。

(1) 鼓励电子商务平台服务"一村一品",促进品牌农产品走出去。

(2) 支持建立和完善县、乡、村三级电子商务服务体系。

(3) 开展电子商务进农村综合示范,支持新型农业经营主体和农产品、农资批发市场对接电子商务平台,积极发展以销定产模式。

(4) 建立农村电子商务基地,搭建农产品电子商务供应链,促进农产品销售,培育农业农村品牌,推动农业转型升级。

(5) 鼓励各地政府优先采取以奖代补、贷款贴息等资金支持方式,以中央财政资金带动社会资本共同参与农村电子商务工作。

(6) 大力促进偏远地区休闲农业和乡村旅游提质升级。

拓展阅读:农业电子商务的政策机遇

3. 技术机遇

自20世纪初至今,网络技术取得了长足发展,为农业电子商务提供了坚实的基础,推动着农业电子商务高水平、快速发展。农业电子商务的技术机遇主要体现在以下方面。

(1) 云计算。云计算是一种分布式计算,是指通过网络"云"将巨大的数据计算处理程序分解成无数个小程序,通过多部服务器组成的系统处理和分析这些小程序,得到结果并返回给用户。云计算可以在很短的时间(几秒)内处理数以万计的数据,为电子商务提供强大的网络服务技术支持,包括存储海量的数据信息、防止业务(用户)信息泄露、降低信息存储与分析成本、提高数据信息分析处理能力,帮助电子商务经营者精准识别消费者和抓住消费者消费偏好,有效提升农业电子商务经营能力。

(2) 物联网。物联网是在物品上嵌入电子标签、条形码等能够存储物品信息的标识,通过无线网络的方式将即时信息发送到后台信息处理系统,并将各信息系统连接形成一个网络,从而对物品进行实时跟踪、监控等智能化管理。农业电子商务可以借助物联网传感器和射频识别电子标签技术改变传统库存管理方式,无须人工就能获得产品类型、产品功能、保质期等重要信息。物联网可以帮助经营者和消费者监控农业产品的数量和质量,及时了解产品运输情况、物流位置、运送速度、储存环境等信息,进而确保农业产品及时、安全地送达消费者手中,降低丢包率、误送率。

(3)移动定位技术。移动定位技术是指通过无线终端和无线通信技术的配合,确定移动用户的实际位置信息。由于移动定位技术是位置信息服务的基础,人们经常将移动定位技术与位置信息服务理解为同一个概念。农业电子商务应用移动定位技术,一方面可以促进农业生产端智能化,另一方面可以精准定位农产品物流,让经营者和消费者及时掌握农产品运输、配送状况,提升农业电子商务服务满意度。

(4)大数据技术。大数据是指无法在一定时间内用常规软件工具进行捕捉、管理和处理的数据集合。大数据技术是借助新处理模式对这些含有意义的数据集合进行专业化处理,使应用者具有更强的决策力、洞察力和流程优化能力,掌握海量、高增长率和多样化的信息资产。大数据技术能够帮助农业电子商务经营者精准营销,将产品精准推荐给目标消费者,实现高精准度、高转化率的农业产品销售。

(5)人工智能。人工智能是计算机科学的一个分支,其目的是了解智能的实质,并生产出一种新的能以人类智能相似的方式做出反应的智能机器,包括机器人、语言识别、图像识别、自然语言处理、专家系统等。人工智能可以帮助农业电子商务实现智能化农业生产和智能化商业经营管理,提升农业电子商务经营效率。

(6)增强现实技术和虚拟现实技术。增强现实技术和虚拟现实技术都是基于现实与虚拟世界情景构成新世界情景,但两种技术之间也存在差异。

① 增强现实(augmented reality,AR)技术是一种实时计算摄影机影像的位置及角度并加上相应图像,将真实世界信息和虚拟世界信息融合在一起的技术。增强现实技术可以将现实世界一定时空范围内难以体验到的实体信息通过科学技术模拟仿真后进行叠加,将虚拟的信息应用到真实世界,为人类感官所感知,达到超越现实的感官体验。在农业电子商务领域,增强现实技术可以帮助经营者加强对生产和仓储、运输的管控,提升经营效率。

② 虚拟现实(virtual reality,VR)技术主要包括模拟环境、感知、自然技能和传感设备等方面。模拟环境是由计算机生成的、实时变化的三维立体仿真图像;感知是构建一切人所应具有的感知;自然技能是指由计算机来处理用户的动作数据,并做出实时响应,反馈到用户的感官。在农业电子商务领域,虚拟现实技术可以帮助消费者更便捷地选择适合自己的农产品,提升消费者的消费满意度。

(7)移动支付。移动支付是指消费者利用手机等移动客户端来进行电子货币支付。移动支付将互联网、终端设备、金融机构有效地结合起来,形成了一个新型的支付体系,单位或个人通过移动设备、互联网或近距离传感直接或间接向银行金融机构发送支付指令,产生货币支付与资金转移行为,实现移动支付功能。在农业电子商务领域,移动支付能够极大提升消费者购买农产品的支付便捷性,促进成交转化率。

4. 人才机遇

农业电子商务是一个比较特殊的电子商务领域,它由两部分构成:农业与电子商务。因此,农业电子商务的人才机遇也相应源于农业领域和电子商务领域两个方面。

1)新型职业农民人才数量增加

新型职业农民是以农业为职业、具有相应的专业技能、收入主要来自农业生产经营并达到一定水平的现代农业从业者,可分为生产经营型、专业技能型和社会服务型。

新型职业农民意味着"农民"是一种自由选择的职业,而不再是一种被赋予的身份。从经济角度来说,它有利于劳动力资源在更大范围内的优化配置,有利于农业、农村的可持续发展和城乡融合发展,尤其是在当前人口红利萎缩、劳动力资源供给持续下降的情况下,更是意义重大;从政治和社会角度来说,它更加尊重人的个性和选择,更能激发群众的积极性和创造性,更符合"创新、协调、绿色、开放、共享"的发展理念。

就地培养更多爱农业、懂技术、善经营的新型职业农民是实现乡村振兴的必然要求,也是农业电子商务发展的重要人才基础,能够提供良好的经营保障。

2)电子商务专业运营人才基础坚固

电子商务经过近 20 年的持续发展,目前已培养了一批熟练的电子商务运营人才,他们能够从事日常电子商务运营工作,是当前电子商务发展的基础和力量。同时,政府、机构、企业等对电子商务越来越重视,专项培训了一大批的电子商务专业运营人才,为电子商务的发展进一步夯实了人才基础。

5. 基础设施机遇

网络是实现农业电子商务的基础设施。2019 年 12 月 25 日,农业农村部与中央网络安全和信息化委员会办公室联合印发《数字农业农村发展规划(2019—2025 年)》(简称《发展规划》),在总结发展成效时指出全国行政村通光纤和通 4G 比例均超过 98%,提前实现国家"十三五"规划纲要目标,贫困村通宽带比例超过 94%;农村每百户有计算机和移动电话分别达到 29.2 台和 246.1 部;农业遥感、导航和通信卫星应用体系初步确立,适合农业观测的高分辨率遥感卫星"高分六号"成功发射;物联网监测设施加速推广,应用于农机深松整地作业面积累计超过 1.5 亿亩;信息进村入户工程已覆盖 26 个省,全国 1/3 的行政村建立了益农信息社。《发展规划》还列出发展目标:到 2025 年,数字农业农村建设取得重要进展,有力支撑数字乡村战略实施;农业农村数据采集体系建立健全,天空地一体化观测网络、农业农村基础数据资源体系、农业农村云平台基本建成;数字技术与农业产业体系、生产体系、经营体系加快融合,农业生产经营数字化转型取得明显进展,管理服务数字化水平明显提升,农业数字经济比重大幅提升,乡村数字治理体系日趋完善。

全国行政村通光纤和通 4G 的超高比例,农村计算机和移动电话的普及,以及农业遥感、导航和通信卫星应用体系的确立和物联网监测设施的加速推广,都为农业电子商务的经营与发展铺垫了坚实的基础设施基础。

1.4.6 农业电子商务面临的困难与挑战

农业本身具有地域性强、季节性强、经营分散等特点,农产品又有易损、保鲜要求高、保质期短、标准化程度低等特点,因此要想做好农业电子商务,会面临许多困难和挑战。

农业电子商务经营和发展所面临的困难与挑战主要有以下几个方面。

1. 农业生产标准化和规范化程度低

在农业电子商务发达的国家和地区,农业是以高度标准化为基础运行的。农产品从新品种选育的区域试验和特性试验,到播种收获、加工整理、包装上市都有一套严格的标准。例如,农民在种植番茄时选用什么样的品种,选择什么土壤、光照、水分、温度条件,何时下种、如何施肥、怎样采摘，以及采摘后的仓储、筛选、分级、包装、冷链物流等，都有严格的规定，可以说每个番茄都是严格按照规定标准生产出来的高度相似的产品。

在高度标准化要求下生产出来的农业产品，一方面成本一般可控，并且会随着技术、管理水平的提升和种植规模的增大而有一定幅度的降低（不考虑人力成本提高和当地通胀因素），与工业品生产加工的成本关系类似；另一方面销售价格稳定，通常有一定的市场标准价格。

我国在农业生产标准化和规范化方面还存在不足，这主要是由于以下因素：一是整体的重视度不够，许多农民受传统劳动思想的禁锢和束缚，认为农业经营就是粗放式的，不需要依靠科学技术和标准化原则，"种瓜得瓜，种豆得豆"是最大的准则，至于瓜、豆的品质和数量只能依靠"天意"；二是我国地域广阔、居民习惯复杂，农业科学技术的推广应用难度较大，难以形成统一的生产规范；三是我国在农业科学、生产标准化方面起步较晚，发展空间仍较大。

2. 物流配送成本高昂，物流体系不完善

农业电子商务的物流配送成本一直是难以解决的问题。农产品在运输过程中需要较高的运输条件，如配备冷藏车、精细包装等，且非常容易发生腐坏、变质，在客单价 100 元中甚至有 25%～40% 是物流成本，其物流成本比例是工业品物流成本比例的数十倍。因此，要做好农业电子商务，必须完善冷链物流体系，建立县、乡、村三级物流体系，保证物流效率，降低物流成本。

3. 农业电子商务平台服务不完善，交易双方缺乏信任

电子商务是一种基于互联网而进行的虚拟化交易，它与传统的线下交易相比，最大的困难是交易双方难以形成信任关系，交易双方不能看到真实的对方，难以识别对方的诚信度。尤其是对于购买者来说，自己支付了货币，可是无法获知购买货物的真实品质，卖家是否会按时发货，发的货物品质是否如交易时所承诺的一样。虽然当前已有一些农业电子商务平台或者企业采取了一定的解决措施，如破损补发、快速赔偿、无理由退货等，但仍难以从根本上解决信任问题。要想解决这一难题，农业电子商务平台还需要推出更多服务项目，从根本上保障交易双方的权益。

4. 涉农网站发展不完善

当前我国涉农网站的内容仍存在以下问题：第一，涉农网站经营者多为政府部门或企业，难以真正深入基层农业第一线；第二，网站信息重复，实用性差，部分网站过分强调信息服务功能，而忽视网站商务功能的拓展；第三，涉农网站信息发布、传输滞后，信息更新周期长；第四，网站内容缺乏行业和区域特色，缺乏农产品季节性、区域性特征，无法解决本地农民的实际需要，利用程度低；第五，涉农网站建设水平低，用户定位不明确，没有清晰的盈利模式。涉农网站存在的以上问题为农业电子商务化带来了阻碍，只有尽快完善涉农网站建设，满足农民、农业的信息需求，才能够更快推进农业电子商务化。

5. 复合型农业电子商务人才欠缺

虽然当前已有电子商务行业和农业行业的专业人才基础，但要想实现农业电子商务的全面落地运营，这些人才还存在不足，需要培养兼具两个行业知识的复合型人才。这些复合型人才既要懂得电子商务的操作技巧与运营策略，又要懂得简单的农业知识。但是，现实中

两个行业的人才是相对独立的,兼具两方面专业知识的复合人才可谓凤毛麟角,限制了农业电子商务的发展壮大。

1.5 农村电子商务概述

1.5.1 农村电子商务的内涵

农村电子商务是指以网络平台为基础,结合各种服务于农村的资源,拓展农村信息服务业务、服务领域,形成遍布乡、镇、村的三农信息服务站。农村电子商务的实体终端直接扎根于农村,服务于三农,真正使三农服务落地,使农民成为平台的最大受益者。农村电子商务配合密集的乡村连锁网点,以数字化、信息化的手段,通过集约化管理、市场化运作、成体系的跨区域跨行业联合,构筑紧凑而有序的商业联合体,降低农村商业成本,扩大农村商业领域,使农民成为平台的最大获利者,使商家获得新的利润增长。

农村电子商务以地域划分为标准,交易主体为生活在农村地区的人群,交易对象为人们日常生活所需的各类消费品、农业观光旅游资源、农业劳动所需的农资物品以及农业劳动所获的农产品。根据交易对象可以将农村电子商务划分为四大部分,即农产品电子商务、农用物资电子商务、农业旅游电子商务、农村消费品电子商务,如图 1-1 所示。

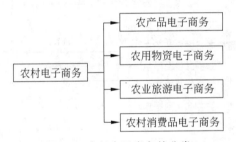

图 1-1　农村电子商务的分类

1.5.2 农村电子商务的特征

由于农村具有独特性,因此农村电子商务具有不同于其他形式电子商务的特征,具体有以下四个方面。

1. 整体性强

农村电子商务是以农村地域为目标的电子商务经营活动,其经营需要统筹农村地域各方资源,而不是仅针对某一类产品或者某一行业。在农村电子商务的经营过程中,要协调统筹整体的资源,既要发展农业产品,也要发展农资产品,更要兼顾农村特色产品和工业品的引进,只有这样才能够做好农村电子商务。

2. 地域性明显

我国地域广阔、民族众多,不同地域具有不同的自然条件、社会文化、特色产品等,因此在进行农村电子商务经营时要充分考虑地域的特点和差异性,充分释放当地的特色和优势为农村电子商务的经营夯实基础。

3. 产业发展前景广阔

农业是第一产业,是农村地区长期以来的主要产业,但要想使农村获得新的发展,仅仅依靠于这一传统产业是不可行的,必须依靠多产业融合发展。电子商务可以极大促进产业结构的调整优化,改变原有经济结构,促进产业升级。作为第三产业的电子商务可以有效带动农村地区服务业的发展,如休闲农业服务、乡村旅游服务等。

4. 市场规模庞大

我国农村占地面积广阔,拥有着非常丰富的资源,如农产品资源、人力资源、自然资源、消费力资源等,造就了一个庞大的农村市场,使农村电子商务具有巨大的市场潜力。

1.5.3 农村电子商务的发展现状

1. 当前经营规模及层次

2020年3月28日,在国务院联防联控机制召开的新闻发布会上,商务部消费促进司负责人王斌表示,抗击新型冠状病毒肺炎疫情期间,不少农民朋友通过各类电子商务平台和物流网络开辟无接触的销售渠道,在快手、抖音等热门平台上面作为"带货主播"进行线上销售,减少新型冠状病毒肺炎疫情对经济的影响。这意味着电子商务进农村在畅通城乡双向流通、助力乡村振兴等方面取得了明显的成效,能够帮助补齐农村流通短板,推动农村消费升级,激发农村的创新创业,带动农民收入增长。

2020年6月,商务部电子商务司发布了《中国电子商务报告(2019)》,对2019年中国电子商务发展情况、发展特点以及未来发展趋势进行了总结。其中,针对2019年中国农村电子商务的发展情况及面临的问题做了专题报告回顾。报告指出,2019年全国农村网络零售额达1.7万亿元,同比增长19.1%;农产品网络零售额3975亿元,同比增长27%。截至2019年,电子商务进农村综合示范对全国832个国家级贫困县实现全覆盖,电子商务扶贫对接、"三品一标"认证深入实施,工业品下行、农产品上行的双向渠道进一步畅通,下沉市场的消费潜力得到释放。农村电子商务进入规模化、专业化的发展阶段。

2. 发展基础及机遇

(1) 设施及用户基础。《中国电子商务报告(2019)》中显示,2019年中国行政村通光纤和4G比例超过98%;中国网民规模为9.04亿,其中农村网民规模为2.55亿,占网民整体的28.2%,中国农村地区互联网普及率为46.2%。这为农村电子商务的发展奠定了设施和用户基础,为农村电子商务的发展注入了动力。

(2) 政策机遇。2020年3月28日,在国务院联防联控机制召开新闻发布会上,商务部消费促进司负责人王斌表示,将会同有关部门重点推进四个方面的工作。一是加强农村电子商务人才培养,会同有关部门和地方政府推进电子商务企业、培训机构、相关协会开展电子商务政策运营、操作、售后等业务培训,引导具有实践经验的电子商务从业者返乡创业,努力培养更多懂得电子商务业务、会经营网店,能够带头致富的复合型农村电子商务人才,带动更多的农民朋友来参与。二是完善农村流通网络体系。继续推动农村物流服务网络设施共享衔接,整合县镇物流快递资源,大力发展共同配送;鼓励电子商务、快递、物流等企业向村镇下沉,进一步完善农村流通网络,畅通电子商务进农村"最后一公里"。三是强化农村基础设施建设。大力推进农产品的分拣、加工、包装、预冷等集配设施建设,指导有条件的地方在重点的乡镇规模化的农产品产地建设前置仓和集配中心,提升农产品进城和工业品下乡的效率。四是推动乡镇商贸转型升级。引导快销、日化等企业为农民开发更多质优价美的工业产品,加强农村电子商务的零售网络站点,加强农特产品电子商务的品牌和营销,推动改造一批农村电子商务零售网络站点,提升农村消费品质。

3. 面临的困难及挑战

与农村电子商务发展良好基础和机遇并存的,还有面临的困难及挑战,要想推动农村电子商务的良好发展,必须积极解决这些问题。当前农村电子商务面临的困难及挑战主要有以下几个方面。

(1) 农村电子商务"最后一公里"仍存在薄弱环节。在农村地区,仍有 74.9% 的村庄没有农村电子商务配送站点,无法满足农村居民"家门口收发货"的基本要求。

(2) 冷链物流、农产品加工和仓储、农产品宣传推广等配套设施和支撑服务体系仍有待完善。

(3) 农村电子商务人才匮乏,大多数农业生产者的条件难以满足电子商务从业需求。

1.6 农业与农村电子商务的关系及发展趋势

1.6.1 农业与农村的关系

农业与农村的区别表现在前者是指以从事动植物培育为主的一种产业,后者则是指以从事农业生产为主的区域。两者的关系可以借助数学中的包含关系来解释,农业被包含于农村,是农村的一部分;农村包含农业,是以从事农业生产为主的区域,除了农业之外还包含农业从业者、农村建筑、农村交通等多个方面。

1.6.2 农业与农村电子商务的关系

农业电子商务与农村电子商务的含义非常相近,很容易混淆,难以对两者进行根本性、全面性区分。以数学中的包含来看,农业电子商务被包含于农村电子商务,是农村电子商务的一部分,也是最核心和基础的一部分,离开了农业电子商务,农村电子商务将无从谈起;农村电子商务包含农业电子商务,但不局限于农业电子商务,它还包含农村消费品电子商务。不过,无论是农业电子商务还是农村电子商务,核心目标都是服务"三农",促进"三农"发展,实现乡村振兴。

因此,农业与农村电子商务无论是在内涵方面,还是在核心目标方面,都是相互关联的,两者既有区别,又有联系。

1.6.3 农业与农村电子商务的发展趋势

基于当前已有的基础和面临的多方机遇,农业与农村电子商务必将迎来大的发展。统筹多方要素和电子商务发展规律,未来农业与农村电子商务将呈现以下发展趋势。

1. 农产品电子商务规模持续提升,成为农业与农村电子商务发展的"主力军"

基于当前农产品电子商务发展的基础,以及行业、政策、人才、技术、基础设施等多方面的发展机遇,未来农产品电子商务必将会获得更大发展,产品品类、数量、经营人员等规模也都会迎来较大提升,成为农业与农村电子商务发展的"主力军"。

2. 移动化将更明显,移动终端成为发力的"主阵地"

农村的互联网基础设施较为简单和落后,主要依靠移动通信网络,且农村的网络用户知识层次和网络操作技能普遍偏低,专业的计算机网络操作具有一定的难度。因此,普及度高、使用便捷的移动终端电子商务平台获得了大量农村网络用户的喜爱。加之近年来手机厂商在手机端的技术升级迭代和在农村区域的大力推广销售,以及移动通信服务商对农村网络基础设施的建设和完善,农村地区手机移动端网络用户数量已获得了非常大的增长。在此基础之上,农业与农村电子商务必然越来越移动化,移动终端也将成为各类农业与农村电子商务平台发力的"主阵地"。

3. 新媒体营销将继续在农业与农村电子商务领域深入发展

借助新媒体而进行的营销活动,便是新媒体营销,当前比较知名且具有较大影响力的新媒体平台有微博、微信、抖音、快手等。新媒体营销的成功案例数不胜数,如西安摔碗酒、郑州孟婆汤等,塑造了一个又一个商品的热销神话。

新媒体营销不止对工业品有效,对农业与农村方面的产品也同样有效,而且效果更好,因为新媒体营销的本质是内容营销模式,其核心在于内容制作,而农业与农村本身就具有高度的话题性和内容点,具有天然的新媒体营销优势。

目前新媒体在农业与农村电子商务方面的应用正处于快速发展期,已孕生出一些比较成功的案例,如展现古之木艺、展示榫卯技术的"阿木爷爷"等,非常好地带动了农业与农村相关产品的网络热销。

随着新媒体营销运营模式的逐渐成熟,以及移动互联网技术的日趋完善,新媒体营销在农业与农村方面的应用将更深入、全面,农业与农村电子商务的新媒体营销必将会迎来新局面,并孵化培育出一批有影响力的农业与农村自媒体,带动更多农业与农村方面的产品实现网络热销,为乡村振兴和发展做出贡献。

4. 众筹、预售将会成为农业与农村电子商务经营重要模式

传统的商业经营流程是先生产商品,再将商品推广至市场,吸引消费者了解、购买。这会给商业经营带来非常大的经营风险和成本,商品如果无法销售出去,就会直接造成损失,经营风险极大;即使能够销售,也须先行承担加工生产、储存、运输等多个方面的成本。

这一传统的商业经营流程与模式,对农产品电子商务来说不是理想的经营模式。如果能够在农产品种植、培育之前,就将农产品提前销售出去,便可以提前收回农产品的成本和利润,消除农产品滞销的风险,是农业与农村电子商务经营的良好模式。这一新型的商业经营流程与模式称为预售、众筹。农业与农村领域的核心产品——农产品,大多保质期较短,提前生产加工很容易因为销售的不畅而造成农产品的损坏和过期,这给本不好经营的农业与农村行业、领域带来更大的困难和挑战。

采取众筹、预售商业经营模式,能够将农产品提前销售出去,依据销售订单种植、培育农产品,降低农产品的经营风险和成本支出。目前由于受到众筹和预售经营模式发展仍不成熟,还不能够全面应用、推广至农业与农村电子商务领域。未来,随着这一商业经营模式的发展成熟,相信它会成为农业与农村电子商务领域中重要的营销和经营模式。

5. 复合型农业将成为新常态和新模式

传统农业经营业态主要有种植、养殖及副业,由于受到与市场的连接度、经济水平及信息传播能力等多方面要素的限制,在实际经营中常常只能进行单一经营,很难做到复合型经营,限制了农业经营的规模和经济效益。

随着移动互联时代的到来和国民收入水平的整体提升,农业的生产、销售、服务、资金等产业环境正在改变,一个新的集农村休闲旅游、体验、民宿、农产品销售等为一体的复合型新业态孕生,将会给农业经营带来新的发展机遇。随着业态模式的成熟和技术、资金等条件的完善,这一新的产业模式将会成为农业与农村电子商务经营的新常态。

6. 社群将成为主导力量,助力农业与农村电子商务发展

社群因某种共性而建立,借助社群能够很好地与目标消费群体相连接,实现产品的销售转化。这一模式对农业与农村领域相关产品的经营销售具有非常大的价值,如垂钓论坛、采摘交流群、农村旅游分享群等都是非常好的社群,能够帮助实现农业与农村领域产品销售。因此,随着社群模式的日趋成熟和势能释放,它将逐渐成为农业与农村电子商务经营的主导力量。

7. 农产品品牌建设将成为继工业品之后另一个电子商务品牌崛起的领域

由于物流成本居高不下,目前农产品电子商务还主要集中在中高端层面,而这类产品有着天然的品牌依赖性,若没有完成品牌建设,很难在未来的竞争中获得一席之地。因此,品牌建设成为当前农产品电子商务发展的最佳出路。当前农产品整体品牌缺位,但农产品品类异常丰富,所以农产品有着比其他类产品更大的品牌打造空间,相信未来农产品品牌建设会迎来新局面,成为继工业品之后另一个电子商务品牌崛起的领域。

8. 政府将继续加大对农业与农村电子商务的支持

农业与农村电子商务对发展乡村经济、解决"三农"问题等具有非常大的价值和作用,近年来政府已出台了众多支持农业与农村电子商务发展的政策、办法及规定,大力鼓励发展农业与农村电子商务,而且落地运营取得了一定的成效,这将更进一步促使政府继续加大对于农业与农村电子商务的支持。

目前,农业与农村电子商务整体还处于探索尝试阶段,但其所蕴含的能量是巨大的,尤其是促进乡村经济的发展等方面。只有继续加大对这一电子商务模式的发展支持,才能够促使其释放所蕴含的能量,将这一新电子商务模式的价值最大化开发、转化。

【知识盘点】 -- ■

本章主要阐述农业与农村电子商务的基本概念及两者的关系,帮助学生理解农业与农村电子商务的本质,抓住农业与农村电子商务中的核心要素;概述了农业与农村电子商务的现状与发展趋势,帮助学生对行业现状形成总体认知。

【深度思考】 -- ■

1. 如何定义、理解农业与农村电子商务?

2. 农业与农村电子商务的区别是什么?

3. 在农业与农村电子商务经营过程中,需要重点考虑哪些方面的影响因素?

4. 在乡村振兴的背景中,应如何发展农业与农村电子商务?

【项目实训】 --■

1. 实训名称：农业与农村电子商务发展机遇分析。

2. 实训目标：深入了解农业与农村电子商务发展机遇。

3. 实训要求：

(1) 组建实训项目小组(建议 4～5 人一组,教师根据班级实际人数情况确定)。

(2) 利用网络、期刊及相关书籍等收集我国颁布、执行的农业与农村电子商务政策(至少 3 个)。

(3) 小组内部进行讨论与分析,找出所收集的政策对农业与农村电子商务发展的影响。

(4) 小组编写分析报告,以 PPT 的形式呈现。

(5) 各个项目小组在班级内进行演讲,陈述分析报告。

(6) 教师及其他小组同学对分析报告进行点评。

◆ 第2部分 ◆

农产品电子商务

第2章

农产品概述

宁夏枸杞

枸杞,是茄科、枸杞属植物,是商品枸杞子、植物宁夏枸杞、中华枸杞等枸杞属物种的统称。人们日常食用和药用的枸杞子多为宁夏枸杞的果实"枸杞子",宁夏枸杞是唯一载入2010年版《中国药典》的枸杞品种。

宁夏枸杞在中国栽培面积最大,主要分布在中国西北地区。其他地区常见的品种为中华枸杞及其变种。宁夏中宁枸杞获评农产品气候品质类国家气候标志。

如果"枸杞"是指商品"枸杞子",则基本是指来源于宁夏枸杞的干燥成熟果实;如果"枸杞"是指除西北以外地区的野生枸杞植物,则基本是植物枸杞或者北方枸杞。

宁夏枸杞主要有两大价值——食用价值和药用价值。

1. 食用价值

宁夏枸杞可以加工成各种食品、饮料、保健酒、保健品等,也可在煲汤或者煮粥的时候加入枸杞增添食物营养或者色泽,更可以泡入茶水杯中改变水味和提升营养价值。枸杞种子油可制润滑油或食用油,还可加工成保健品,枸杞子油。

2. 药用价值

对于现代人来说,宁夏枸杞最实用的功效就是抗疲劳和降低血压,此外,还能够保肝、降血糖、软化血管,降低血液中的胆固醇、甘油三酯水平,对脂肪肝和糖尿病患者具有一定的疗效。据临床医学验证,枸杞还能治疗慢性肾衰竭。

大量测试数据证明,宁夏枸杞的营养成分和药理活性成分颇为丰富,不仅含铁、磷、钙等物质,被国际上公认为"富集锂"的植物,还含有大量糖、脂肪、蛋白质以及氨基酸、多糖色素、维生素等。枸杞浑身都是宝,除子外,花、叶、根、皮都可入药,药效显著,且服用方便。苏东坡在《小圃五咏·枸杞》中就有"根茎与花实,收拾无弃物"之句。

案例思考:

1. 你还知道关于宁夏枸杞的哪些信息?

2. 宁夏枸杞是一类什么样的农产品,它是食品还是药材?

3. 你还知道哪些与宁夏枸杞类似的农产品?

• 了解农产品的含义。

• 了解农产品的分类标准,能够辨别特殊农产品。

通过本章的学习,能够对农产品有清晰的认识,能够清晰辨析食用农产品、食品与中药材三种特殊农产品。

【内容导图】

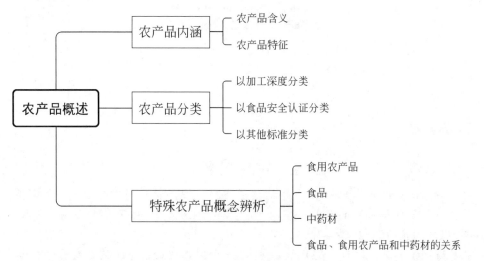

2.1 农产品内涵

农产品是农产品电子商务经营的基础,要做好农产品电子商务,必须对农产品有较为全面、深入的了解,包括农产品的基本含义及特征。

2.1.1 农产品含义

依据《中华人民共和国农产品质量安全法》,农产品是指源于农业的初级产品,包括植物、动物、微生物及其产品,不包括经过加工的各类产品,包含 4 个大类(农业产品、林业产品、畜牧产品和渔业产品)、15 个中类(谷物、棉花、油料、糖料、蔬菜、园艺、水果、中药材、林产品、牲畜、家禽、禽蛋、奶类、海水产品和淡水产品等)、30 个小类、180 种代表产品。

拓展阅读:初级农产品的类型

2.1.2 农产品特征

相对于工业产品,农产品具有以下特征。

(1)地域性。受地理纬度、区域地形以及海拔的影响,不同地理位置的光照、土壤、水分、温度、季风等均存在差别,所以不同地域种植的农产品存在差别。这些差别还会形成不同地域的特色农产品,也就是人们通常所讲的地理标志农产品,如新疆哈密的哈密瓜、库尔勒的库尔勒香梨等。

(2)季节性。农产品生长对气候条件有着较强的依赖性,这便决定了农产品季节性生长、成熟的特点。

(3)生产的长周期性。农产品相较于工业品,生产周期较长,一般最少跨越两个季节,有些农产品还需要跨越多个季节或者年度。

(4)易腐易损性。大部分农产品易腐易损,极易受到温度、湿度及储存、运输条件的影响而腐烂、损坏。

(5)供给波动性。农产品受种植面积、气候、产量、库存等条件,以及农业产业政策、补贴政策、国家收储政策等影响,有丰产、歉产之分,淡季、旺季之别,其生产和供给呈现出较大波动性。

(6)需求稳定性。农产品需求弹性小,尤其是粮食类与油脂类,消费需求基本稳定,受外界的干扰和影响较小。

(7)需求差异性。受生活习惯的影响,同一区域的消费者对农产品的消费需求趋同,不同区域的消费者则表现出一定的差异性,如南方人喜爱喝茶、吃辣、吃甜,北方人喜欢喝酒、食面,因此农产品的需求具有一定的差异性。

(8)消费的可替代性。同类农产品满足的是同一消费需求点,彼此之间具有可替代性。

(9)生产规范和标准缺失。相较于工业品生产的高标准、严规范,我国当前农产品的种植、培育、生产规范及标准严重缺失,更与欧洲、日本等国家存在较大的差距。

(10)保鲜要求高。农产品的消费,往往要求产品要有较高的新鲜度,过期、腐坏、变质产品不可以进行售卖和食用。

(11)价格波动大。农产品价格极易受到政策、气候、地域、市场等多个方面的影响,价格波动较大。

2.2　农产品分类

农产品是较为复杂且特殊的产品,依据不同的标准,农产品的分类是不同的,常见的分类标准有按加工深度、食品安全认证等划分。

2.2.1　以加工深度分类

根据农产品的加工深度,可以将农产品分为初级农产品、加工农产品和乡村手工艺品。

1. 初级农产品

初级农产品就是人们常说的农产品,是指源于农业的初级产品,即在农业劳动活动中获得的植物、动物、微生物及其产品。初级农产品具体分为两类:第一类是农业劳动活动所获的直接产物(不经过任何加工),例如粮食作物、菌类、油料、棉麻柳草、水果蔬菜、禽畜肉蛋、水产海产、苗木花草、种子种苗、部分中草药材、茶叶烟叶、原木原竹、动物皮毛、生漆树脂等农副产品;

农业与农村电子商务

第二类是农产品不经过改变性状的初级加工产品,如笋干、干木耳、烤烟叶、冻肉、果干等产品,而干红辣椒磨成的辣椒粉,则需要具体考虑其生产主体情况,根据国家相关法规、地方法规以及实际情况进行判断。在我国,农业生产者销售的自产农产品免征增值税。

2. 加工农产品

加工农产品根据农产品的加工深度又分为初加工农产品和精深加工农产品。农产品初加工是指对农产品一次性的、不涉及农产品内在成分改变的加工,即对收获的各种农产品(包括纺织纤维原料)进行去籽、净化、分类、晒干、剥皮、沤软或大批包装以提供初级市场的服务活动,以及其他农新产品的初加工活动,包括轧棉花、羊毛去杂质、其他类似的纤维初加工等活动;或者其他与农新产品收获有关的初加工服务活动,包括对农新产品的净化、修整、晒干、剥皮、冷却或批量包装等加工处理等。农产品精深加工是指在粗加工、初加工基础上,将其营养成分、功能成分、活性物质和副产物等进行再次加工。

近年来,我国不断出台优惠政策,鼓励农产品产地初加工,将产业链增值收益更多留给农民。初级农产品经过加工,从粮变粉、豆变芽、肉变肠、奶变酪、菜变肴、果变汁,这个过程可以减少农产品在流通环节中的浪费和损耗,让一些不利于保存和长途运输的农产品成为更容易流通的商品,以此达到提升农产品的品质和附加值、满足不同人群的新型消费需求、促进农产品加工相关产业集聚发展、带动地方经济的目的。从选品角度来讲,精深加工农产品与初级农产品相比,产品质量更有保证、供应链更稳定、储运更容易,更适合在电子商务渠道流通。

案例阅读:冻干食品多元化为农产品精深加工打开新思路

3. 乡村手工艺品

手工艺品是指以手工作业为主制作的产品,乡村手工艺品的材料往往源于农产品或当地的自然资源。随着社会经济发展和人民精神文化生活需求的日益多样化,乡村手工艺品因其实用性、民俗性、传承性、艺术性、地域性等特点,逐步成为乡村文化产业和旅游产业的重要组成部分。

乡村手工艺品从用途来看主要分两大类:一类是满足人民物质需求的实用工具,包括生产工具和生活用具;另一类是满足人民精神需求的文化产品,包括玩具、乐器、装饰品等。农村手工艺品大多数是就地取材,充分利用竹、木、泥土、动物皮毛骨骼等地方性资源。无论是依托独特地方资源进行深加工形成的特色产品,还是为传承传统手工技艺形成的特色产品,它们所蕴含的人文与自然特性,都是它们难以被模仿的独特魅力。

拓展阅读:乡村手工艺品与电子商务

目前,传统手工艺产品在电子商务行业还处于蓝海时代,电子商务重新激活了这些曾经被工业化、规模化生产挤压的濒临失传的地方手工艺,为这些特色资源、传统技艺的延续和发展注入了新的动力,同时也倒逼传统手工艺品打破固有思维,融入时代元素,以适应新的消费需求。农村电子商务在很大程度上降低了空间距离给农村手工艺品带来的不利影响,让承载着历史、文化、情感内涵的乡村手工艺品,重新焕发活力,在各个电子商务平台上,传统手艺品也越来越受到国内外消费者的欢迎,成为农村电子商务选品不可忽视的重要类目。

案例阅读:"互联网+文创",电子商务让传统手艺走向世界

2.2.2 以食品安全认证分类

依据食品安全认证,一般将农产品分为无公害农产品、绿色农产品以及有机农产品(生态食品)三个类别。

1. 无公害农产品

无公害农产品是指产地环境、生产过程和产品质量符合国家有关标准和规范的要求,经认证合格获得认证证书并允许使用无公害农产品标志的优质农产品及其加工制品。无公害农产品生产是采用无公害栽培(饲养)技术及加工方法,按照无公害农产品生产技术规范,在清洁无污染的良好生态环境中生产、加工,安全性符合国家无公害农产品标准的优质农产品及其加工制品。无公害农产品生产是保障大众食用健康农产品、提高农产品安全质量的生产。广义上的无公害农产品包含绿色农产品、有机农产品(生态食品)等无污染的安全营养类食品。

在现实的自然环境和技术条件下,要生产出完全不受到有害物质污染的农产品很难,尤其是蔬菜类农产品。无公害蔬菜是指商品蔬菜中不含有有关规定中不允许的有毒物质,并将某些有害物质控制在标准允许的范围内,保证人们的食材安全。通俗地说,无公害蔬菜应达到优质、卫生。优质是指蔬菜品质好、外观美,维生素和可溶性糖含量高,符合商品营养要求。卫生是指三个"不超标",即农药残留不超标,不含禁用的剧毒农药,其他农药残留不超过标准允许量;硝酸盐含量不超标,一般控制在432ppm以下;工业三废和病原菌微生物等对商品蔬菜造成的有害物质含量不超标。

2. 绿色农产品

绿色农产品是遵循可持续发展原则、按照特定生产方式生产、经专门机构认定、许可使用绿色食品标志的无污染的农产品。可持续发展原则的要求是生产的投入量和产出量保持平衡,既要满足当代人的需要,又要满足后代人同等发展的需要。绿色农产品在生产方式上对农业以外的能源采取适当的限制,以更多地发挥生态功能的作用。

我国的绿色食品分为A级和AA级两种。其中A级绿色食品生产中允许限量使用化学合成生产资料,AA级绿色食品则较为严格地要求在生产过程中不使用化学合成的肥料、

农药、兽药、饲料添加剂、食品添加剂和其他有害环境和健康的物质。按照农业农村部发布的行业标准,AA 级绿色食品等同于有机食品。

3. 有机农产品(生态食品)

有机农产品是指纯天然、无污染、高品质、高质量、安全营养的高级食品,又称"AA 级绿色农产品",是根据有机农业原则和有机农产品生产方式及标准生产、加工出来,并通过有机食品认证机构认证的农产品。有机农业的原则是在农业能量的封闭循环状态下进行生产,全部过程都利用农业资源,而不是利用农业以外的资源(化肥、农药、生产调节剂和添加剂等)影响和改变农业的能量循环。有机农业生产方式是利用动物、植物、微生物和土壤四种生产因素的有效循环,不打破生物循环链的生产方式。

2.2.3 以其他标准分类

1. 根据物流运输特点分类

从物流运输特点来看,农产品可分为易于运输、储藏的农产品,包括小麦、稻米、干果等,和不易于运输、储藏的生、冷、活、鲜类农产品,包括蔬菜、瓜果、海鲜、肉类等。

2. 根据消费需求的强度分类

从消费需求的强度来看,可将农产品分为生活必需性农产品和可替代性农产品。生活必需性农产品,如小麦、稻米、部分蔬菜、部分肉类等,它们具有刚性需求的属性;可替代性农产品,如瓜果、干果等,这些农产品具有弱需求性的特点。考虑不同地区居民的消费习惯,此种分类法只是一种相对分类的方法。

2.3 特殊农产品概念辨析

由于我国农产品监管涉及多个管理部门,出于不同的监管目的、监管范畴、监管方法,农产品被划分为不同的类别,其中最容易被人们混淆、难以辨析的有食用农产品、食品及中药材。这是全面、深入认识农产品不可缺少的一部分,也是认识农产品的重点和难点。

2.3.1 食用农产品

《中华人民共和国食品安全法》(简称《食品安全法》)第二条规定,食用农产品是指供食用的源于农业的初级产品,其质量安全管理遵守《中华人民共和国农产品质量安全法》的规定,但食用农产品的市场销售、有关质量安全标准的制定、有关安全信息的公布,应当遵守《食品安全法》的有关规定。

拓展阅读:食用农产品的概念

2.3.2　食品

食品是指各种供人食用或者饮用的成品和原料,以及按照传统既是食品又是中药材的物品,但是不包括以治疗为目的的物品。按监管严格程度来区分,食品包含三个类别:普通食品、药食同源类食品、保健医学类食品。

1. 普通食品

普通食品主要包括乳制品、饮料、蔬果制品、粮食制品、肉制品、水产制品、蛋制品、调味品、酒类等农产品的精深加工产品,其质量安全管理遵守《食品安全法》。

2. 药食同源类食品

药食同源类食品可作为药材,但其食用不以治疗疾病为目的。截至 2020 年 2 月,国家卫生健康委、国家市场监督管理总局已将当归、西红花、草果、姜黄、决明子、枸杞子等多种物质纳入药食同源类食品,并对党参、黄芪、西洋参、灵芝等九种物质开展药食同源类食品管理试点工作,以《按照传统既是食品又是中药材的物质目录管理规定》限制用途、限制用量、限制食用人群等。根据相关规定,目录中的物质作为食药物质时,建议按照传统方式,仅对原材料进行粉碎、切片、压榨、炒制、水煮、酒泡等方式加工。食品中添加上述食药物质,其标签、说明书、广告、宣传信息等不得含有虚假内容,不得涉及疾病预防、治疗功能。上述物质作为保健食品原料使用时,应当按保健食品有关规定管理;作为中药材使用时,应当按中药材有关规定管理。

3. 保健医学类食品

保健医学类食品主要包括保健食品、特殊医学用途配方食品和婴幼儿配方食品等特殊食品,此类食品在生产流通过程中有比普通食品更为严格的监管办法。以保健食品为例,保健食品是指声称具有特定保健功能或者以补充维生素、矿物质为目的的食品,适宜于特定人群食用,具有调节机体功能,但不以治疗疾病为目的,并且对人体不产生任何急性、亚急性或者慢性危害的食品。国家市场监督管理总局规定,保健食品企业不得宣传保健食品具有疾病预防或治疗功能,还应当声明"本品不能代替药物"。保健食品的包装盒上应标有保健食品标志(小蓝帽标志)、保健食品名称、保健食品批准文号、生产许可证号、净含量、配料、功效、成分、保健功能、适宜人群、食用方法及食用量、贮藏方法、执行标准、生产日期和保质期、生产企业名称及地址等内容。目前,人参、三七、丹参、益母草、土茯苓、太子参等中草药被列入了保健医学类食品的名单。

2.3.3　中药材

中药材是指在我国传统医术指导下应用的原生药材,用于治疗疾病。中药材的品种、产量和质量具有一定地域性,中医自古以来非常重视道地药材。道地药材又称地道药材,是指历史悠久、产地适宜、品种优良、产量丰富、炮制考究、疗效突出、带有地域特点的优质纯真药材,如甘肃的当归、宁夏的枸杞,青海的大黄,内蒙古的黄芪,东北地区的人参、细辛、五味子等。

中药材一般主要源于植物和动物,这类植物和动物一般由人工种植和饲养,野生中药材非常稀少,难以满足人们的需求。因此,可以依据农产品的定义将通过种植、饲养等农业活动获得而没有后续加工的中药材归为农产品,依据农产品相关管理办法进行管理;将有后续加工的中药材归为药品,如常见的中药饮片,依据药品相关管理办法进行管理。

2.3.4　食品、食用农产品和中药材的关系

在实践中,食品与食用农产品非常容易混淆,分辨两者,一要看是否经过改变性状的加工,未改变是食用农产品,反之就是食品,如玉米棒属于食用农产品,玉米粒属于食品;二要看是否有生产许可编号,标注了生产许可编号的产品属于食品,即使该食品的本质是食用农产品,也应划分为食品;三要参照食药监总局修订的《食品生产许可分类目录》(2020 年 3 月 1 日起实施),只要是被列入该目录的产品,在监管中就应认定为食品,属于《食品安全法》的管理范畴,如大米、蜂蜜、葡萄干等,虽然从概念上看属于食用农产品,但是为了更严格的质量监管,仍应遵循《食品生产许可分类目录》将其作为食品对待。

食用农产品和食品在生产、流通过程中所受监督管理的部门和制度不同。2017 年,原国家食品药品监督管理总局答复"关于司法实践中如何区分初级农产品与食品"的问题时明确指出,根据相关规定,农业部门负责食用农产品从种植、养殖环节到进入批发、零售市场或生产加工企业前的质量安全监督管理。

中药材是一种特殊的农产品,它以治疗疾病为主要用途,不属于食用农产品或食品,接受我国中药材标准管理。我国已经建立了以《中国药典》为核心的标准管理体系,全面提高了中药材的质量控制水平,加强了专属性鉴别和含量测定,建立了特征图谱和指纹图谱方法,安全性控制项目明显增加。

案例阅读:食用农产品界定及包装标准的争议案

案例阅读:"药食同源"助力中医融入生活

【知识盘点】

本章主要阐述农产品的基本定义、特征、分类方法及三种农产品的区分,帮助学生全面、深度认识农产品,为农产品电子商务落地经营夯实基础。

【深度思考】

1. 你认为应如何定义农产品?

2. 除了本章所阐述的农产品特征,农产品还具有哪些特征?

3. 你认为初级农产品、加工农产品及乡村手工艺品的关键差异是什么?

4. 你认为食用农产品、食品及中药材的关键差异是什么?

【项目实训】

1. 实训名称:农产品类型分析。

2. 实训目标:深入认识农产品。

3. 实训要求:

(1) 组建实训项目小组(建议 4~5 人一组,教师根据班级实际人数情况确定)。

（2）利用网络、期刊及相关书籍等收集国内一家农产品电子商务经营比较好的企业信息，找出其所经营的农产品（至少 3 个）。

（3）小组内部进行讨论与分析，判断每个农产品的类型（从加工深度角度判断）。

（4）小组编写分析报告，以 PPT 的形式呈现。

（5）各个项目小组在班级内进行演讲，陈述分析报告。

（6）教师及其他小组同学对报告进行点评。

第 3 章

农产品电子商务概述

【导入案例】━━■

甘肃陇南市的农产品电子商务"经"

陇南是甘肃省下辖地级行政区(市),位于甘肃省东南端,东接陕西省,南通四川省,扼陕甘川三省要冲,是连接兰白、成渝、关中—天水三大经济区的战略通道,是西北—西南重要的交通枢纽联结地,素有"秦陇锁钥,巴蜀咽喉"之称,下辖武都区、康县、文县、成县、徽县、两当县、西和县、礼县、宕昌县等1区8县,面积2.78万平方公里,常住人口263.43万人(2019年)。

陇南地处秦巴山区深处,曾经是全国区域性整体贫困的典型代表,生态良好、资源丰富,但山大沟深、信息闭塞,大量优质农特产品"藏在深山人未识"。着眼解决农特产品"卖难"问题,陇南市从2013年起大力发展农产品电子商务,把空间上的万水千山变成了网络里的近在咫尺,让陇南的绿色"宝贝"通过电子商务走出大山、走进全国、走向世界,探索形成了电子商务扶贫的"陇南模式",培育建立了跨界引流、全网营销、差异互补的网销格局,不断推动陇南电子商务提档升级。

截至2020年4月,陇南全市累计发展各类网店1.4万多家,实现销售收入180多亿元,带动22万多人就业,2019年电子商务对贫困群众人均收入贡献额达到840元。陇南荣获"2015中国消除贫困创新奖",在十八届中央政治局第39次集体学习会上作为典型案例编入参考资料,被命名为"全国电子商务扶贫示范市""全国十佳精准扶贫城市"。

案例思考:

1. 应该如何理解或定义农产品电子商务?

2. 农产品电子商务经营的核心是什么?

3. 甘肃陇南市的农产品电子商务发展案例,你认为具有哪些可学习之处?

【知识目标】━━■

- 认识农产品电子商务的基本内涵。
- 了解农产品电子商务的发展现状及趋势。

【能力目标】━━■

在认识农产品电子商务的基础之上,理解农产品电子商务经营的要点,并能够对农产品电子商务进行基本经营规划与布局。

【内容导图】

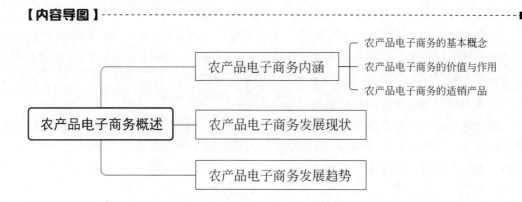

3.1 农产品电子商务内涵

农产品电子商务是农业与农村电子商务的基础和核心,要想做好农业与农村电子商务,要先做好农产品电子商务。这需要对农产品电子商务有全面、深入的了解。

3.1.1 农产品电子商务的基本概念

农产品电子商务属于电子商务的一个分支,是指经营商品或主体是围绕农产品或与农产品相关的服务而进行的电子商务活动,例如生鲜农产品电子商务。农产品电子商务平台指依托网络平台,提供农产品相关知识、发布农业政策和相关农产品市场信息、提供农产品交易服务的相关电子商务网站,例如拼多多、一亩田、美菜网等。

3.1.2 农产品电子商务的价值与作用

电子商务能够拉近生产和消费的距离、降低交易成本、增加商业机会,能够有效克服农产品经营销售中的诸多困难,对我国农业产业化发展具有极大的促进作用。

农产品电子商务主要具有以下价值与作用。

1. 有利于打破传统物理空间限制,扩大农产品流通的范围和效率

农产品电子商务打破了空间的限制,使农产品能够在互联网中全天候、全球化推广及交易,直接扩大了农产品流通和交易的范围和效率,可以从根本上减少农产品滞销现象,实现带动农民、农户增收的目的和效果,助力乡村振兴。

2. 有利于减少农产品流通中介环节,缩短农产品流通链

传统农产品流通需要依靠于多级(个)中介组织,由中介组织凭借其发达的信息网络和购销网络,将规模小、经营分散、自销能力弱的生产农户组织起来进入市场。电子商务则以信息发达的互联网为基础,让农产品所有者直接进入市场,与消费者进行自主交易,不再需要依靠传统的中介组织,极大减少了农产品流通过程中的中介环节,缩短了农产品流通链,提升了农产品生产者对市场的把握度和生产的积极性。

3. 有利于促进农民教育提升,助力农业产业深入发展

农产品电子商务可以使对农民的教育和培训变得更为快捷、方便,更具有针对性,能够让农户了解最新农业生产技术和社会发展动态,不断提高农民的科学文化素质,有利于促进农业新技术在农村的传播,推动农业产业深入发展。

4. 有利于降低农产品的经营销售成本

通过电子商务进行农产品销售,可以减少流通环节、缩短流通链,降低农产品流通的运输保鲜成本和时间成本,减少交易过程中中介的运营费用。另外,农产品生产者通过电子商务平台能直接、迅速、准确地了解市场需求,种植、培育出适销、适量的农产品,避免因产品过剩而导致超额的运输、储藏、加工及损耗成本,更能降低信息搜寻成本、摊位费、产品陈列费用、询价议价成本等交易成本和因信息不通畅而带来的风险成本。

5. 有利于健全农产品市场机制和功能

农产品电子商务对于健全农产品市场机制和功能的作用,主要体现在三个方面:一是有利于健全市场价格机制,二是有利于改进市场交易方式,三是保证农产品质量。

(1)健全市场价格机制。电子商务可以打破信息闭塞、市场割据的局面,构建规模大、信息流畅、透明度高、竞争充分的全国农产品统一市场,建立反应灵敏、健全有效的公平价格机制。

(2)改进市场交易方式。高成本、低效率的对手交易已经难以适应农产品流通发展的要求,市场呼唤更加先进、高效的交易方式,如拍卖交易。拍卖交易是指在公开的场合对农产品的所有权进行竞价转让的交易方式,具有价格信号灵敏、交易规模化、市场透明度高、中介环节少、竞争力强等优势和特点。通过这类交易方式,电子商务能够更好地促进农产品经营销售。

(3)保证农产品质量。农产品电子商务平台具有开放性,消费者可以在消费后将农产品的质量评价信息发布在平台上,形成农产品质量口碑,以此反向监督农产品电子商务经营者对农产品质量的把控和管理,保证了农产品流通过程中的质量。

3.1.3　农产品电子商务的适销产品

判断哪些农产品适合电子商务,最为重要的因素是可运输性,即凡是运输性强的农产品都适合于农产品电子商务发展,反之则不适合。农产品的可运输性,主要取决于两个因素:一是运输成本,二是运输质量损失程度。

1. 运输成本

运输成本在很大程度上决定着农产品最终的销售价格,也决定着农产品的市场竞争力。农产品电子商务所采用的运输方式与传统的农产品运输方式不同,通常是 F2F(farm to family,农场到家庭)模式,销售为点对点,运输为"小包装+快递";而传统的农产品销售流通方式是集散式的,即从农户处收购,批量运到消费地。这便对农产品电子商务的运输成本形成了巨大的压力,如果电子商务平台运输成本明显较高,那么其所销售的农产品竞争力就会直接下降。

2. 运输质量损失程度

在运输过程中,农产品质量难免会受到损伤,可能被磕碰或发生腐坏。运输工具类别、运输时间长短、保鲜措施等,都直接影响着农产品的质量。运输过程中的农产品质量变异问题是农产品电子商务经营的关键所在。

就运输过程中的损失程度而言,不同农产品之间也存在差异。农产品深加工产品,如酒类、酱油、醋、肉食加工品、速食食品等,产品质量稳定性较好,不需要冷链物流,运输中一般也不会有质量变异,较适用于电子商务交易;农产品初加工产品,如大米、面粉、油等可运输性也较好,不需要进行冷藏运输,类似于深加工产品;但如水果、蔬菜、海鲜等,可运输性总体较差,对运输条件的要求较高,通常需要全程冷链运输,包装、装卸都更复杂,运输过程中非常容易受损。因此,只有那些稀缺、替代性低而又很受欢迎的农产品,才可能以高售价承担这部分运输成本,大部分初级农产品不适合采用电子商务交易。

3.2 农产品电子商务发展现状

农业电子商务当前被多个方面赋予了多重希望与责任,要做好农业电子商务,农产品电子商务是关键和核心,对农产品电子商务的发展现状进行深入剖析和了解是非常有必要的。下面从农产品电子商务的政策环境、发展局面及所面临的困难与挑战三个方面,进行深入剖析。

1. 良好的政策支持环境

为了更好推动农产品电子商务发展,我国各级党委、政府机构制定并发布了一系列农产品电子商务支持政策,全面形成了上下紧密衔接的良好政策支持环境。其中,比较重要的最新政策是为贯彻落实党中央、国务院决策部署,顺应国内外新形势、新变化,推动"十四五"时期农业农村信息化加快发展,更好助力乡村全面振兴,按照《"十四五"推进农业农村现代化规划》等上位规划总体部署,由农业农村部组织编制的《"十四五"全国农业农村信息化发展规划》,提出了"十四五"时期农业农村信息化的总体要求、重点任务和保障措施。总体目标是到 2025 年,农业农村信息化发展水平明显提升,现代信息技术与农业农村各领域各环节深度融合,支撑农业农村现代化的能力显著增强。其中具体提到,到 2025 年农业生产信息化率达到 27%,农产品年网络零售额超过 8000 亿元,建设 100 个国家数字农业创新应用基地,认定 200 个农业农村信息化示范基地。

2. 农产品电子商务快速发展

随着中国社会经济的不断发展和国家政策的不断推动,中国农产品电子商务发展势头迅猛,无论是农产品电子商务的整体交易额,还是农产品电子商务企业数量,都在快速增长。

2020 年 6 月,商务部电子商务和信息化司发布的《中国电子商务报告(2019)》显示,2019 年全国农产品网络零售额 3975 亿元,同比增长 27%,而 2015 年农产品网络零售额仅为 1500 亿元,2016 年农产品网络零售额为 2200 亿元,2017 年农产品网络零售额为 2500 亿元。

同时,各类农产品电子商务平台也日益丰富,从最初屈指可数的几个平台,到 2010 年"百团大战"(形容 300 余家团购网站的激烈竞争)的盛况,再到如今农产品电子商务平台,如我买网、天天果园等极具特点的平台,极大惠及了大众生活。

3. 我国农产品电子商务存在的困难与挑战

虽然当前我国农产品电子商务发展较好,且未来发展前景可观,但依然存有一定的困难与挑战。

（1）组织化程度低,产业规模小。我国广大农村地区的农民生产组织化程度极低,仍以单一农户经营为主,农产品生产与销售不成规模,难以形成品牌,很难成为可线上销售的商品。

（2）农产品标准化程度低。目前我国农产品标准化程度很低,广大农民仍采用传统的生产方式,无法适应和满足现代电子商务的采购、销售标准,农产品的规格化、标准化、包装化程度亟待提高。

（3）农产品质量安全认证欠缺。在农产品质量安全认证体系建设上,我国农产品质量安全认证没有完全纳入法律范畴,无公害农产品等认证没有从法律的角度给予明确和肯定。由于农产品质量安全认证在我国还属于新生事物,农产品质量安全认证的总体规模较小,加之宣传推广力度不够,企业和消费者对其认知程度有待提高。

（4）冷链物流设施不足,物流配送存在障碍。农产品运输冷链成本高,且当前冷链物流设施普遍不足,缺乏为中小电子商务企业和农户提供标准化冷链物流的公共服务平台,导致生鲜农产品网销困难。应市场发展的需要,农产品电子商务配送体系中出现了第三方物流公司,在一定程度上细化了农产品电子商务的分工,降低了农产品电子商务物流的成本,提高了农产品电子商务的物流效率。但是在中国第三方物流配送起步时间短,其中还存在着诸多的不足,尤其是监管方面,各个物流公司对于自身要求存在不足,有时难以保证农产品能够完好地送到客户手中。

3.3　农产品电子商务发展趋势

受市场需求、信息技术及政策等多个方面的影响,未来我国农产品电子商务将会呈现以下发展趋势。

1. 标准化趋势

农产品标准化是农产品电子商务发展的必然趋势。标准化包括两个方面:一是农产品生产的标准,尤其是生鲜产品,将逐步实现并普及"三品一标"质量认证;二是农产品电子商务的行业经营规范化。

2. 多功能化趋势

随着信息技术的发展和行业需求的变化,农产品电子商务的功能将越来越多样,除了当前已有的商品展示、信息传递、线上交易等基本功能,还会有供应链管理、融资等延伸功能。

3. 线上、线下深度融合

借助于线上、线下融合的模式,农产品电子商务能够一方面通过线上扩大宣传面,吸引更多消费者;另一方面通过线下增加消费者的体验度、感知度和信任度。目前很多农产品电子商务企业都已启动了线上、线下融合模式。

4. 国际化趋势

随着全球化与信息技术的发展,新一代信息技术加速向农产品贸易领域渗透,农业农村电商与跨境电商进一步创新融合,带动农产品跨境电商新业态、新模式蓬勃发展。农产品电子商务逐步成为稳定农产品贸易基本盘的有效举措,驱动农业农村电商创新升级的重要引擎,推动农村数字经济与实体经济融合的关键动能,助力巩固脱贫攻坚成果同乡村振兴有效衔接的超常规武器。根据中国国际电子商务中心研究院测算,2020 年我国农产品跨境电商零售进出口总额为 63.4 亿美元,同比增长 19.8%。

5. 智能化趋势

随着科学技术的发展,互联网、物联网、云计算、大数据以及人工智能等技术将逐步应用于农产品电子商务经营过程之中,智能营销、智能支付、智能商品管理、智能物流、智能仓储等将推动行业的发展。

6. 多元化趋势

随着农产品电子商务模式的深入发展,农产品电子商务形式将多元化,包括网上期货交易、大宗商品交易、各类批发交易、各类零售交易、各类易货贸易等。

7. 社区化趋势

当前农产品电子商务已经意识到了"最后一公里"的重要性,开始深入社区进行运营布局,以缩短物流链,降低物流成本,减少损耗。但是社区终端的建设是具有一定难度的,建设需要一定的成本,终端建设与渠道融合需要一定的时间,还涉及社区终端的管理以及细节的完善等问题,需要农产品电子商务经营者付出一定的时间和精力。

8. 品牌化趋势

良好的品牌形象和独有的标识对许多消费者来说,象征着质量安全和高品质,可以使他们信赖。未来农产品电子商务将进一步深入挖掘产品内涵,打造品牌,增加产品的附加值,在市场上形成自己的竞争优势,并打通不同的销售渠道。

9. 法治化趋势

农产品电子商务要获得良好、持久发展,必须进行法治化管理、规范。目前,《中华人民共和国电子商务法》已对电子商务整体经营进行了规范和约束,其中有部分针对农产品电子商务的规范与要求。随着农产品电子商务的持续发展,相关法律法规将趋于完善,以更严格、更规范的要求约束农产品电子商务的经营活动,保障农产品电子商务市场良性发展。

【知识盘点】 --■

本章主要阐述、剖析农产品电子商务的基本概念与本质,为农产品电子商务的实际经营做铺垫,同时阐述了农产品电子商务面临的困难和发展趋势,为农产品电子商务经营布局指明方向。

【深度思考】 --■

1. 你认为农产品电子商务最为核心的要素是什么,为什么?

2. 农产品电子商务的价值仅是销售农产品吗,为什么?

3. 你认为当前农产品电子商务经营最亟待解决的问题是什么,为什么?

4. 除了正文中列出的几种农产品电子商务发展趋势外,你认为还有什么趋势,为什么?

【项目实训】

1. 实训名称：农产品电子商务成功案例分析。

2. 实训目标：深入认识农产品电子商务。

3. 实训要求：

(1) 组建实训项目小组(建议 4～5 人一组,教师根据班级实际人数情况确定)。

(2) 利用网络、期刊及相关书籍等收集一家国内农产品电子商务经营比较成功的企业。

(3) 小组内部进行讨论与分析,梳理出其成功的要点(至少 3 个)。

(4) 小组编写分析报告,以 PPT 的形式呈现。

(5) 各个项目小组在班级内进行演讲,陈述分析报告。

(6) 教师及其他小组同学对报告进行点评。

农产品选品及卖点挖掘

【导入案例】━━━━━━━━━━━━━━━━━━━━━━━━━━━━━━━━━━━━■

天天果园的选品秘籍

天天果园是国内新型生鲜零售企业,精选全球鲜果美食,搭建从产地到消费者之间的直供平台,自建冷库,冷链物流运输,主营中高端水果产品,包括进口鲜果和国内优质鲜果。天天果园拥有网站订购、电话订购、电视购物(东方 CJ)、企业直供(大客户定制)和实体服务点等多元供应渠道。团体大客户可享受量身定制产品的服务。天天果园的愿望是让客户享受到真正健康、美味的世界鲜果和管家式体贴放心的服务。

2017 年,天天果园主营业务收入达 10 亿元,平台注册用户超过 800 万,全网用户渗透率达到 10%。2018 年,天天果园收购上海老牌连锁超市 CITY SHOP,围绕线上平台、线下超市及智能零售终端,为客户提供全场景、全品类、全时段的生鲜产品服务;在信息化建设上,天天果园引入高端人才,不断增强自身的研发能力,并成功上线、运营多个拥有自主知识产权的信息化系统,包括 ERP(企业资源计划系统)、OMS(订单中心)、O2O 商户平台、BAS(大数据分析中心)、TMS(前置仓管理系统)、CSS(客服系统)等。

在选品上,天天果园优先考虑适合长途运输的水果品类,例如苹果、橙子、梨、奇异果、樱桃等水果都是主推品类。除了考虑"先天因素","后天基因"也是关键的衡量标准,如消费者的喜好,对水果甜度、硬度、大小、色泽的要求等,都在天天果园的考虑范围之内。

案例思考:

1. 阅读案例资料,谈谈你对于天天果园的认识。

2. 天天果园在选品时为什么要优先考虑适合长途运输的水果品类?

3. 天天果园在选品时,除了考虑"先天因素"之外,为什么还要考虑"后天基因"?

【知识目标】━━━━━━━━━━━━━━━━━━━━━━━━━━━━━━━━━■

- 认识农产品市场分析工具对农产品电子商务选品的意义,了解农产品市场分析工具的使用技巧。
- 掌握农产品电子商务选品的四象限法,了解选品时需要注意的六要素和两大方向,掌握农产品卖点挖掘策略。

【能力目标】━━━━━━━━━━━━━━━━━━━━━━━━━━━━━━━━━■

- 能够利用简单的市场分析工具进行农产品市场数据分析。
- 能够在农产品市场数据分析的结果上,结合选品策略进行选品。
- 能够从"人""货""场"角度挖掘农产品的卖点。

【内容导图】

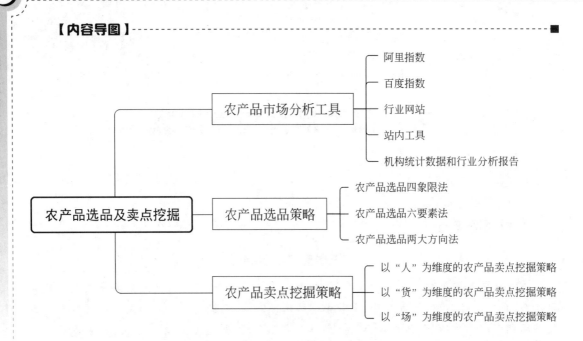

4.1 农产品市场分析工具

要良好经营农产品电子商务,必须进行全面、深入的农产品市场数据分析。通过农产品市场数据分析,经营企业可以及时发现市场机会,预测市场行情,明确自身定位,识别目标客户,为农产品选品提供决策依据。农产品市场分析工具可以有效协助经营者完成以上工作,常用的市场数据分析工具有阿里指数、百度指数等。

4.1.1 阿里指数

阿里指数是以阿里电子商务数据为核心,面向媒体、市场研究员以及社会大众提供的社会化大数据展示平台,它能够提供不同地域、行业指数化的数据分析。利用阿里指数工具,可以获得相关市场行情数据,包括行业大盘、属性细分、采购商素描、阿里排行四大类数据。

下面以苹果为例,分析其阿里指数数据。

在行业大盘中,可以查看过去 12 个月中任意一个时间段苹果在水果行业中的淘宝采购指数(根据淘宝市场中产品所在行业的成交量计算而成的一个综合数值,采购指数越高则该产品在淘宝市场中的采购量越大)、1688 采购指数(根据 1688 市场中产品所在行业搜索频繁程度计算而成的一个综合数值,指数越高则该产品在 1688 市场中的采购量越大)、1688 供应指数(根据 1688 市场中产品所在行业已上网供应产品数计算而成的一个综合数值,指数越高则该产品在 1688 市场中的供应量越大),以及最近 30 天内苹果在水果行业中 1688 采购指数排名,如图 4-1 所示。通过这些数据可以了解苹果以及相关产品一定时间段内的市场供需情况。若市场中对于苹果的需求量大,而供应量小,则苹果是理想的选品,对其进行电子商务经营具有较好前景。

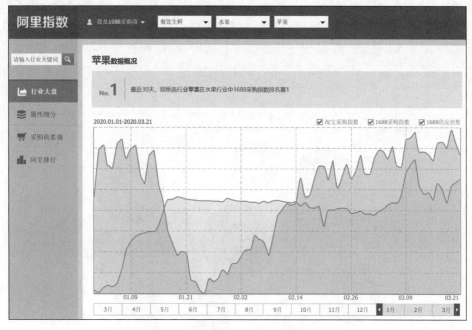

图 4-1　阿里指数——苹果数据概况

在属性细分中,既可以看到苹果的品种、发货地、原产地、产区、净含量等基础属性,如图 4-2 所示,也可以看到包邮款、网店代理、产地货源等热门营销属性,以及最近 30 天苹果在阿里巴巴的价格带分布(不同价格区间的商品数占比,浏览类的价格区间计算商品的发布价格,交易类的价格区间计算商品实际成交单价)。通过数据可以分析出,红富士苹果是最受欢迎的苹果类型,山东、陕西、山西是最热门的苹果产地,五斤装是采购量最多的包装规格,而 20.9～39.5 元的价格区间是最受欢迎的采购价格带。那么,山东、山西、陕西等地的五斤装、价格区间为 20.9～39.5 元的红富士苹果是最好的农产品电子商务选品。

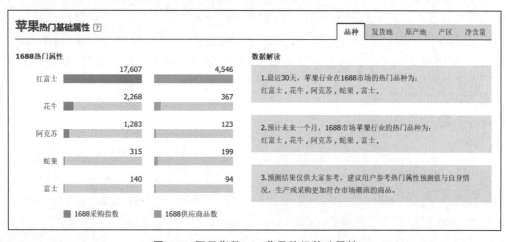

图 4-2　阿里指数——苹果热门基础属性

在采购商素描中,可以看到最近 30 天内苹果新老采购商占比,非淘宝卖家和淘宝卖家占比,苹果采购客单价、苹果采购关联行业信息(见图 4-3)。行业采购客单价统计是所选产品在最近30天内的成交客单价情况;采购关联行业是根据交易及浏览行为,统计不同产品之间的关联程度,关联越大的产品,图示中的圆圈也越大。依据这两个数据,可以选择出客单价较高的农产品以及附带关联度较强的关联性农产品,进而提升单品类农产品电子商务经营效益,扩充农产品电子商务所经营农产品的品类与数量,最终实现农产品电子商务的良好经营。

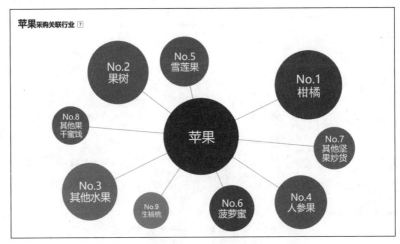

图 4-3　阿里指数——苹果采购关联行业

在阿里排行中,可以看到苹果近7天或30天的搜索排行榜、产品交易/流量排行榜、公司排行榜、企业官网排行榜。在搜索排行榜中还可以看到上升榜、热搜榜、转化率榜前十位的商品。在产品排行榜中更可以看到交易量或流量排名前五十位的商品,还可以点击打开该商品在1688平台的销售界面,了解该商品的具体情况。这些数据从市场搜索、需求等方面提供判断依据,可以作为选品的参照标准。

阿里指数提供的数据主要依托于阿里巴巴电子商务体系,数据体量较大,可以作为市场行情的参考标准之一。但是阿里指数也具有一定的局限性:一方面,该指数体现的是商品在阿里巴巴电子商务体系内的活跃程度、交易量、搜索量,难以对该商品全面、精准分析;另一方面,虽然阿里指数涵盖商品范围广,但是每一个类目数据相对比较粗糙,如果要更进一步了解商品数据,需要借助阿里巴巴的生意参谋等工具进行更为详细的分析。

4.1.2　百度指数

百度指数是以百度海量网民行为数据为基础的数据分享平台,通过百度指数可以了解关键词搜索趋势,洞察网民兴趣和需求,监测舆情动向,定位受众特征,还可以从行业的角度分析市场特点。以橙子为例,在百度指数中搜索"橙子",可以看到所选择的时间段内橙子的搜索趋势、需求图谱和人群画像,还可以输入其他产品与之进行对比。例如,输入对比词"猕猴桃",可以看出猕猴桃的搜索指数一直高于橙子,橙子的搜索指数较为平缓,而猕猴桃的搜索指数在某些时间波动较大,如图4-4所示。

搜索趋势主要包括搜索指数、资讯指数、媒体指数等趋势数据。搜索指数反映了互联网用户对关键词的搜索关注程度及持续变化情况,它是以网民在百度的搜索量为数据基础,以

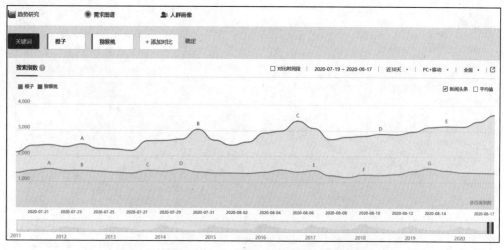

图 4-4   百度指数——"橙子""猕猴桃"搜索趋势研究

关键词为统计对象,科学分析并计算出各个关键词在百度中的搜索频次的加权,根据数据来源的不同可分为 PC 搜索指数和移动搜索指数。资讯指数和媒体指数反映了相关新闻资讯在互联网上对特定关键词的关注及报道程度及变化趋势。其中,资讯指数是以百度智能分发和推荐内容数据为基础,将网民的阅读、评论、转发、点赞、不喜欢等行为的数量加权求和得出资讯指数。媒体指数是对各大互联网媒体报道的与关键词相关的、被百度新闻频道收录的新闻进行统计,数据来源、计算方法与搜索指数无直接关系。

在需求图谱中,可以看到橙子的需求图谱和相关词热度。需求图谱显示的是用户在搜索该词时表现出来的相关检索词需求,它通过综合计算关键词与相关词的相关程度以及相关词自身的搜索量得出,相关词距圆心的距离表示相关词与中心检索词的相关性程度,相关词自身大小表示相关词自身搜索指数大小,红色代表搜索指数上升,绿色代表搜索指数下降。相关词热度展示的是用户搜索的相关词中最热门的词及上升最快的词。例如,橙子的需求图谱显示与其相关性较强的词语有橘子、橙子的功效与作用、橙子的功效、橙子上火吗、橙子的营养价值等,说明消费者非常关注橙子的功效和营养价值,且在橙子中赣南脐橙的关注度较大,如图 4-5 所示。橙子相关词热度排行分别为柠檬、橘子、柚子、橙、橙子的功效与作用、脐橙、柑橘、血橙等,说明消费者在关注橙子的同时也很想了解橙橘类的其他产品。

在人群画像中,可以看到关注橙子和猕猴桃的用户的地域分布、人群属性和兴趣分布,如图 4-6 所示。地域分布显示了关注该关键词的用户来自哪些地域,包括用户所属的省份、城市及城市级别的分布及排名。人群属性显示的是关注该关键词的用户的性别和年龄的分布。兴趣分布是基于百度搜索用户行为数据以及画像库,刻画所选范围中关注该关键词的人群分布情况以及相对全网平均表现的强弱程度。可以看到,年龄在 20~39 岁的人群和女性更关注这两种水果,且该年龄段的人对橙子更感兴趣,而 40 岁以上的人群更关注猕猴桃。

通过百度指数,可以看到关键词的搜索热度,进而分析关键词背后的产品、行业、事件等情况,了解搜索背后的用户行为、用户需求、用户画像等数据。具有类似功能的还有 360 趋势、微信指数、搜狗指数等数据分析工具,可以根据实际情况进行选择。这些分析工具可以帮助农产品电子商务经营者了解相关用户行为和用户关注热点,有利于农产品选品、卖点挖

第 4 章 农产品选品及卖点挖掘

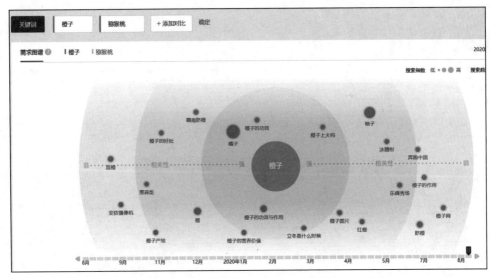

图 4-5　百度指数——"橙子"的需求图谱

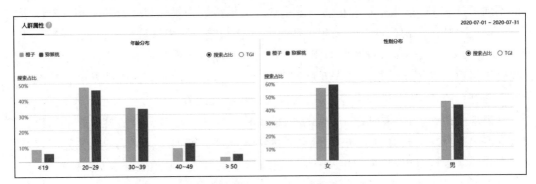

图 4-6　百度指数——"橙子""猕猴桃"人群画像

掘和营销活动的开展。但是,百度指数的数据来源于使用百度搜索、百度浏览器等工具的网民行为数据,较为宏观,想要更深层次地了解数据背后的真实原因、用户行为以及更详细的用户画像,还需要更精细的数据来源和数据统计分析,例如可以通过第三方调研机构发布的行业白皮书来加深对目标客户的了解,或者结合所在的电子商务平台数据进行目标客户数据分析。

4.1.3　行业网站

在电子商务领域,有一些专门针对农业产业或某种农产品的产品销售、资讯共享、产销对接的垂直类目电子商务平台,这些平台往往会发布相应的行情数据,借助这些数据可以了解农产品的价格、供需、产地等行情信息,为农业生产、经营及管理者提供数据支持,例如以下两种。

(1)一亩田交易服务平台采取 B2B 电子商务业态,为具备一定规模的农产品经营主体提供产销精准匹配、线上电商交易、资金安全保障等服务。截至 2019 年 11 月,一亩田平台注册用户数量超 2000 万,分布在全国 2800 余个县,涉及农产品 12000 余种。一亩田依据平台的优势,积极探索农业大数据的采集、开发及应用,目前已研发上线一亩田"天机"农业大数据系统,不仅服务了数百万农业生产经营者,还为多个地方政府提供了大数据分析服务,为这些地方的农业管理和政策制定提供了有力的数据支撑。该系统可以让用户了解全国农产品的供需关系走势、县域主打品种采购渠道区域分布、主打品种采购渠道身份构成、主打品类竞争对手区域分布、主打品种竞争力排名、主打品种竞争力变化和全国新品种新技术情报,如全国/全省畅销农产品排行、全国/全省新型品种培育热度排行等,便于县域政府了解最新农业发展态势,掌握先机,创造优势。在一亩田官网,用户可以看到农产品的不同批发市场各种农产品的批发价格、全国走货量、商机日报等市场行情和不同产品的产地行情,用户还可以根据需求定制热门果蔬的行情分析,如图 4-7 所示。

图 4-7　一亩田农产品行情分析

(2)惠农网是国内农业 B2B 产业互联网平台,平台囊括水果、蔬菜、禽畜肉蛋、水产、农副加工、粮油米面、种子种苗、苗木花草、农资农机、中药材十大类目。作为专业的线上农产品批发交易市场,用户可以在平台上免费发布农产品供求信息,了解国内农产品价格行情,进行农产品批发和农产品交易。2019 年,惠农网推出行情大数据系统,覆盖品类多,覆盖地域广,为农业生产、农产品销售及广大县域农村,尤其是欠发达地区农业产业定位和转型升级提供了技术支撑。惠农行情大数据系统以惠农网近千万用户的交易数据为基础,通过对农产品生产、销售、规模、价格、流通等信息数据的挖掘分析,可实现对全国各县市主要农产品的生产销售、市场规模、价格走势等行情信息的实时跟踪,助力解决农产品不对称问题,指导市场销售,促进产销对接,并为广大农业从业者、科研机构及政府部门提供数据。截至2019 年 7 月,惠农行情大数据系统已覆盖全国 33 个省份、2718 个县市,涵盖 2 万多个常见农产品品种。惠农网"行情大厅"设置了商机分析、农产品值得买、行情情报、热门行情等功能模块,如图 4-8 所示,用户可实时获得全国各大产地的一手行情信息。此外,惠农网还定期推出农产品可视化数据报告等大数据报告,对多种热门农产品进行全方位的市场分析和行情解读,对电子商务选品、行情把控有更为具体的指导意义。

图 4-8　惠农网行情大数据

4.1.4　站内工具

农产品市场分析还可以借助农产品电子商务经营平台的站内工具,如淘宝网的生意参谋、京东商城的京东商智、拼多多的多多查等。不同站内工具具有不同特点,要根据实际情况进行选用。

(1)生意参谋。生意参谋是阿里巴巴商家端统一数据产品平台,其网站首页如图 4-9 所示。生意参谋集数据作战室、市场行情、装修分析、来源分析、竞争情报等数据产品于一体,是大数据时代赋能商家的重要平台。借助生意参谋,商家可以看到口径标准统一、计算全面准确的店铺数据和行业数据,可以快捷了解竞争对手店铺的品类数据、销售情况、推广活动、宝贝上下架时间,以及农产品竞品的价格、属性、销量、营销活动、商品评价等数据,通过分析竞店、竞品数据,更精准找到适合自身经营且具有市场消费潜力的农产品。

(2)京东商智。京东商智是京东商城向第三方商家提供数据服务的产品,能够从 PC、App、微信、手机 QQ、H5 落地页五大渠道,展示实时与历史两个视角下、店铺与行业两个范畴内的流量、销量、客户、商品等全维度的数据,并提供购物车营销、精准客户营销等工具,基于数据,帮助商家提升店铺销售。其中,京东商智行业分析能够从市场行情、行业关键词、品牌分析和属性分析等方面,为商家说明同一类目下的整体市场份额、行业巨头和目标竞争店铺情况,如图 4-10 所示。

(3)多多查。多多查是拼多多的数据分析工具,其功能包括行业分析、监控分析、关键词商品查询、商品信息、查排名、访客来源、实时销量等,如图 4-11 所示。其中,行业分析、监

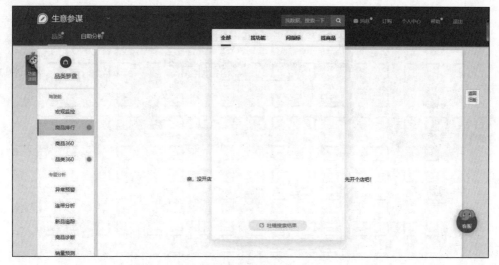

图 4-9　生意参谋网站首页

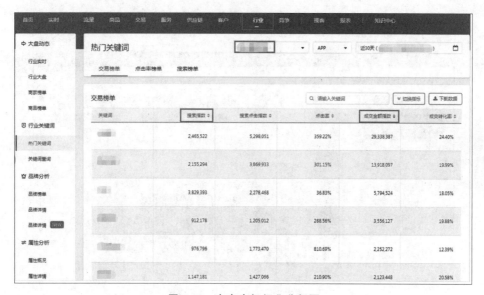

图 4-10　京东商智行业分析页

控分析、关键词商品查询及商品信息等是非常实用的产品市场分析工具,能够帮助农产品电子商务经营者更为精准选择到适合自身且具有市场前景的农产品。

4.1.5　机构统计数据和行业分析报告

在了解行业发展背景、趋势及用户特征时,可以从有关部门发布的各类统计资料、行业分析报告、白皮书等获取数据,并进行分析利用。以下是几个常用的数据获取途径。

1. 中国政府网

登录官方网站,在数据栏目中可以查阅我国宏观经济运行数据,如 GDP、CPI、总人口、粮食产量、社会消费品零售总额等,如图 4-12 所示。

图 4-11　多多查官网页

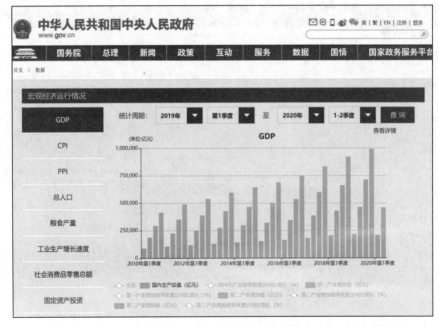

图 4-12　中国政府网数据页面

2. 统计局官方网站

在国家和各地方统计局官方网站，可以获取各级统计局发布的统计数据、统计数据解读、统计公报等官方数据。

3. 199IT（中文互联网数据研究资讯中心）

199IT 是一个专注于互联网数据整理、互联网数据分析、互联网运营咨询的行业权威机构，它致力为中国互联网研究和咨询及 IT 行业数据专业人员和决策者提供一个数据共享平台。199IT 除了有一些自研报告，与企业联合发布的研究报告，还有其他研究机构发布的行

4. 艾瑞网

艾瑞网是一个互联网数据资讯聚合平台,其中的艾瑞数据能够为客户提供基于"情报、数据、服务"的商业数据智能解决方案,涵盖消费者洞察、市场竞争监控、企业精细化运营、共享数据服务。例如,艾瑞数据发布的《2021年中国生鲜电子商务行业研究报告》中,对我国目前生鲜电子商务行业的发展现状、典型商业模式、典型案例进行了分析,并对未来的发展趋势进行了预测,这些数据对生鲜农产品电子商务从业人员具有一定的参考价值。

5. 易观智库

易观智库打造了以海量数字用户资产及算法模型为核心的大数据产品、平台及解决方案,可以帮助企业高效管理数字用户资产和对产品进行精细化运营。例如,易观发布了《2020年二季度自营型生鲜电子商务榜单》,对2020年二季度生鲜平台的增长态势、日均活跃人数进行了分析,并根据6月的月活跃人数对自营型生鲜电子商务App进行了排序。

6. 阿里研究院

阿里研究院成立于2007年,是国内互联网企业中第一家内设研究智库。阿里研究院见证、参与和推动了电子商务、数字经济的发展,已成为国内外数字经济和数字治理研究领域具有广泛影响力的企业智库。阿里研究院发布的阿里行业研究报告对相关行业有一定的参考价值。例如,2020年7月14日,阿里研究院与浙江大学中国农村发展研究院联合发布的《2020阿里农产品电商报告》显示,2019年阿里平台农产品交易额为2000亿元,稳居全国最大农产品上行电子商务平台。位居销售额前十的品类分别为休闲食品、滋补食品、茶叶、水产品、水果、调味品、粮油、肉禽蛋、奶类、蔬菜。其中,水果品类中,丰县苹果在苹果中排名第一,赣州脐橙最受脐橙购买者青睐,烟台樱桃占樱桃市场总量的30%。

4.2 农产品选品策略

通过市场分析工具,可以对农产品的市场供需情况有一定了解与预测,但这不能直接作为农产品选品的标准,还需要综合考量农产品的产品特性、仓储物流要求及电子商务经营情况等多个方面的因素。农产品不比工业品,并不是所有的农产品都适合电子商务经营。

4.2.1 农产品选品四象限法

农产品选品四象限法是根据产品附加值的高低和电子商务经营难度的高低,将农产品划分为四个象限,以此初步判定农产品是否适合电子商务经营,如图4-13所示。其中,附加值主要考虑该农产品的市场价格、需求量和电子商务运营成本;电子商务经营难度主要考虑该类农产品是否适合网络展示、网络销售,能否通过网络达成交易,以及目前的仓储物流条件及保鲜技术能否对其进行运输配送。

第一象限是高附加值但电子商务经营难度较高的农产品,如冷冻肉类、高档水果、新鲜肉类、鲜活海产品、禽蛋及部分中药材等。其中新鲜肉类、鲜活海产品、冷冻肉类,在目前冷链物流尚不完善的情况下,仍在采取原始的冰袋加保温箱模式,且销售受季节性影响很大,

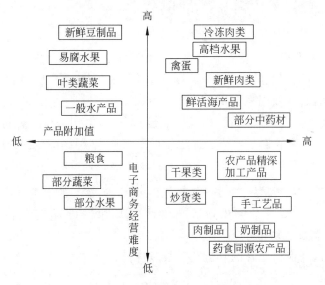

图 4-13　农产品选品四象限法

销售范围也相对有限;高档水果虽然附加值高,但大多是在炎热的夏季上市,长途运输损耗较高;禽蛋较为脆弱,在物流运输过程中极易产生损耗;部分中药材及其加工制品,虽然附加值高,但是由于政策监管严格,生产流通过程中需要取得相应的许可,对生产经营者的资质要求也较高,且在宣传方面受到相关法律法规的制约,因此在电子商务渠道不易大力推广。随着农业生产标准化、规模化以及保鲜、仓储、物流、包装等技术的改革、升级,该象限内的农产品会逐步采用电子商务经营。

　　第二象限是低附加值且电子商务经营难度较高的农产品,例如市场价值较低的一般水产品、叶类蔬菜、易腐水果、豆制品等保质期短、易腐烂、磕碰后易损的产品。它们本身价值较低,生产范围较广,容易腐败且难以运输,电子商务经营成本高、难度大、效益差。这类农产品不适宜做全国性电子商务,较为适合做区域性电子商务,例如 2020 年末异常火热的社区团购,便是利用社交平台进行农产品宣传和线上预售,然后统一完成线下配送。

　　第三象限是电子商务经营难度较低但附加值也较低的农产品,例如粮食和部分蔬菜水果。此类农产品虽然市场需求量大,也比较好运输,但是附加值低、重量大,物流成本较高。以土豆为例,全国各地几乎都出产土豆,即便是一些优质土豆产区出产的土豆,其市场价格也不会太高,土豆自身又比较重,物流成本往往高于土豆本身销售价格。此象限中的农产品不适宜作为电子商务的选品,更适合通过批发或成熟的电子商务平台进行销售,借助其仓储物流资源,将农产品通过干线运输直运到目标市场仓库,再分散配送至零散消费者手中,这样就能够极大地降低物流运输成本,取得市场竞争优势。

　　第四象限是高附加值且电子商务经营难度较低的农产品,这一类农产品是电子商务重点挖掘对象,是选品中最先考虑的对象。属于这一象限的农产品有:①初级农产品的初加工、粗加工产品,例如干果炒货、腌菜酱菜、腌制熏制肉类、奶制品等,相对初级农产品,它们附加值更高,更易保存,便于长途运输;②农产品的精深加工产品,如果汁、辣酱、方便食品、功能性食品、保健食品等,精深加工直接提升了农产品附加值,让农产品成为更便于运输和销售的标准化商品,并且相对农产品而言,不受季节影响,供应稳定;③手工艺品,它们同时又属于轻工业产品,具有地域文化特性、自然资源特性、艺术性等,更容易通过电子商务渠道销售,且附加值更高;④药食同源农产品,药材属性让它们具有保健养生的功效,消费需求非常旺盛,且附加值高,食材属性让它们在生产销售流通过程中有更多的便利条件和相对药材更低的管理门槛。

拓展阅读:社区团购的热潮

4.2.2　农产品选品六要素法

应用四象限法能够对农产品是否适合电子商务经营做出大致判断,但仍不够全面、精准。农产品选品还可以从其市场条件进行判定,因为农产品最终是要面向市场的,这是开展农产品电子商务经营的根本目的和动力。农产品市场条件可以通过其需求度、需求频率、附加值、储运难易度、产量规模及产品品质稳定性六个方面进行判定,这种方式也称农产品选品六要素法。

需求度和需求频率体现的是市场的需求情况。刚性需求的农产品市场需求量较大,例如米、面、粮、油等;高需求频率的农产品重复购买率较高,例如水果、蜜饯、坚果等。因此,刚性需求和高需求频率的农产品能够保障基本交易额和销售业绩,是非常理想的选品。

附加值体现的是生产者、运营商的利益诉求。一般情况下,不同农产品的电子商务运营成本差别不大,附加值越高的农产品,其利润率越高,越能提高农产品电子商务经营者的积极性。

储运难易度体现的是农产品的可交付性。农产品要获得良好的市场经营效果,必须提高其可交付性。农产品的储运难易度具体可以从两个方面进行考量:一是农产品真实的储运难易度,包括储存、包装、装卸及保鲜等方面难易度;二是农产品的储运成本,储运难度低且储运成本低是最为理想的选品。当前很大一部分农产品无法开展电子商务经营,或者开展电子商务经营较为困难,最主要的原因就是农产品的储运难度较大,尤其是生鲜类农产品,它们对于储运的保鲜、时效等方面的要求非常高。

产量规模及产品品质稳定性体现的是农产品的有效供应。具有一定的产量规模、产品品质稳定是农产品稳定供应的基本保障,也是农产品电子商务运营持续稳定的前提。因此,在农产品选品时应重点考虑供应端的稳定、可靠,尽可能与种养殖大户、合作社或规模化农场等合作。

在选品时,最为理想的是刚性需求、高需求频率、高附加值、易储运且具有一定的产量规模和品质的农产品,但在现实中这样的农产品少之又少。因此,要综合考虑这六个方面,结合盈利水平权衡确定选品。

4.2.3　农产品选品两大方向法

商业经营主要有两个方向:一是产品聚焦,即主营某一种或者几种产品;二是多元化布局,即经营多品类化的产品。农产品电子商务经营也可以从这两个方向着手。

农产品聚焦一方面可以集中资金、技术、宣传等力量,全力打造重点产品,促进规模化、标准化生产,降低包装、物流及运营等方面成本,并降低损耗;另一方面可以通过引入产品精深加工技术,延长产业链,提升农产品附加值,将农产品变为标准化的商品,降低销售过程中季节性、区域性的影响。

农产品多元化布局可以保证在不同季节都有农产品可销售,避免因为农产品生产的季节性造成销售过程中仓储物流、平台投入及人员等资源的浪费,分散自然与政策变化带来的风险,在面临市场变化、动荡时及时调整。但是,多元化布局对运营能力、资源等方面的要求也相应较高,要求经营者具有一定的选品能力、品质控制能力、供应商资源、产品专业知识及资金储备量等。

从县域的层次来看,地方资源的实际情况和政策扶持力度,是选择聚焦或多元化布局的考虑要点。若当地农产品资源丰富、精深加工能力弱,较为适合多元化布局方向;若当地农产品资源单一,则较为适合聚焦发展方向。对农产品电子商务经营者而言,选择聚焦还是多元化布局,一方面取决于企业定位、资金实力、人力资源及运营能力等自身条件,另一方面取决于农产品供应端和市场端的外在条件。

案例阅读:小陈皮做出大产业——新会陈皮的三产融合路径

4.3 农产品卖点挖掘策略

卖点是指产品能够满足目标消费者需求的特色、特点,是消费者购买产品的理由,最佳的卖点即为最强有力的消费理由。卖点挖掘即最大程度挖掘产品能够满足消费者需求的特点,发掘新的市场机会,迎合消费者差异化需求,如情感需求、功能需求、原料需求、产地需求、品牌需求、工艺需求等,做到"人无我有、人有我优、人优我特",取得市场竞争优势,提升产品市场竞争力。

农产品要获得良好市场经营效果,选品只是第一步,第二步也是最为重要的一步便是农产品卖点挖掘。只有卖点挖掘得当,才能够保障农产品在市场中取得消费者的认可和欢迎,为农产品电子商务经营打下坚实的基础。农产品卖点挖掘,可以从"人""货""场"三个维度进行分析。

4.3.1 以"人"为维度的农产品卖点挖掘策略

以"人"为维度进行卖点挖掘,可以从以下两个角度进行。

1. 挖掘产品背后关于人的故事

找到农产品背后的人(一般是生产者和经营者),挖掘他们真实的创业故事、艰苦奋斗的精神、勤劳质朴的品质，为产品赋予更多的人文情感和精神，往往更容易引发消费者的情感共鸣。例如，2012年褚橙进京，本来生活网以褚时健75岁再创业的励志故事为主线，制作了"人生总有起落，精神终可传承"的宣传语，将原本寓意为云南冠军橙的"云冠橙"打造成为传递奋斗精神的"励志褚橙"，引发了万千创业者的共鸣，使200吨褚橙迅速售罄；2014年陕西女孩刘阿娟因照顾生病的父亲返乡创业，创立了"爸爸的苹果"品牌，陪伴爸爸一起种苹果，带领农民进行技术革新，生产优质苹果，得到了市场的广泛认可；2015年，赣南脐橙品牌"实赣派"以"橙就是赣出来的"作为宣传语，挖掘赣南脐橙背后江西人"不认命、不服输的实干精神"。产品的背后是人，无论是褚时健的励志精神、刘阿娟的父女亲情，还是江西人艰苦奋斗的实干精神，都是能够让人产生共鸣、为之振奋的正能量，激发起人们内心共同的文化认同和对美好生活的向往。需要注意的是，只有真实的、积极的情感卖点挖掘才能打动人心、经得起考验，应坚决杜绝虚构故事、蓄意卖惨、恶意悲情营销。此外，故事虽然可以作为卖点进行营销，但产品本身的质量才是最核心的竞争力，消费者不会一直为情怀埋单。

2. 挖掘目标客户群体的需求

通过分析目标客户群体的年龄、性别、性格、职业、家庭结构、消费习惯、收入水平、购买能力等信息，可以了解他们对功能、情感、品牌、工艺、产地等的需求，提炼卖点予以满足。例如，杂粮满足的是消费者的健康和营养需求，针对此需求推出的三十天不重样粥，搭配三十种不同组合的熬粥食材，可以满足消费健康养生和每日口味变化的需求，且该款产品冲水即食，可以满足消费者方便快捷的食用需求。

4.3.2 以"货"为维度的农产品卖点挖掘策略

以"货"为维度的卖点挖掘是指从产品的角度来分析企业应该以什么样的产品形式来满足目标消费者或目标消费市场的需求，包括产品的特性、在目标市场上的地位、产品竞争优势等。以"货"为维度的农产品卖点挖掘需要先对市场数据进行分析，了解行业竞争情况，再从自身出发挖掘差异化产品或服务，以此作为竞争优势开拓市场，通过对"货"的分析，深入了解自身能够满足消费者的需求点。

以干果为例，早期通过电子商务销售的干果多是初级农产品或简单加工的农产品，加上包装就可以销售。随着竞争的日益激烈，一些厂家开始从消费者的需求角度出发，考虑如何满足消费者对干果的味道和营养的功能性需求，将"吃坚果可以补充营养"这一概念推向市场，以搭配好的每日份坚果博得消费者关注。去皮去壳、营养美味、开袋即食的特点，让每日份小包装坚果受到了广大消费者的喜爱。在此之后，一些厂家又从消费者情感需求角度出发，通过提供产品或服务使顾客产生情感体验，达到价值认同和情感依赖。例如，干果品牌"三只松鼠"以可爱的卡通形象、拟人化的语言、卡通的包装，让消费者在拆开快递时倍感亲切，感觉该品牌与众不同。在产品同质化严重的情况下，情感价值对消费者的影响力甚至可能超过功能价值。

4.3.3 以"场"为维度的农产品卖点挖掘策略

以"场"为维度的卖点挖掘是指从场景的角度出发，分析消费者购买产品、使用产品的场景，挖掘消费者在不同场景中的个性化需求，提供更多维度和更深层次的附加值。场景分析能够帮助农产品电子商务经营者了解消费者购买和使用农产品的场景,进行相应的农产品设计开发和场景化营销。例如,苹果本质是水果,但是在圣诞节这个场景之下,就成为代表祝福的"平安果";"三只松鼠"坚果包裹中带有开果器、垃圾袋、手套等小礼物,是考虑到了消费者的使用场景,解决消费者吃坚果的后顾之忧;2019年新零售品牌盒马鲜生推出"瓶装大米",以"1瓶米、2瓶水、3人食"作为卖点,解决了年轻消费者煮米饭时不知道放多少水的痛点,满足了很少煮饭的家庭对新鲜大米的需求,一上市就大受欢迎。

【知识盘点】 ━━━━━━━━━━━━━━━━━━━━━━━━━━━━━━■

本章主要阐述了农产品电子商务选品及卖点挖掘的相关策略,列举了几种农产品市场数据分析工具,包括阿里指数、百度指数等,帮助读者借助分析工具更科学、精准地做好农产品的选品及卖点挖掘。

【深度思考】 ━━━━━━━━━━━━━━━━━━━━━━━━━━━━━━━━■

1. 除了列举的几种市场数据分析工具外,你还知道哪些农产品市场数据分析工具,它们具有什么优势和特色?

2. 本章所阐述的几种农产品选品策略之间有什么区别?

3. 你认为卖点的本质是什么,农产品卖点挖掘对于农产品电子商务经营具有什么作用?

【项目实训】 ━━━━━━━━━━━━━━━━━━━━━━━━━━━━━━━━━■

1. 实训名称:农产品选品及卖点挖掘。

2. 实训目标:深入学习农产品选品及卖点挖掘技巧。

3. 实训要求:

(1) 组建实训项目小组(建议4～5人一组,教师根据班级实际人数情况确定)。

(2) 小组选择至少三款农产品。

(3) 小组内部为所选择的每款农产品挖掘卖点。

(4) 小组编写选品及卖点挖掘报告,以PPT的形式呈现。

(5) 各个项目小组在班级内进行演讲,陈述选品及卖点挖掘报告。

(6) 教师及其他小组同学对报告进行点评。

农产品标准化

标准化助力"靖州杨梅"出山

靖州苗族侗族自治县地处湖南省西南部,素有"中国杨梅之乡"称号。靖州杨梅色泽乌亮,酸甜适度,果大核小,品质优良,富含维生素。然而,杨梅非常娇嫩,不能碰水,而且很容易发酵,温度一高还容易发霉,储运难度很高,难以通过电子商务进行销售。运营团队在多次尝试后,终于找到了解决问题的办法。

第一,注重运输全链条的优化。在杨梅选品、装箱的过程中,要考虑杨梅运输全程,即杨梅在整个运输过程中间会搬运几次、经过哪些环境。杨梅的装车、空运、同城配送、上门配送等每个环节都需要进行优化,尽可能地减少杨梅在运输过程中的品质变化。

第二,充分利用技术手段,使用创新型包装材料。杨梅的储运过程可分为七个环节,即采摘、预冷、抽湿、分拣、装箱、放冰、物流,运营团队对每个环节都进行了科学论证和实践。例如,在包装环节,运营团队通过多次尝试,创新性地使用了蛋托式的包装,解决了杨梅包装须抗压、防震的问题。技术的创新能够让产品在储运过程中尽可能降低损耗。

第三,将品控标准落实到每个环节的执行层。每个环节都要形成一个标准化的机制,通过培训的方式让每一个作业的主体都参与进来,并彼此协同,确保消费者能够吃到新鲜美味的杨梅。例如,运营团队构建了三级品控体系:第一级是地头品控,农民在地头采摘杨梅时,根据杨梅的大小进行分拣;第二级是代办品控,主要包括包装、仓储和冷库建设;第三级是运营品控,包括客观描述商品,提醒消费者杨梅取出后要放置15分钟,让杨梅的温度恢复到舌头的温度才是最佳的品尝时机等。

通过以上三个层面,当地运营团队实现了对杨梅供应链和品质的把控,将靖州杨梅通过电子商务推广至全国。目前,当地已逐步形成"种植基地、加工园区、研发中心、商贸物流、文化旅游"五位一体的产业发展新业态。全县杨梅基地面积达10万亩,年产值超过10亿元,有效带动了当地群众脱贫增收。

案例思考:

1. 你还知道哪些农产品如靖州杨梅一样较难发展电子商务?

2. 通过学习靖州杨梅的案例,你有什么体会?

3. 农产品标准化对于农产品电子商务运营具有什么意义?

• 了解农产品标准化的必要性,认识我国农产品标准化的发展背景、现状及意义。

- 了解我国农产品标准化体系,包括"三品一标"、农产品合格证制度、食品生产许可认证、农产品质量安全追溯等常见农产品质量认证及评价体系。
- 熟悉农产品标准化的策略、方法及流程。

【能力目标】

- 能够掌握农产品标准化打造的相关内容、方法和流程。
- 能够结合农产品品质"硬实力"和市场营销推广"软实力"两种策略进行农产品标准化打造。

【内容导图】

```
                        ┌─── 政策法规要求
         ┌── 农产品标准化的必要性 ──┼─── 农产品网销化发展要求
         │              └─── 农产品品质保障要求
         │
         │                      ┌─── 农产品生产标准化体系
         │                      ├─── 农产品质量标准化体系
农产品标准化 ├── 农产品标准化体系 ──┼─── 农产品流通标准化体系
         │                      └─── 农产品质量安全追溯体系
         │
         │              ┌─── 环节标准化
         ├── 农产品标准化的策略 ──┤
         │              └─── 三级品控
         │
         │              ┌─── 宣传农产品品质
         └── 农产品标准化的呈现 ──┤
                        └─── 优化营销与服务
```

5.1 农产品标准化的必要性

标准化是指为在一定的范围内获得最佳秩序,对实际的或潜在的问题制定共同的和重复使用的规则的活动,包括制定、发布及实施标准的过程。农产品标准化即是以农产品为对象所开展的标准化活动,是指为了有关各方面的利益,对农产品的生产及经营制定并实施一定的标准,使农产品生产及经营统一且合理。其目的是将农产品的科技成果和生产实践相结合,形成"文字简明、通俗易懂、逻辑严谨、便于操作"的技术、作业及经营标准,最终生产出质优、量多的农产品,并向市场进行供应。

农产品标准化具有必要性,主要受到政策法规要求、农产品网销化发展及农产品品质保障三大方面的影响。

5.1.1　政策法规要求

一直以来，我国各级部门都把建立和完善农产品质量和食品安全标准体系，提升农产品质量作为重点工作，并出台了多项相关政策与法规，要求大力推进、落实农产品标准化。

2016年2月5日，农业部办公厅印发的《2016年农产品质量安全监管工作要点》中，重点提及了要大力推进农业标准化，包括加快完善农兽药残留标准体系、推进农业标准化生产示范创建和稳步发展"三品一标"。2017年中央一号文件明确指出全面提升农产品质量和食品安全水平，坚持质量兴农，实施农业标准化战略，突出优质、安全、绿色导向，健全农产品质量和食品安全标准体系。2017年3月8日，农业部印发的《"十三五"全国农产品质量安全提升规划》中，持续提出要通过完善标准体系、强化标准实施、推进"三品一标"来大力推进农业标准化。2019年1月14日，国务院办公厅发布了《关于深入开展消费扶贫助力打赢脱贫攻坚战的指导意见》，强调我国应加快农产品标准化体系建设，鼓励贫困地区制定特色农产品地方标准，开展标准化生产，并提升贫困地区农产品供给水平和质量。2020年4月12日，农业农村部、国家发展和改革委员会、财政部与商务部四部门联合发布的《关于实施"互联网＋"农产品出村进城工程的指导意见》中，提出要加强农产品标准体系建设，加快优质特色农产品田间管理、采后处理、分等分级、包装储运、产品追溯、信息采集等各环节标准研制，鼓励电商企业、龙头企业等市场主体参与标准制定，形成多层次的标准体系。

除此之外，《中华人民共和国电子商务法》和《中华人民共和国食品安全法》更是对于农产品的标准化进行了全面、详细的规范和说明，对于农产品标准化的推进和实施起到了非常重要的作用。在各项法律、法规的要求下，农产品标准化势在必行。

5.1.2　农产品网销化发展要求

1. 标准化是农产品网销化的必要条件

农产品标准化是农产品电子商务经营的基础。只有农产品标准化后，才能够让消费者对产品有清晰的认知，使农产品成为合格的网销商品，如图5-1所示。

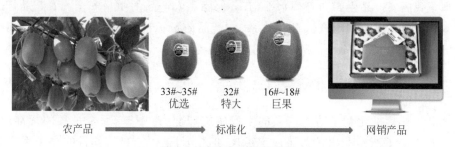

33#~35#　　32#　　16#~18#
优选　　　　特大　　巨果

农产品　⟶　　标准化　⟶　　网销产品

图 5-1　农产品网销化路径

2. 标准化是提升农产品消费体验的必要途径

农产品本身属于非标准化产品，与标准化的工业产品相比，消费者在购买农产品时，难以通过农产品的外表判断农产品口味及品质，这常常给农产品消费者带来不好的消费体验，而且同类品种不同产区、同一产区不同品种、不同产区不同品种、同类品种同一产区不同收储运售方式等，都会形成不同口感、大小及品质的农产品，甚至同一个苹果，不同的人吃，所给出的评价也是不一样的。每个人的口感偏好和心理预期都有所差异,如果没有一个统一且被消费者认可的标准,便会严重影响消费者的线上消费体验。标准化的农产品质量体系、服务保证体系、产品评价体系是提升农产品消费体验的必要途径。

案例阅读:电子商务推动"软萩粑"销售标准化

5.1.3 农产品品质保障要求

随着经济的发展和时代的变迁,我国零售业消费驱动力持续增强,居民消费层次不断提升,要求在农产品消费中获得产品品质保障。

当前农产品消费主要有三类人群:一是中等收入的中青年群体,他们追求有品质的生活,要求农产品具有一定的质量保障,是新零售和电子商务的主要参与者和推动者;二是女性群体,多希望为孩子、长辈购买营养丰富、口感良好的农产品;三是老年群体,养老保险和退休金使其拥有一定的可支配收入,他们非常愿意购买营养、健康的农产品。这些消费者通过电子商务平台购买农产品时,越来越注重其安全和品质,对农产品的标准化提出了更高的要求。

5.2 农产品标准化体系

农产品标准化包括种植、养殖、生产加工、储存、运输、销售等多个环节,可根据不同标准化体系进行约束。目前,我国农产品标准化体系已经基本涵盖了"从农田到餐桌"的全过程,逐步提高了我国农产品生产和管理水平,有效保障了农产品的质量安全。农产品标准化的三大基本体系包括农产品生产标准化体系、农产品质量标准化体系、农产品流通标准化体系,并可通过农产品质量安全追溯体系加以进一步管控。

5.2.1 农产品生产标准化体系

农产品生产标准化就是对农产品的生产实施产前、产中、产后全过程的标准化、规范化管理。农产品生产标准化是按照一定标准和规范生产农产品,其目的在于生产出品质稳定、产量稳定、质量稳定的农产品,包括生产环境标准化、品种标准化、生产过程标准化等内容。以农产品种植为例,其标准化包括种子标准化、生产技术标准化、产品质量标准化等。不同行业所适用的生产标准是不同的,不同的地域、环境所适用的生产标准也是不同的。

5.2.2 农产品质量标准化体系

农产品质量标准化体系指农产品质量的认证机构依据国家和地方的有关标准和认证规定,对区域内的农业生产环境、技术规程、产品质量等进行科学、可靠的监测后,确认其符合相关等级标准,为进入相应等级市场提供有效准入凭据。目前,我国基本形成了以产品认证为重点、体系认证为补充的较为完善的农产品质量认证体系,主要包括以下内容。

1. "三品一标"农产品质量认证体系

"三品一标"农产品质量认证体系包括无公害农产品、绿色食品、有机农产品和农产品地理标志,是由政府主导的安全优质农产品公共品牌。"三品一标"产品包装标识率高、组织化程度度高,在规范化生产和生态化方面具有示范性作用。如图 5-2 所示为普通农产品与无公害农产品、绿色食品、有机农产品的差异。

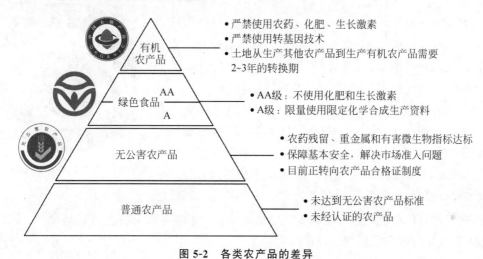

图 5-2　各类农产品的差异

1) 无公害农产品

无公害农产品是指产地环境和产品质量均符合国家普通加工食品相关卫生质量标准要求,经政府相关部门认证合格并允许使用无公害标志的农产品。这类农产品不应该对人的身体健康造成任何危害,无污染、无毒害、安全,其认证目的是解决市场准入问题,以保障基本安全,满足大众消费。

2) 绿色食品

绿色食品是指产自优良生态环境、按照绿色食品标准生产、实行全程质量控制并获得绿色食品标志使用权的安全、优质食用农产品及相关产品。绿色食品可分为 A 级绿色食品和 AA 级绿色食品两个级别,区别在于 A 级绿色食品生产过程中可以限量使用限定的化学合成生产资料,并积极采用生物方法,保证产品质量符合绿色食品产品标准要求;AA 级绿色食品标准要求生产过程中不使用化学合成的农药、肥料、食品添加剂、饲料添加剂、兽药及有害于环境和人体健康的生产资料,而是通过使用有机肥、种植绿肥、作物轮作、生物或物理方法等技术,培肥土壤,控制病虫草害,保护或提高产品品质,保证产品质量符合绿色食品产品标准要求。

3) 有机农产品

有机农产品是指生产过程绝对禁止使用人工合成的农药、化肥、色素等化学物质,采用对环境无害的方式生产,销售过程受专业认证机构全程监控的纯天然、高品位、高质量的农产品。有机农产品与其他农产品的区别主要有三个方面:一是有机农产品在生产加工过程中禁止使用农药、化肥、激素等人工合成物质,并且不允许使用基因工程技术;二是考虑到某些物质会在环境中残留,土地从生产其他农产品到生产有机农产品需要 2～3 年转换期,在转换期间生产的产品,只能叫作"有机转换产品",生产绿色农产品和无公害农产品均没有土地转换期的要求;三是有机农产品在数量上须严格控制,要求定地块、定产量,其他农产品没有如此严格的要求。

4) 农产品地理标志(AGI)

2019 年 4 月 25 日颁布推行的《农产品地理标志管理办法(修订版)》中所提及的农产品地理标志,是指标示农产品来源于特定地域,产品品质和相关特征主要取决于自然生态环境和历史人文因素,并以地域名称冠名的特有农产品标志,如图 5-3 所示。农产品地理标志旨在挖掘特色农产品资源,规范登记保护,加大培育力度,扩大特色优质农产品生产,形成农产品地理标志品牌。

图 5-3　农产品地理标志(AGI)

国家对农产品地理标志实行登记制度,经登记的农产品地理标志受法律保护,农业农村部负责全国农产品地理标志的登记工作。申请地理标志登记的农产品,应当符合下列条件:①称谓由地理区域名称和农产品通用名称构成;②产品有独特的品质特性或者特定的生产方式;③产品品质和特色主要取决于独特的自然生态环境和人文历史因素;④产品有限定的生产区域范围;⑤产地环境、产品质量符合国家强制性技术规范要求。

2. "两品一标一证"农产品质量认证体系

从 2018 年起,农业农村部已开始加快推进无公害农产品认证制度改革,提出将适时停止无公害农产品认证,全面推行农产品合格证制度,构建以合格证管理为核心的农产品质量安全监管新模式,形成自律、国律相结合的农产品质量安全管理新格局。我国的农产品质量认证体系逐步由"三品一标"体系向"两品一标一证"体系过渡。"两品一标一证"体系包括绿色食品、有机农产品、农产品地理标志和食用农产品合格证。其中,食用农产品合格证制度是农产品种植养殖生产者在自我管理、自控自检的基础上,自我承诺农产品安全合格上市的一种新型农产品质量安全治理制度。农产品种植、养殖生产者在交易时主动出具合格证,实现农产品合格上市、带证销售。通过合格证制度,可以把生产主体管理、种养过程管控、农药兽药残留自检、产品带证上市、问题产品溯源等措施集成起来,强化生产者主体责任,提升农产品质量安全治理能力,更加有效地保障质量安全。

3. 食品生产许可(SC)认证

在我国,食品生产企业必须通过食品生产许可认证才可从事食品生产活动。自 2018 年10 月 1 日起,旧的企业食品生产许可"QS"标志逐步退出市场,实行新的食品生产许可证编号"SC+14 位数字代码",如图 5-4 所示。新版食品生产许可证改"一品一证"为"一企一证",即同一个生产者从事食品生产,取得一个许可证即可,具体分类可参阅《食品生产许可管理办法》及《食品生产许可分类目录》。

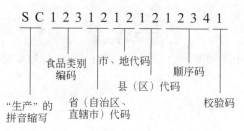

图5-4 食品生产许可证编号详解

4. 良好生产规范(GMP)认证

良好生产规范认证是一种注重制造过程中产品质量和安全卫生的自主性管理制度,是通过对生产过程中的各个环节提出一系列措施、方法、具体技术要求和质量监控措施而形成的质量保证体系。良好生产规范认证旨在为企业提供生产和质量的基本原则和必需的标准组合,将人为的差错控制在最低的限度,防止生产过程中的食品污染,保证产品质量安全,利于监管部门对相关企业的监督检查。

5. 良好农业规范(GAP)认证

良好农业规范认证是一项国际通行的、以在解决农业生产阶段基本食品安全的同时兼顾环境保护、动物福利、员工健康为目标的认证制度,主要针对未加工和简单加工的出售给消费者和加工企业的大多数果蔬的种植、采收、清洗、摆放、包装和运输过程。中国良好农业规范认证级别分一级认证和二级认证,如图5-5所示。认证委托人应根据自身生产实际情况与良好农业规范国家标准的符合程度选择相应的认证级别。

图5-5 良好农业规范认证一级认证标志(左)和二级认证标志(右)

实施良好农业规范,可规范农产品生产管理,提升农产品品质,降低农产品生产、管理成本,缩短与国际市场标准的差距,提高出口竞争力。实施良好农业规范,是加强源头管理、建立严密食品监管网络的有效途径,是实现农业标准化、规范化管理的有效手段。

6. 危害分析和关键控制点(HACCP)认证

危害分析和关键控制点认证是一种食品安全管理体系,可有效预防物理性、化学性、生物性危害,降低风险,确保食品在生产、加工、制造、准备和食用等过程中的安全,主要涉及危害识别、评价和控制等方面。危害分析和关键控制点认证把检验最终生产出的食品是否合格这一传统方法转化为预先控制生产环节中潜在危害,使食品生产商或供应商以最终产品检验为主的观念转变为在原料生产、采购、加工、消费整个过程中鉴别并控制潜在危害,保证食品的安全。

拓展阅读：可以开展有机产品认证的 **23** 家机构

5.2.3　农产品流通标准化体系

　　农产品流通标准化体系是建立在农产品质量安全标准基础上，以农产品质量等级、包装、标识、采购、运输、贮藏、批发、零售等方面规范要求为主要内容的标准。农产品流通标准涉及初级农产品从完成生产到消费者消费之间的各环节标准。农产品流通标准化体系不仅有利于推动农产品质量等级化、包装规格化、产品品牌化，提高农产品流通效率，还有利于建立可追溯体系，保证上市农产品的质量和安全，更有利于农产品实现优质优价，推动农业产业结构调整、产品结构优化，促进农民增收。对不同的农产品、不同的流通地域及不同的流通环境，所适用的标准不同。

5.2.4　农产品质量安全追溯体系

1. 农产品质量安全追溯体系的概念及作用

　　农产品质量安全追溯体系贯穿于整个农产品供应链，包括农产品生产、加工、流通、销售、监管等多个环节。农产品质量安全追溯体系的建设主要包括技术体系和制度体系的建设。技术体系即农产品质量安全追溯系统，是指综合运用物联网、移动互联网、二维码、RFID、大数据等现代信息技术手段，通过可追溯标识，实现对农产品从一粒种子到千家万户的各类信息，全程记录、跟踪、监管的一套信息系统。制度体系即通过制定相关的法律、政策，保障追溯系统规范、持续、有效运行。

　　农产品质量安全追溯是信息化与产业发展深度融合的创新举措，是创新提升农产品质量安全监管能力的有效途径。农产品质量安全追溯体系的建立与运行，能够有效破解各环节之间信息不对称、责任主体不明确等问题，有利于保障消费者的合法权益，增强消费者的信任度和安全感；有利于规范企业行为和市场秩序，明确生产经营者的主体责任，提升产品合格率和市场竞争力，树立优质农产品品牌；有利于提高政府及相关机构对农产品的质量监管水平和监管效率，完善国家食品安全监管体系，保障农产品质量安全；有利于提升我国农产品竞争力，严格监管农产品生产流通全过程，强化各环节主体对产品质量安全的责任意识，提升品质，树立品牌，增强国际竞争力。

2. 我国农产品质量安全追溯体系

　　目前，我国已经从立法高度推行农产品质量安全追溯制度，各部门、各地区相继出台配套制度。在 2018 年 10 月 20 日发布的《农业农村部关于全面推广应用国家农产品质量安全追溯管理信息平台的通知》中指出，农产品质量安全追溯是信息化与产业发展深度融合的创新举措，已成为智慧监管的重要建设内容和引领方向，要在全国范围推广应用国家追溯平台，如图 5-6 所示。农业系统认定的绿色食品、有机农产品和地理标志农产品 100% 纳入追溯管理,实现"带证上网、带码上线、带标上市"。国家级、省级农业产业化重点龙头企业,有条件的"菜篮子"产品及绿色食品、有机农产品和地理标志农产品等规模生产主体及其产品率先实现可追溯。

图 5-6　国家农产品质量安全追溯管理信息平台

国家农产品追溯平台包括追溯、监管、监测和执行等业务系统,是全国农产品质量安全大数据中心。推动全国追溯"一张网"建设对于实现农产品源头可追溯、流向可跟踪、信息可查询、责任可追究、保障公众消费安全有重要意义。截至 2020 年上半年,国家农产品追溯平台入驻各类企业主体已超过 10 万家,可追溯产品种类 981 个。其中,绿色、有机、地理标志认证产品有 1.05 万家,农垦标志产品 936 家,品牌农产品已有一定规模。入驻农业企业(包括个体户)4.9 万家,农民专业合作社 3.28 万家,家庭农场 1.5 万家。入驻县级以上监管机构主体共计 8024 个,包括质量监管、产品检测、农业执法三大机构,覆盖率分别达到 100%、80%、90% 以上。2020 年 7 月,农业农村部农产品质量安全监管司组织召开农产品追溯体系建设合作推进工作座谈会,会议指出将探索市场化推进机制,加强国家农产品追溯平台信息共享,充分发挥龙头电商商超的主体作用和示范引领作用,推动产地源头加快推进农产品追溯体系建设。

3. 农产品质量安全追溯系统的内涵

农产品质量安全追溯系统不是介绍产品或展示商品信息,而应该包含农产品的生产、加工、质检认证、储运、销售等各类信息,如图 5-7 所示。

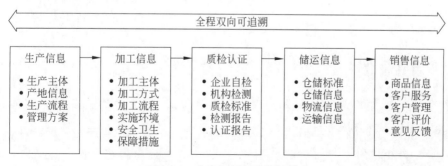

图 5-7　农产品质量追溯系统

农产品生产信息一般由生产主体采集,应包含生产主体信息(名称、资质、联系方式)、产地信息(环境、土壤、地理位置)、生产流程(品种选择、农药化肥使用记录、农资使用情况、采收时间、责任个人)、生产管理方案等。加工信息一般由加工者采集,应包含加工者主体信息、加工方式、加工流程、实施环境、安全卫生措施等。质检信息由质检单位采集,应包含企业自检、检测机构、执法部门等检测主体的质检标准、质检单位信息、检测时间、检测内容、检测报告等信息。认证信息可以由企业或第三方认证机构采集,如"三品一标"等农产品质量认证信息。储运信息由储运企业进行采集,应包含仓储标准、仓储信息(仓储环境、出入库记录)、物流信息、运输信息等。销售信息主要由销售主体进行采集,应包含商品信息(产品介绍、价格、数量、品质、购买方式等)、客户服务(售前、售中、售后服务)、客户管理(客户信息采集、评价管理)等,还应该包含由消费者进行的商品评价、意见反馈等信息。

拓展阅读:农产品质量追溯体系的探索

5.3 农产品标准化的策略

2018 年,国家质检总局、工信部、农业部、商务部、林业局、邮政局、供销合作总社七部委联合印发《关于开展农产品电子商务标准体系建设工作的指导意见》,提出了农产品电子商务标准化工作机制、体系建设、标准实施等方面的三个重点任务:一是建立农产品电商标准体系,重点围绕农产品质量分级、采后处理、包装配送等内容,提出农产品电商标准体系框架;二是加强农产品电商标准制修订,主要是围绕农产品质量提升和发展需要,根据农产品电商标准体系表,部署和安排标准制修订工作,按照需求在国家标准、行业标准、地方标准、团体标准和企业标准几个层级全方位开展标准制修订工作;三是推动农产品电商标准的实施推广,主要通过加大农产品电子商务标准宣贯培训力度,加强农产品电商标准服务,开展农产品电子商务标准化试点示范,总结推广示范成功经验,强化农产品电子商务标准的推广应用。该指导意见旨在通过标准化手段规范农产品电子商务行为,引领农产品电子商务健康可持续发展。

农产品标准化打造可以从以下两个方面进行。

5.3.1 环节标准化

按农产品生产、销售的不同阶段,可以将农产品标准化分为生产标准化、采购标准化、包装标准化、储运标准化及服务标准化五个方面。

1. 生产标准化

生产标准化是指通过制定和实施标准,将农产品生产涉及的产地环境、生产过程等内容纳入管理,并进行相应的监督,其目的在于生产出质量稳定、产量稳定的农产品。由于农产品的生产受制于土壤、水质、种质、光照等多方面因素,品质很难完全统一,只有通过制定并实施相关的生产标准,借助现代信息技术提升农业生产环节的可控性和规范性,才能尽可能达到品质上的最大相似度。需要注意的是,规模化生产往往是标准化的前提。

2. 采购标准化

采购标准化有利于减少农产品的损耗,保证品质。在采购环节,需要做到以下三点:第一,选择优质的供应商合作,尽量与规模较大的农场或合作社合作,可以保障品质,降低交易成本;第二,制定选品标准,并且严格按照标准挑选商品,可以使用自动选果机等智能拣选设备,提高选品效率和质量;第三,做好采购环节的质检与监督工作。

3. 包装标准化

农产品特别是生鲜类产品,运营损耗非常高,包装标准化能够有效减少运输中的损耗,最大限度地保持产品口感和外观,减少售后问题,延长销售周期,扩大销售范围。网销农产品包装包含以下四个要素:一是安全性,即根据产品的特性来设计包装,实现防潮、保温、抗震、防磕碰等功能性需求,最大限度地减少储运过程中的损耗;二是经济性,过重过大的包装不仅会增加成本,而且会污染环境;三是实用性,外包装需要标明产品的相关信息,如品牌、购买方式、生产日期、保质期、溯源码等;四是美观性,有创意、有个性的包装设计有一定的营销作用,能够吸引消费者关注,与消费者进行情感交流,促使消费者自发宣传产品,甚至有可能提升产品的价格。包装做好后,一定要针对包装需要达到的性能进行安全测试,如防摔测试、保温测试、抗压测试、保湿测试等。如图 5-8 所示为标准化的农产品包装,包装的第一层是具有保湿作用的塑料袋,袋子上贴有企业品牌信息;第二层是具有防撞功能的充气袋,可防止运输中农产品之间的磕碰;第三层为保温箱,可防止来自外界的撞击,箱内可放入冰袋保持温度和湿度;第四层为外包装纸箱,纸箱上印有品牌信息,并贴有物流信息。在这四层严密包装的保护下,该农产品可以销往国内大部分地区。

图 5-8　标准化的农产品包装

4. 储运标准化

农产品的储存和运输是农产品电子商务中非常重要的一环。中国物流与采购联合会冷链物流专业委员会的相关数据显示,我国蔬菜、水果、肉类、水产品流通腐损率均在8%以上,其中蔬菜的腐损率高达20%。而发达国家果蔬腐损率一般控制在5%以下,通过电子商务销售的农产品,需要在一定成熟度的时候采摘,还要经过分拣、储运、配送等环节才能到达消费者手中,这个过程中的损耗有多少,是否能够完好送达消费地,是否能够尽可能保持新鲜,在很大程度上决定了农产品的最终效益,也在一定程度上决定了消费者的最终体验。与包装一样,应对通过网络销售的农产品进行物流测试,将包装好的货物发往销售地,测试物流时间、包装的可靠性、物流终端的配送情况等。

5. 服务标准化

电子商务的服务包括售前、售中、售后三个环节,在为客户提供服务的过程中,还有许多工作要完成。售前,需要明确告知消费者产品的相关信息,如产地、采摘日期、是不是有机产品、相关认证证书、口感、规格、运输过程中可能会出现的问题等,可以通过产品详情页或买家秀等方式进行展示和说明。切忌过度美化产品,若消费者心理预期过高,而收到货后发现产品描述与实物不符,更容易产生不满。售中,需要耐心、专业地与客户交流互动,对于商品特性、价格、包装、物流等常见问题,应该有统一的回复方式,在回复与互动的过程中,让顾客感受到店铺的热情与真诚,以促成交易。售后,需要做好客户服务关怀,可以通过说明书、温馨提示卡、使用教程等方式告知买家产品的使用说明,包括如何储存、保质期、烹饪方法、饮食搭配等。此外,售后还应该包括产品出现各类问题后的处理流程和赔付标准。

5.3.2 三级品控

农产品从田间到餐桌,需要经过多个环节,这些环节又涉及多个主体,需要通过农民、集货商、合作社以及电子商务企业等全体的协作,进行三级品控,最终实现农产品标准化。

1. 以农户与合作社为主体的地头品控

地头品控体现在两个环节:一是种植环节的标准化,从源头提高产品品质;二是采摘环节的标准化,由农户和合作社负责对农产品进行筛选,控制成熟度、大小、外观等,淘汰残次品,如图 5-9 所示。

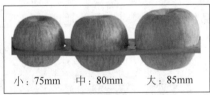

控采摘　　　　　　　　　　控大小　　　　　　　　　　控外观

图 5-9　采摘环节的标准化

2. 以集货商等中介为主体的代办品控

产地代办是使农产品商品化的过程,代办品控包括三个方面:第一,货源控制,对农产品进行集货品控,建立农产品交付标准,防止因市场行情变化导致农产品收购价格大幅波动;第二,储存管理,对农产品进行分拣、清洗、预冷、储存、信息录入等,并制订储运方案,如机械化分拣设备利用、产品追溯信息录入、冷库温湿度控制等;第三,包装控制,对农产品的打包、装车、发运等工作进行标准化管理,如统一装保温箱、放冰袋等。代办品控如图 5-10 所示。

3. 以电子商务企业为主体的运营品控

电子商务企业直接接触消费者,了解市场需求,需要负责选品、卖点打造、网络营销、包装设计、物流配送、售前售中售后服务等工作。运营品控主要包括三个方面:一是控制运输

控源头

控存储

控包装

图 5-10 代办品控

流程,储运过程中既要保证产品的新鲜,又要尽可能降低运输成本,以前文所述的靖州杨梅为例,其最佳的配送模式是通过冷链干线运输到消费城市,再通过同城物流配送到消费者手中;二是控制消费体验,产品的内外包装、剥橙器、开柚器、垃圾袋、温馨提示文案、说明书等,都能够影响消费者的最终体验;三是控制售后服务,农产品由于其特殊性,容易出现售后问题,需要确定相应的售后赔付标准和应对方案。运营品控如图 5-11 所示。

控流程

控体验

控服务

图 5-11 运营品控

三级品控可以有效实现农产品标准化,使农产品电子商务经营得到有力保障。在三级品控的实施过程中,必须做到标准清晰、责任明确、分工合理,才能最终实现多方合作共赢,实现产业的良性发展。

案例阅读:走俏广东市场的宁夏菜心

5.4 农产品标准化的呈现

农产品的提质增效离不开标准化,没有标准化就没有质量农业、现代农业。必须认识到,农产品标准化是促进农产品电子商务经营的手段,让消费者认识到农产品标准化的意义,接受品质更优、价格更高的农产品是其最终的目的。

5.4.1　宣传农产品品质

农产品标准化益处的最佳例证便是农产品品质的提升。宣传农产品品质可以从消费者的角度将农产品标准化可视化,让消费者更为容易了解和掌握。例如,农产品标准化要符合国家对环境保护的标准,通过各类检测认证,但是绝大部分消费者不了解农产品种的种植、运输的过程,他们只关心产品是否安全、是否完好无损、是否新鲜健康等,所以在面向消费者时,需要让消费者了解相关的认证检测意义,用图文详解、视频直播、官方证明、追溯系统向消费者证明标准化环节,使消费者了解产品、接受标准、认可产品。如图5-12所示是消费者通过手机"扫一扫"使用蔬菜追溯系统,以便直观地了解蔬菜的品质,这是非常好的农产品标准化呈现手段和方式。

图5-12　蔬菜追溯系统

5.4.2　优化营销与服务

在营销与服务中,让消费者认识各类农产品质量认证标识的意义,接受质优价优的农产品,可以通过三种途径实现:一是通过各种营销宣传手段,让消费者了解真实的农村、真实的农业、真实的农产品,能够识别农产品的优劣,了解高品质农产品;二是做好客户服务,主动向消费者普及相关知识,例如向消费者介绍质量认证标识的意义,在产品中放入产品介绍及使用说明;三是通过品牌塑造,提升标准化农产品的市场知名度和接受度。

案例阅读:从"佳沛"奇异果看农产品标准化的硬实力和软手段

【知识盘点】--■

本章主要阐述了农产品标准化的必要性、相关体系(包括"三品一标"、农产品合格证制度、食品生产许可认证、农产品质量安全追溯等各类常见的农产品质量认证及评价体系)及策略(环节标准化与三级品控),帮助学生全面了解、掌握农产品标准化体系及实施方法,为农产品电子商务经营奠定基础。

【深度思考】--------------------------------------■

1. 农产品为什么要标准化?

2. 如何定义农产品标准化?

3. 如何打造标准化农产品?

4. 如何让消费者快速接受质优价优的标准化农产品?

5. 农产品标准化未来将如何发展?

【项目实训】--------------------------------------■

1. 实训名称:农产品标准化。

2. 实训目标:熟练掌握农产品标准化的策略。

3. 实训要求:

(1) 组建实训项目小组(建议 4～5 人一组,教师根据班级实际人数情况确定)。

(2) 小组选择至少一款农产品,对其进行标准化。

(3) 小组编写农产品标准化报告,内容包括标准化体系、标准化策略等,以 PPT 的形式呈现。

(4) 各个项目小组在班级内进行演讲,陈述农产品标准化报告。

(5) 教师及其他小组同学对报告进行点评。

农产品品牌建设

褚橙的品牌建设

2002 年,75 岁的褚时健再创业,与妻子在云南玉溪市哀牢山承包荒山开始种橙,经过十年的辛苦耕耘,终于成就了"褚橙"品牌。如今,褚橙已成为我国农产品商业品牌化的标杆,其品牌建设主要从以下五个方面进行。

1. 品牌营销

褚橙以褚时健老人 80 岁创业的奋斗精神,以橙子背后的人文情怀和奋斗精神为产品核心卖点,进行品牌塑造和市场推广。2012 年,褚橙进京,喊出了"人生总有起落,精神终可传承"的口号,引发企业家、财经界名人以及无数创业者共鸣,褚橙由此被誉为"励志橙",200 吨褚橙迅速售罄。随后,褚橙通过个性化定制包装、励志语录等方式,不断强调传承与创新,将其品牌及背后的故事推向全国。

2. 选品优质

褚橙销售初期确实得益于褚时健的个人名气及奋斗经历,然而农产品品牌成功的第一要素仍在于品质。褚橙生长在拥有得天独厚的地理气候条件的哀牢山,这块位于北纬 24°的土地,拥有适宜冰糖橙生长的绝佳条件,种植出的橙子口感好、味道好。在吃过褚橙的群体中,多数人认为褚橙的果品确实比其他橙子好。

3. 把握顾客价值

褚时健夫妇在决定种橙子前,就对自然条件、市场现状等进行了系统性研究。他们买来大量柑橘类作物,将外观、剥皮难易、甜度、酸度、水分、化渣率、橙子籽数量、总体口感等要素整理成指标,并在以后种植过程中不断改善。他们在种植前便站在消费者立场,认真洞察橙子的消费价值——好吃。

4. 完善价值链

在传统的水果销售模式中,批发商在收购交易中有绝对话语权。褚橙决定绕过中间商建立自有销售渠道,直接把货铺到终端水果店,减少中间环节,并针对南北方各地差异,选择适应当地的渠道方式,让褚橙可以选择自己的销售终端。

5. 科学管理

在褚橙的发展过程中,处处能够体现出管理科学。例如,通过建立严格的标准和制度,引进奖惩措施管理果农。这套方法让褚橙对冰糖橙种植的每个环节都拥有详细的操作方法、指标和相应的处罚措施。褚时健所践行的效率实践,让产品力和价值链等经营元素得到保障。

案例思考:

1. 褚橙成功的关键要素是什么?

2. 你认为农产品品牌打造的核心点是什么?

【知识目标】 -

- 了解农产品品牌化的含义和意义。
- 了解我国农产品品牌建设方向及存在的问题。
- 掌握我国农产品品牌建设体系,包括农产品区域公用品牌、企业品牌、产品品牌的相关概念及建设策略。

【能力目标】 -

通过对农产品品牌建设内容、策略及流程的学习,能够对农产品区域公用品牌、企业品牌及产品品牌进行初级策划与打造。

【内容导图】 -

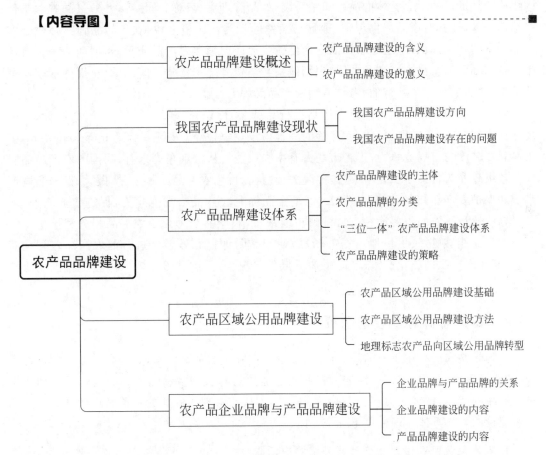

6.1　农产品品牌建设概述

6.1.1　农产品品牌建设的含义

品牌是用来识别一个或一组经营者的产品或服务,并使之与竞争者的产品或服务相区别的名称、标记、符号及其组合。品牌是一个有关品牌的属性、产品、符号体系、消费者群、消费者联想、消费意义、个性、价格体系、传播体系等因素综合而成的整合体。品牌一般由品牌名称和品牌标志两部分组成。品牌要获得法律保护,必须经过法定程序注册,即申请注册商标。商标是指由某个经营者提出申请,并经国家知识产权局商标局核准注册的,用在商品或服务上的标志,是品牌的一部分,是品牌识别的基本法律标记。

农产品品牌是指农业生产者或经营者在其农产品或农业服务项目上使用的,用于区别其他同类和类似农产品或农业服务的名称及其标志。农产品品牌的核心是农产品,其次是围绕该产品形成的一套整体的品牌识别系统,如品牌理念、名称、商标等,并通过品牌营销传播给消费者,让其对产品产生识别、理解与消费的行为。简单来说,农产品品牌就是赋予农产品一定的特殊标识,这也是农产品生产经营主体面向消费者的品质承诺,因而对消费者产生一定的吸引力。只有当产品、品牌识别体系与消费者之间构建了牢固的、正面的认知与消费关系,才能成为一个独特的、有价值的农产品品牌。

农产品品牌建设是指通过对农产品进行品牌名、标识、包装等可视化要素的设计,对外传达品牌理念、产品特点、品质、服务等的一种市场竞争性经营策略。其目的是强化差异,扩大品牌知名度与市场竞争力,提升市场占有率和收益。从宏观角度来看,我国的农产品品牌化是各级政府为贯彻落实党中央、国务院关于"整合特色农产品品牌,支持做大、做强名牌产品"和"保护农产品知名品牌"的要求,也是全面提升农产品市场竞争力,促进农业增产、增效、增收,质量兴农的重要途径。从微观角度来看,农产品品牌化是农产品相关利益主体为了使农产品能够更好、更快地占据市场,提高产品附加值和效益所进行的农产品差异化竞争,尤其在农产品同质化严重、产品附加值低的情况下,品牌建设是农产品突出重围的重要方式。

6.1.2　农产品品牌建设的意义

品牌既是农产品竞争力的核心标志,也是现代农业的重要引擎,更是乡村振兴的关键支撑。"质量兴农、品牌强农"已经成为提升农业竞争力和实现乡村振兴的战略选择。加快推进农业品牌建设,已经成为转变农业发展方式,加快推进现代农业的一项紧迫任务。农产品品牌建设的意义具体体现在以下五个方面。

1. 农产品品牌建设是社会消费升级的迫切需要

随着城乡居民收入的增加和生活条件的改善,人们不仅要求"吃得饱",还要"吃得好",安全、营养、健康、绿色、环保、个性逐渐成为人们关注的要点。成功的品牌是信誉的凝结,是安全、品质的象征,是消费者放心购买和持续消费的保证。农产品品牌建设将推动农产品质量的提升和消费者的消费体验的改善,引导农产品的消费趋势。

2. 农产品品牌建设是农业发展方式转变的迫切需要

品牌建设的过程就是实现区域化布局、专业化生产、规模化种养、标准化控制、产业化经营的过程,有利于促进农业升级,实现由数量型、粗放型向质量型、效益型转变,从分散布局向集群发展转变,从数量增长向质量提升转变。品牌农业是以安全生产、安全消费、可持续发展为基础条件的农业。农业品牌建设是促进可持续发展,推进农业供给侧结构性改革、调整产业结构、优化产业布局、推进农产品提质增效的有效手段。

3. 农产品品牌建设是促进农民增收的迫切需要

我国农产品多存在产品附加值低、同质化严重、标准化程度低、市场竞争力弱等现象,季节性农产品滞销难卖的现象屡见不鲜。同时,近几年可以看到部分品牌农产品销路稳定,供不应求,产品价格远高于同类无品牌产品。品牌建设能够让农产品的价值得到提升,破除农产品低质低价、产品溢价低、农民收入低的困局。农产品品牌建设以农产品本身为原生动力,集聚资源,深入挖掘产品的工艺、人物、故事、精神等,使产品实现优质高价,产生品牌溢价,实现价值的聚合效应,增加农民收入。

4. 农产品品牌建设是提高农产品市场竞争力的迫切需要

我国是农业大国,不少农产品产量和消费量均居世界第一。然而我国大多数农产品仍处于"有名品、无名牌"的窘境,缺少一批像佳沛猕猴桃、立顿红茶、麦卢卡蜂蜜等具有国际竞争力的农产品品牌。我国不少优质农产品只能占据低端市场,无法带来更高溢价。只有创建强势的中国农业品牌集群,才足以应对全球竞争趋势。因此,要研究我国农业的独特性,挖掘农产品丰富的人文价值,整合国家力量来实现顶层设计与品牌的有效组合,创造国家品牌,提高农产品的国际竞争力。

5. 农产品品牌化蕴含农业跨产业联动发展的巨大潜能

从品牌的视角看农业,以品牌农业、品牌农产品为原点,农业不仅具有一次产业的特征,它还孕育并蕴含着多次产业延伸、产业跨越的巨大潜能。农业品牌建设可以形成基于独特文化与农产品物质产品的多次产业的互动、跨界、融合发展,以农产品为原点,形成一、二、三产业协同发展,实现创造品牌的集聚价值。例如,近年来,浙江丽水坚定不移创新实践"两山"理念发展道路,以"山"做文章,在国内率先重组整合小而散的农业品牌,构建"山系"品牌,并发展乡村旅游,形成了多业态融合发展的良好态势,走出了一条品牌融合下的乡村高质量绿色发展之路。

6.2 我国农产品品牌建设现状

6.2.1 我国农产品品牌建设方向

在进行农产品品牌建设时,必须结合我国农产品品牌建设的总体方向,精准选择合适的建设策略与方法。

在农产品品牌建设方面,近年来我国政府相继发布了多个相关报告、意见及政策,积极支持、推动农产品品牌建设,为农产品品牌建设打下了良好的政策基础。例如,2017年中央一号文件提出通过深入实施农业品牌战略,强化品牌培育塑造,推进系列化、专业化的大品牌建设;2019 年中央一号文件提出健全特色农产品质量标准体系,强化农产品地理标志和商标保护,创响一批"土字号""乡字号"特色产品品牌;2020 年 7 月 16 日,农业农村部发布的《全国乡村产业发展规划(2020—2025 年)》中指出,要推进乡村特色产业提升工程,到 2025 年培育 2000 个"乡字号""土字号"特色知名品牌。

在此背景下,加强农业品牌建设已形成广泛共识,各级政府部门、行业协会、科研院所和市场主体积极参与,形成了政府强力推动、企业自主创建、社会广泛参与的良好局面。目前,我国农业品牌发展呈现出从过去单一的区域品牌模式,向产品品牌、企业品牌、区域品牌多种形式齐头并进的局面,不同类型的农产品品牌既相互促进,又相互竞争,基本形成区域公用品牌、企业品牌、产品服务品牌协同发展生态圈。从消费者角度来看,消费者的消费能力、消费理念及对品牌农产品的认知与需求,较以往已经有了很大程度的提升,农产品的品质消费升级,使品牌农业迎来更多的机遇。

拓展阅读:我国农业品牌建设现状

6.2.2　我国农产品品牌建设存在的问题

目前,我国农产品品牌建设工作正在稳步推进、持续向好,农产品品牌数量也在日益增多,但依然面临诸多问题,主要体现在以下五点。

1. 品牌建设体系尚未完善

虽然我国政策导向利于农产品品牌化发展,农业生产经营主体也越来越注重品牌建设,商标注册的积极性日益高涨,但品牌建设体系尚未完善,部分地方政府、农业企业、农业生产经营主体等还缺乏品牌建设、品牌营销、品牌运营、品牌保护的思路和有效的方法。品牌培育方式日益丰富,但农产品品牌培育和保护的制度体系尚未建立,品牌保护意识薄弱,品牌保护能力弱,以假充真、以次充好、滥用冒用泛用农产品区域公用品牌的现象非常普遍,对产品的信誉造成了不良影响。

2. 农产品标准化水平不足

农产品标准化是产品品质统一、稳定的保证,是品牌建设的根基。目前,我国农产品标准化体系建设正在稳步推进,各项政策制度也在逐步完善,但是对大多数农产品而言,标准化程度不足依然是普遍现象。一些经营者一味追求打造爆款、一夜成名、贪大求快,忽略了产品品质,产品品牌不可持续,甚至对区域品牌产生了难以逆转的不良影响。

3. 农产品品牌溢价低

大部分农业品牌产品都是初加工产品,对产品的精深加工和深度开发不足,产品缺乏差异性,品牌溢价低。在品牌建设中,需要重视产品的产业链延伸,统筹融合一、二、三产业,提升产品附加值;改变现有的以原材料及初级产品为主的商品销售形式,稳步推进产业链的延伸,走精深加工和品牌化运营的发展道路,提升产品的附加值和品牌溢价。

4. 农产品品牌形象不突出

农产品品牌呈现的整体形象包含产品本身的质量、价格、定位、包装设计等外部符号,需要专业的品牌策划、传播营销、渠道对接、品牌运营。目前,不少农产品品牌缺乏系统完善的品牌策划,出现了品牌定位混乱、产品同质化严重、外包装简单粗糙、包装上无防伪标记、品牌识别功能弱、品牌杂而不亮等问题。

5. 农产品品牌运营不善

品牌的发展需要较长时间的积累,需要农产品生产经营主体的持续努力,有些农产品经营者偏重短期效益,不注重品牌文化与内涵,忽略长期发展,缺乏对品牌的长期维护与培育。有的品牌注册之后,缺乏有效持续的运营,营销手段单一,导致品牌知名度不高,没有形成线上、线下一体化的品牌营销推广体系。

6.3 农产品品牌建设体系

6.3.1 农产品品牌建设的主体

农产品品牌建设需要多方合力,共同推进,相关主体主要包括以下三类。

1. 企业主体

企业主体是指各类建设、运营农产品品牌的企业,包括公司、企业、专业合作者及个体。企业主体是农产品品牌的直接建设者,主要任务是提供优质农产品,为品牌建设打好基础,联合农产品经营流通企业在品牌创建、培育和宣传推广中发挥主体作用。

2. 政府主体

政府主体是指各类政府行政机构,主要包括中央及地方各负责农产品品牌管理的政府部门,如农业农村部门、商务部门及市场监管部门。政府主体是农产品品牌创建、运营的指导者和管理者,在农产品品牌建设过程中主要有四点作用:一是夯实农业品牌培育基础,做好顶层制度设计,系统规划农产品品牌发展方向及战略定位,通过培育农产品品牌创建主体,制定或引入农产品质量标准体系、认证体系,加强相关农产品品牌主体行为监管;二是建立健全农产品品牌建设政策体系,如金融扶持、财政补贴、税收优惠、产业布局、人才培养、品牌保护等;三是引导扶持集聚优势资源,包括农产品自身资源、产地资源和品类资源、政府资源、企业发展资源;四是强化农产品品牌监管保护,建立诚信体系,加强生产经营者自律管理,加大市场监管力度,打击伪造冒用行为,加大农产品品牌保护力度,保证农产品品牌市场健康有序发展,并组织社会力量对农产品品牌进行评估优选与推荐。

3. 社会主体

社会主体是指除企业及政府主体外的其他相关社会主体,主要包括行业协会、事业单位、高校和科研机构、公众媒体及相关民间组织。社会主体能够在农产品品牌策划、标准制定、推广等方面发挥智囊、桥梁和平台的作用,如高校和科研机构能够为农产品品牌建设和运营提供较好建议;公众媒体能够利用多种专业性的传播手段进行农产品品牌宣传与推广,扩大农产品品牌影响力和知名度,助力打造农产品名优品牌。

6.3.2 农产品品牌的分类

我国农业品牌体系内涵丰富,分类方法多样。例如,根据品牌生产与经营内容分类,可分为农业生产资料品牌、农业生产产品品牌、农业生产服务品牌、农业综合品牌等;根据是否直接被消费者消费分类,可分为生产资料型农产品品牌、生活资料型农产品品牌;根据农业品牌形态分类,可分为农业产品品牌、农业企业品牌、农业服务(包括农业旅游)品牌及其产业化背景下的农业综合品牌。

2019 年,在农业农村部市场与信息化司指导下,中国农产品市场协会会同相关单位联合制定并发布的《中国农业品牌目录制度实施办法(试行)》中规定,中国农业品牌评价标准,应针对农产品区域公用品牌、企业品牌和农产品品牌分类实施。因此本书品牌建设内容即根据上述分类方式展开。这三类品牌形式各具特点,既有区别也有联系,可以分别使用,也可同时用于同一种产品。图 6-1 所示为宁夏的一款枸杞产品,其中"中宁枸杞"是区域公用品牌,"玺赞"是企业品牌,"原乡上品"是产品品牌。

区域公用品牌
企业品牌
产品品牌

图 6-1　中宁枸杞玺赞原乡上品品牌

1. 农产品区域公用品牌

农产品区域公用品牌是在一个具有特定自然生态环境、历史人文因素的区域内,由相关组织所有,由若干农业生产经营者共同使用的农产品品牌。该类品牌的名称一般由"产地名+产品名"构成,原则上产地应为县级或地市级,并有明确生产区域范围。区域公用品牌的利益主体具有广泛性,凡是该特定生产区域内符合条件的生产经营者都可以申请使用区域品牌并从中受益,包括广大农户、农业企业、行业协会、产业联盟、政府组织等。区域公用品牌的所有权、经营权、使用权往往三权分立,例如政府拥有区域公用品牌的所有权,行业协会等运营主体拥有其经营权,而区域内符合使用条件和标准的产业、产品生产经营者可以获得其使用权。此外,区域公用品牌不能注册为普通的商标,只能用集体商标和证明商标两种形式表现。

2. 农产品企业品牌

农产品企业品牌与区域公用品牌相比,具有一定专属性,品牌所有者应为在中国境内依法登记设立的法人或其他组织,其他企业不能够分享该企业品牌所带来的利益,具有明显的竞争性和排他性。农产品企业品牌多属企业的市场行为,传达的是企业的经营理念、企业文化、企业价值观念及对消费者的态度等,能为企业产品提供一个对外的统一形象和品质承诺,其目的在于扩大市场知名度,获得更高利润,如"三只松鼠""北大荒""好想你"等都是农产品企业品牌。

3. 农产品品牌

农产品品牌的范围比企业品牌更小,只聚焦于某一种产品,指代的是具体的产品,其所有者可以是企业、合作社、农户等农产品生产、经营主体。农产品品牌是一种识别标志,是产品名称、术语、标记、符号、设计等的组合体,包含产品效用、功能、品位、形式、价格、便利、服务等价值内涵,如"褚橙""袁米""李金柚"等。

6.3.3 "三位一体"农产品品牌建设体系

农产品的品牌体系建设实践中,最常见的是以区域公用品牌为引领,以优质的产品品牌为依托,以优势的企业品牌为支撑,即"区域品牌、企业品牌、产品品牌"三位一体的发展模式。政府部门在此过程中进行全方位服务,助推发展,履行好市场监管职能。

(1) 以区域公用品牌为引领,引导产业规模发展。地方通过打造、培育区域公用品牌,引领区域内主导产业规模化发展,促进相关产业链开发。

(2) 以企业品牌为支撑,驱动品牌发展。企业是品牌建设的主体,农业品牌要有大发展,必须有优势的企业作支撑,通过强大的企业品牌引领并形成产业集群,驱动区域品牌发展。

(3) 以优质的产品塑造品牌形象,企业品牌关键要有好产品,市场竞争最核心的就是以优质的产品和服务满足市场需求。

拓展阅读:河北省的品牌建设实践

6.3.4 农产品品牌建设的策略

我国培育农产品品牌的总体思路是加快引导各类经营主体通过品牌注册、品牌培育、品牌经营拓展和保护等手段来创建品牌,保护知识产权,努力打造以品牌价值为核心的现代农业企业。农产品品牌的培育与经营可以从品质保证、竞争优势创新、品牌定位、品牌形象塑造、品牌保护、品牌传播、销售渠道拓展等方面开展。

1. 品质保证

农产品品牌建设的前提是产品质量优良且稳定,产品供应的安全性和稳定性有保障。农产品的品质保证是消费者购买或忠诚品牌的根本原因。在农产品品牌建设过程中,要坚持选择质量有标准、生产有规程、产品有标志、市场有监测的产品,将对质量安全的把控贯穿始终,保证产品内在品质和供应的稳定。各经营主体应注重产品质量,严格遵守并执行农产品质量方面的法律法规和部门规章,如《中华人民共和国农产品质量安全法》《中华人民共和国食品安全法》《农产品产地安全管理办法》《农产品包装和标识管理办法》。政府部门应建立健全农产品质量安全管理体系,加大农产品质量安全监管力度,提高品牌农产品的质量安全水平。

2. 竞争优势创新

竞争优势是指产品相较于竞争对手拥有的独特的可持续性优势,包括优势资源、先进的运作模式、更适合市场需求的产品和服务等。其中,优势资源包括社会资源、人力资源、自然资源、财力资源等,如制作紫砂壶的原料紫砂泥;运作模式包括管理、商业模式、创新力等,如农产品的社群拼团模式、众筹模式、直播模式;产品和服务包括高价值、优势价格、独特性等,如可以用吸管吸着吃的阳山水蜜桃、贴字苹果、永不分离酒,如图 6-2 所示。竞争优势创新包括产品的功能创新、设计创新、质量创新、形象创新和服务创新等方面。可以通过专业的品牌策划机构,结合产地文化与产品特色,挖掘品牌自身内涵,研究目标市场需求,设计具有地域特色和文化底蕴的农产品品牌名称、标志、包装等,塑造鲜明的品牌个性,打造独具特色的农产品品牌形象。需要注意,应及时对品牌形象进行品牌商标注册和版权登记,取得产权保护。

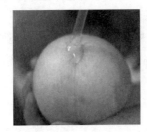

图 6-2　农产品优势创新示例

3. 品牌定位

品牌定位是品牌形象塑造的基本方向。品牌定位是要在消费者的心智阶梯中占据最有利位置或排序,使品牌成为某个类别或某种特性产品的代表品牌,当消费者产生相关需求时便会将该品牌作为首选。例如买枸杞首先想到宁夏红枸杞和青海黑枸杞,买三七首先想到文山三七,这些地理标志产品经过多年的宣传推广和市场检验,已经成功地在同类产品中脱颖而出。产品分析、市场分析与消费者分析是品牌定位的基础。农产品品牌的定位可以从产品特征、文化理念、竞争导向三个方面入手,结合目标市场环境及消费者需求进行差异化定位。产品特性包括品种特性、产地特性、技术特性等有形因素,满足消费者的基础需求;文化理念包含产品的文化特性、健康理念、环保理念等无形因素,满足消费者的情感需求;竞争导向是指与同类产品或同一区域中的其他品牌产品进行比较,寻找差异化要素,通过选择依附于强势竞争者或填补市场空缺的策略来找准定位。

4. 品牌形象塑造

品牌形象塑造是企业在市场定位和产品定位的基础上,使品牌特定的文化和个性特征为消费者所认可。我国农产品品牌形象塑造有三种模式:一是全面、整体的形象塑造模式,适用于经济、技术实力和经营管理水平较高的区域或企业,其产品具有一定市场竞争力,产业规模较大,发展状况良好,通过整体的品牌设计、全面的品牌管理、高强度品牌宣传等手段,能够在短时期内塑造并推广品牌形象,形成较高的知名度和美誉度;二是阶段性目标的形象塑造模式,适用于经济实力和管理能力居于一般水平的区域或企业,根据品牌的具体情况,将长期的形象塑造划分为若干阶段,并制定阶段目标,以集中力量,逐渐打造品牌的知名度;三是以优势产品或强势品牌为先导的形象塑造模式,适用于有拳头产品和著名品牌的区域或企业,可以突出优势产品或知名品牌,对其进行统一的品牌塑造,集中力量进行宣传推广。

5. 品牌保护

在完成品牌塑造与宣传后,要对已经成型的品牌实施保护,通过建立完善的品牌保护体系来维护品牌形象。经营主体应积极进行商标注册和地理标志保护,注重产地认证,制定防伪措施,利用各种技术手段防止外来农产品、劣质农产品滥用品牌,以保持该品牌所特有的区域优势,维护品牌形象。此外,区域公用品牌还要定期对品牌使用者开展品牌培育、品牌保护等培训,使其认识到品牌滥用、伪造所带来的严重后果,提高他们的品牌意识和法律意识,共同保护品牌权益,防止发生农产品品牌的信任危机。

6. 品牌传播

品牌传播是指广泛告知消费者品牌信息,宣传塑造出来的品牌形象,扩大品牌知名度。品牌传播需要政府、行业协会、企业等多方协作,共同推进。政府部门应继续完善、规范和强化农产品品牌的推介、评选、推优活动,借助政府的公信力为名优农产品品牌的传播提供良好展示平台。行业协会或行业主管部门可以通过举办或组织参加各类农产品贸易博览会、行业内部交流会、跨行业交流会等活动,提高我国农产品品牌的国内外知名度和影响力。地方政府、行业协会、企业、个人等可以通过电视、报纸、广播、网络、自媒体平台等媒介,进行农产品品牌的宣传推广。

7. 销售渠道拓展

建设多样化的农产品销售渠道,让消费者在认识、了解产品后能够及时便捷地购买产品。农产品生产经营者可以直接与终端消费者建立联系,一方面着力开拓线下市场,通过专卖店、专柜专销、直供直销等方式,建立稳定的销售渠道;另一方面努力拓展线上渠道,通过线上直销配送、农超对接、社群团购等新型销售模式进行销售,对接线上线下消费与配送,健全实体店与网络站点相结合的品牌农产品营销体系。此外,经营者还可以通过推动农产品品牌与第二、第三产业相融合,延长产品价值链,为品牌注入源源不断的活力,利用乡村旅游、休闲农业、观光旅游等方式,促进品牌农产品的传播和销售。

6.4 农产品区域公用品牌建设

6.4.1 农产品区域公用品牌建设基础

1. 选择运营主体

农产品区域公用品牌常见的运营主体有三类:政府部门、行业组织、企业。

(1)政府部门。有些地方政府部门在建设农产品区域公用品牌时,会将品牌直接交由农业技术推广中心、林业和草原局、商务部门等相关的职能部门进行运营,如陕西户县农业技术推广中心(现为鄠邑区农业技术推广中心)全权负责"户县葡萄"品牌运营。政府部门主导模式主要适用于经济不发达、没有突出优势、产业集群不完善、缺少龙头企业的地区,其农产品区域公用品牌建设主要依赖政府部门强有力的产业政策进行带动,或通过政府部门促进企业及行业协会共同配合农产品区域公用品牌的培育,推动区域公用品牌建设。

（2）行业组织。在国际上,行业组织是区域公用品牌建设中最常见的运营主体。例如,法国的香槟酒行业委员会负责统筹运营管理"香槟"这一区域公用品牌。在我国,诸如"烟台苹果""吉林大米"等区域公用品牌,也是通过组建行业协会、产业联盟等形式,实现对品牌的运营管理。行业协会或产业联盟一般由企业家、政府相关部门负责人、其他利益相关者组成,偏重于服务,更适用于有一定产业基础的区域,如已拥有龙头企业、品牌产品、"三品一标"产品的地区。

（3）企业。政府部门授权企业来打造区域品牌,以企业为区域公用品牌的建设与管理的主体,一般包括国有企业,混合制企业和民营企业。浙江丽水开创了国有企业运营农产品区域公用品牌的先河,2013 年丽水市人民政府注资 2 亿元成立的国有独资企业——丽水市农业投资发展有限公司,并由该公司负责运营管理"丽水山耕"这一区域公用品牌。此后,宁夏盐池的"盐池滩羊",巴彦淖尔的"天赋河套",保山的"一座保山"等品牌均采用了这种模式。一些地方政府也会吸引社会资本共同组建混合所有制的合资企业,实现对区域公用品牌的运营管理。例如,"济宁礼飨"这一区域公用品牌的运营主体——济宁市现代农业投资有限公司,就是一家国企控股的混合所有制企业。此外,地方政府还可以通过购买服务或者授权的形式,委托民营企业来运营管理区域公用品牌,例如,贵州省毕节珍好农特产品开发公司运营的"毕节珍好"。企业主体模式主要适用于区域内产业经济已经取得良好发展,具备较强带动性的龙头型和中坚型企业,且已具备带动区域内企业创建区域产业品牌实力,能够构建与产品匹配的企业联盟体,共同推动区域公用品牌发展,带动区域内的其他中小型企业有序发展。

2. 明确运营原则

（1）明确区域公用品牌的公用性、共建性、共享性。农产品区域公用品牌是一种公用资源,区域公用品牌由区域内的相关主体共同建设,共同使用,共同享受,共同维护,只有区域内符合条件的主体获准授权后才能使用。在品牌使用与管理过程中,要以促进整个区域内农业产业的提质增效、促进品牌发展和主体增收为目的,一方面要防止对公用品牌的泛用、滥用和冒用,另一方面要避免公用资源的私有化,谨防公牌私用,避免将公用品牌变为少数企业的牟利工具。

（2）明确主体作用。区域公用品牌运营主体需要做的是搭建平台,传播品牌,沟通产销,快速形成强大的品牌影响力。其主要责任:一是品牌运营与推广,二是为会员提供相应的服务,三是构建渠道、产品营销。三者之间,以品牌推广为主,以提供服务为重,而构建渠道、产品营销并不是去直接销售产品,而是通过搭建产品推介平台,发布与收集信息,促进信息交流、产销对接,协助企业进行销售。

（3）明确主体权责。政府职能部门常因为事务繁杂而没有精力和时间进行品牌运营,或因为缺乏专业的品牌运营人员没有能力长期运营且市场化能力不强。行业组织和企业则往往受到政府部门的管理与制约,没有决策权,缺乏独立性,导致品牌战略无法真正落地。无论以谁为运营主体,政府部门都必须发挥引导、规范、监管作用,不仅要以其公信力提高品牌知名度和可信度,还要提供各种人力、物力以及政策支持。

（4）明确区域公用品牌定位。区域公用品牌最主要的作用是为产品品牌增加可信度，打消消费者顾虑，更快打开市场。运营主体对共享区域品牌价值的企业品牌有审核、授权、管理、监督的权利，但是对其市场行为和产品质量不可能负直接责任。区域品牌自身的公共性和公益性就决定了它要服务产业、服务企业，而不是凌驾于企业品牌之上，其宗旨是推动区域产业品牌化发展，支持企业品牌形象和价值升级，提高市场竞争力，以企业发展推动产业升级。

3. 明确区域公用品牌建设级别

农产品区域公用品牌建设根据行政级别划分，可以分为省、市、县三级，公用品牌建设需要明确建设的级别、定位与分工，避免建设过程中出现错位、归属不清、重复等情况。不同级别的公用品牌建设都需要从全局出发进行系统规划，实现省、市、县三级联动。

三级联动是指以省级品牌赋能工程统筹全局，以省级大单品为特色优势产业名片带动全局，以县市农产品品牌为抓手带动产业，三者各司其职，互为支撑，形成上下合力的高效联动效应。第一级省级农业品牌赋能工程，利用省级政府资源和权威，搭建省级农业价值平台、政策平台、宣传销售平台、管理服务平台，建设省级农业整体品牌，为省域内的特色优势农业产业、农特产品等赋能，如"壮美广西，生态农业""海南农品，四季领鲜"等省级公用品牌。第二级省级大单品优势工程，即通过资源聚焦打造代表性突出、产业规模大、带动效果强的大单品品牌，形成特色优势产业集聚效应，带动省市的品牌农业经济发展，例如"四川泡菜""吉林大米""宁夏枸杞"。第三级市县农产品品牌主体工程，这是农产品品牌建设的着力点和主战场，也是对省级农业品牌赋能工程和省级大单品优势工程的强力支撑，主要聚焦具体的主导产业和产品，如洛川苹果、梅县金柚、盐池滩羊等。

案例阅读：农产品省级公用品牌——"甘味"

4. 明确区域公用品牌建设模式

农产品区域品牌建设是一个系统工程，它是区域内优势产业、龙头企业、区域环境、运营主体等多要素综合作用的结果。我国农产品区域公用品牌发展中，最常见的是单产业突破和多产业整合两种模式。

1）单产业突破模式

单产业突破的农产品品牌建设模式成效显著，适合拥有突出优势的大单品、产业集群以及地理标志产品的区域。这种模式也被称为区域公用品牌建设的航母模式，即县、市或区域以一个产业为主，集中力量打造一个品牌，以优势产业突围，最终形成具有绝对代表性的公用品牌。航母式公用品牌的核心就是以优势产业为依托，快速推动公用品牌打造，迅速实现区域突围，在全国乃至国际市场上形成很强的竞争力。目前，单产业突破模式在我国已经具备非常好的发展基础，已经具备"一县一品""一市一品"、地标产品的区域，都适合采用单产业突破的航母模式。

案例阅读：江西赣南脐橙的航母模式

2）多产业整合模式

多产业整合的农产品品牌建设模式适合农业产业多、小、散的地区，这些地区无法打造单品类或者单产业的区域公用品牌。多产业整合模式根据具体实施方式的不同，可以分为高铁模式和舰队模式两种。

高铁模式适用于在区域内有多个优势产业，每个产业发展态势良好，但产业存在小、散、乱等问题的区域。在打造品牌时，把分散的小产业进行组合，形成一列快速行驶的多优势产业组合的统一品牌"高铁"，迅速形成较强的品牌合力，从而实现共同突围。

舰队模式适用于在区域内有多个产业，虽然各个产业具有一定的优势资源，但各个产业既小、散、贫、弱，又没有一定的经验与实力进行多产业整合和突破的区域。在打造品牌时，先选择所有产业中体量最大、基础最好、对外知名度最高的产业进行品牌打造，然后依次根据产业体量、运营基础及知名度等选择其他产业进行品牌打造，最终实现舰队式的区域公用品牌集合。

多产业整合的品牌创建模式一般以集体为主体进行商标注册，由政府部门进行推动，行业协会负责运营，企业、产业合作社、农场等生产经营主体共同参与。其突出优势是能够整合区域内多个产业及资源，实现区域内产业相互协作、共同发展，并且最大程度呈现地域特色，为品牌增加亮点和内涵。

案例阅读："丽水山耕"的高铁模式

案例阅读："平阳五个鲜"的舰队模式

6.4.2　农产品区域公用品牌建设方法

1. 战略规划

1）测评品牌战略环境

测评品牌战略环境是确立农产品品牌战略目标和设计农产品品牌战略规划的基础。农产品的品牌战略环境包含两个层面：一是宏观环境，主要包括国家政策法律、经济状况、社会文化、新技术（即 PEST 模型）等，目的是从宏观层面找到适合国家发展战略、经济实情、文化需求和新技术支撑的区域公用农产品品牌战略；二是微观环境，包括区域内农产品品类、产业结构、农产品品牌企业主体经营能力、同类农产品市场竞争状况、消费者喜好等，旨在找到符合区域和市场实际情况的区域公用农产品品牌战略。

测评品牌战略环境常用的分析方法是 SWOT 分析法，基于内外部竞争环境和竞争条件进行态势分析,将与农产品品牌密切相关的主要内部优势(strengths)、劣势(weaknesses)和外部的机会(opportunities)、威胁(threats),通过调查列举出来,并以矩阵形式排列,将各种因素相互匹配起来进行系统分析,分析所得的相应结论通常带有一定决策性。运用SWOT分析法可以对农产品品牌所处的情景进行全面、系统、准确的研究,并根据研究结果制定出农产品区域公用品牌发展战略、计划及对策。

2)确立品牌战略目标

在对农产品品牌战略环境有一定了解和认知后,需要进一步确立品牌战略目标。在农产品区域公用品牌战略中,战略目标分为消费者目标、竞争目标和区域价值目标。消费者目标是指农产品区域公用品牌能够为多少消费者提供满足需求的品牌农产品;竞争目标是指农产品区域公用品牌在同类农产品的市场中能够获得的竞争力、溢价能力及持续增收能力;区域价值目标主要强调通过构建农产品品牌体系,为区域内相关农业产业发展带来相应的价值,如引领价值、示范价值、背书价值等。农产品区域公用品牌的区域价值目标与竞争目标尤为重要,这两者是建设农产品区域公用品牌的初心和使命。农产品区域公用品牌战略目标不是固定不变的,需要针对品牌的不同发展阶段分别设置,如初始培育阶段需要关注品牌的消费者目标,提升阶段需要关注品牌的竞争目标,成熟阶段需要关注品牌的区域价值目标。

3)设计品牌战略体系

设计品牌战略体系是指根据农产品区域公用品牌所处的实际环境状况与其所确立的战略目标,系统规划形成农产品区域公用品牌战略的完整体系,即农产品区域公用品牌整体战略框架。农产品区域公用品牌战略体系包括品牌线宽度战略、品牌市场区域战略及品牌周期战略。其中,品牌线宽度战略是指未来计划建设的品牌个数,常见的有单一化战略和多元化战略,即农产品区域公用品牌是采用单一品牌还是多个品牌,很多区域为了提高市场辨识度、集中区域资源会采用单一化战略,如浙江新昌的"大佛龙井"、山东省济宁市的"济宁礼飨";品牌市场区域战略是指品牌未来经营的范围,分为区域化战略、国内化战略和国际化战略,一般在品牌发展初期要聚焦于区域市场,发展提升阶段要抢占国内市场,成熟稳定后要拓展国际市场;品牌周期战略是指品牌未来发展的阶段规划,分为长期战略、中期战略和短期战略,长期战略关注未来5年及以上的品牌发展目标,这是品牌的长远战略,中期战略关注未来3~5年的品牌发展目标,短期战略关注未来1~3年的品牌发展目标,品牌周期战略的选择需要根据农产品区域公用品牌的运营方和实际环境决定,一般新生农产品区域公用品牌要重点关注短期战略,基于运营经验、模式及资源配置情况逐步形成中期战略和长期战略。

4)实施与控制品牌战略

实施品牌战略主要需要完成支撑资源配置(包括资金、人力、政策等)、品牌策划建设、产业结构配套,这是品牌战略能够落地的基础条件。控制品牌战略是指为了在品牌战略实施过程中不被其他因素干扰,确保取得规划的战略结果而实施相关控制策略,控制策略包括战略方向控制、战略目标控制、战略进度控制等。

2. 品牌定位

农产品区域公用品牌是区域内农业品牌体系建设的载体和形象,要建设好这一载体和形象,品牌定位十分重要。品牌定位是指经营主体基于顾客的生理和心理需求为产品及品牌确定独特的个性和良好的形象,并在消费者心目中占据一定地位,形成固定认知。

品牌定位的基础是市场定位和产品定位。市场定位是指经营主体对区域农产品所要面对的目标消费群体和目标消费市场进行选择，包括地域范围、消费者消费能力、消费者性别、消费者年龄等多个维度，如天津市武清区的"武清果蔬"便是面向年轻消费者群体的区域共用品牌；产品定位是指经营主体以什么产品来满足目标消费者或目标消费市场的需求，即针对消费者对某种产品、某种属性的重视程度，塑造产品或企业的鲜明个性或特色，树立产品形象，使目标市场的消费者了解和认识本企业的产品。产品形象可以从产品实体上表现出来，如形态、成分、结构、质量、性能、商标、产地等，还可以从消费者心理上反映出来，如豪华、朴素、时尚、健康等，如宁波象山基于其独特历史文化和地理位置而打造的象山红美人品牌"俏倾橙"，突出产品含汁率高、维生素 C 含量丰富、有助于美容养颜的特点，产品受到了消费者欢迎。经营主体一般应先进行市场定位，再进行产品定位，产品定位是将目标市场与产品结合的过程。

3. 价值挖掘与重塑

农产品区域公用品牌的建设需要挖掘农产品与区域的本质，挖掘出其中的核心价值，并进行重塑与表达。农产品区域公用品牌的价值挖掘与重塑可以从以下四个角度展开。

（1）从产品本身出发，找到产品的差异化特征，常见的"古法""秘方""专利""创新""独有"等都是产品本身差异的表达，如果产品本身在外观、风味、功能、营养等方面就具有明显的差异化优势，就可据此挖掘品牌核心价值。例如，五常大米、烟台苹果、金华火腿等区域公用品牌，就是以主导优势作为品牌核心价值进行挖掘。

（2）从区域生态环境出发，表达产品天然、健康的品质。生态环境包含土壤、水源、光照、积温、经纬度等，例如四川省南充市依嘉陵江而兴，坐拥"嘉陵江最柔美的腰身"，生态环境优良，因而南充农产品区域公用品牌的名称为"南充嘉作"。

（3）从产业历史出发，追溯其发源、鼎盛、衰落、复兴过程中的故事，挖掘其中的名人、名事、名品等历史文化资源，成为品牌核心价值的内容。例如，我国最早的一棵苹果苗远渡重洋，在烟台生根发芽，由此成为中国现代苹果之源，因而烟台苹果的品牌核心价值是"中国第一个苹果"。此外，诸如引领产业发展的先锋人物、独特的产业发展模式、发展过程中的趣闻轶事，只要具有独特的历史文化内涵，都有可能成为农产品区域公用品牌核心价值的来源。

（4）从区域文化出发，传达该区域的独特价值。区域文化包含区域历史、民俗、宗教、艺术等，往往会吸引其他地区的人的关注。例如，山东省济宁市从其儒家文化发源地出发构建了与儒家文化相结合的农产品区域公用品牌"济宁礼飨"；浙江新昌将本土的茶文化与佛文化进行了深度融合，创建了"大佛龙井"区域公用品牌。将区域文化与区域品牌进行融合时，要注意协调与适当，只有能够有效强化、展现农产品属性的文化才能结合，切忌不合逻辑的生拉硬扯。

在挖掘和表达农产品区域公用品牌的核心价值，进行价值重塑时，需要避免贪大求全、急功近利，品牌名称、口号不可能包含区域所有的特性。只有聚焦品牌核心价值，才能找到适合区域品牌的差异化发展路径。

4. 品牌形象塑造

区域公用品牌的品牌形象具有传递品牌认知，方便受众区别与记忆的作用。区域品牌应选择具有较高识别度的品牌识别符号、品牌代言人和包装设计等。

目前的区域公用品牌形象塑造中，普遍存在三个问题：一是强行联系与农业、农产品毫无关联的旅游、文化、人物等资源,与农产品严重脱节;二是视觉符号表达过于抽象,导致受众看不懂、记不住,不清楚标志的含义,甚至出现理解偏差,无法建立有效认知,难以形成品牌传播驱动力;三是品牌名称没有聚焦品牌核心价值,让人无法将品牌与其核心产品或服务形成联系,无法突出区域公用品牌的地域、产品价值。

案例阅读:从"关公扛锄"到"一味知荆州"的荆州味道品牌的升级与重塑

5. 品牌整合传播

品牌整合传播是指对品牌形象要素进行优化组合,通过媒体进行宣传推广,其价值在于提供一种综合管理,用于协调品牌资源,维持和促进企业发展。农产品区域公用品牌传播,需要借助多方力量,构建立体化的传播体系,区域品牌整合传播有以下四大策略。

(1)聚焦聚力,专注于区域公用品牌传播推广。政府能够投入的人力、物力资源是有限的,若资源配置过于分散,往往传播效果不佳。因此,需要把所有资源聚焦在某一个品牌上,精准发力,打开市场,以点带面,逐步拓展。

(2)抢占制高点,制造品牌势能。区域公用品牌借助政府部门力量,进入更广阔的传播平台,如在省级、国家级乃至国际平台亮相,以提高在行业中的知名度。例如,横县作为中国茉莉花之乡,创办了中国茉莉花文化节和全国茉莉花交易博览会两大行业盛会,后来为了集中力量打造世界茉莉花产业中心,两会合并为"世界茉莉花大会"。在 2019 年首届"世界茉莉花大会"上,国际园艺中心(IGCA)授予横县"世界茉莉花都"之称,并联合《中国名牌》杂志现场发布《世界茉莉花产业发展白皮书》,推动横县茉莉花在标准化、品牌化、国际化上迈向新高度。

(3)导入资源,与目标市场对接、与客户对接、与渠道对接、与终端对接。资源对接平台,一是利用好政府搭建的公共平台,包括国务院扶贫办、农业农村部、农民日报、央媒等;二是积极组织参与对接会、行业展览等,深度参与行业主流展会,如农交会、旅交会、产业大会等,借大会流量,进行区域公用品牌及产品的推介展销;三是针对目标市场主动开展品牌市场推介会,例如"吉林大米"先后在全国开展了多场大米产销对接和品牌推介活动,让"吉林大米"品牌声名远播。

(4)借助国内外传统主流媒体、新媒体促进区域品牌传播,吸引聚集专属流量,为区域品牌打广告、做推广、聚人气。例如,通过举办丰收节、农货节、民俗节等农事民俗节庆引流;借地方官员、正能量乡村网红、专家学者等意见领袖引流;打造诸如日本熊本县的熊本熊这类区域 IP 形象引流;开展类似陇南电子商务全明星电子竞技大赛等赛事活动引流。

案例阅读:享誉全球的百年品牌如何炼成?

6.4.3 地理标志农产品向区域公用品牌转型

目前,我国各地拥有众多规模化、标准化、产业基础优良、市场评价良好的地理标志产品。地理标志产品与区域公用品牌内涵相近,都是针对区域优势产业或产品而设立。但是地理标志产品主要围绕产品本身的特性开展工作,且常常止步于地理标志产品的申报、认证、注册,缺乏后续的市场化运作和管理,缺乏利益共同体的共同维护和运营。而区域公用品牌不仅包括产品本身,还包括产品特性、产品定位、品牌塑造、统一的品牌识别体系、品牌整合传播等具体的战略方针和实施方案,其所有权、经营权、使用权更为明确,品牌带动作用明显,更适合市场化运作与推广。区域公用品牌不一定要经过政府部门的认证认可,更多的是要获得市场和消费者的认可。

对于一些本身已具备成为区域公用品牌基本条件,但还尚未提升、转型为区域公用品牌的地理标志产品,可以进一步扩大其市场知名度和认可度,提升其商业价值,将其打造为区域公用品牌。具体的做法包括:一是根据区域地理标志产品的数量和种类,选择单产业突破或多产业整合的区域公用品牌模式进行转型;二是深度挖掘地标产品内涵,重塑品牌价值,包括产品特性、地缘优势、文化内涵等;三是延伸品牌价值链,提升品牌溢价,拓展产品功能价值、情感价值,例如通过精深加工提升产品附加值,将蔬菜定义为与水果食用方法相同的鲜食水果蔬菜,将苹果定义为圣诞节的平安果等;四是构建统一的品牌识别体系,提高地理标志产品的知名度;五是从市场角度出发,针对目标消费群体进行品牌传播。

案例阅读:从地标产品到区域公用品牌的盐池滩羊

6.5 农产品企业品牌与产品品牌建设

企业品牌和产品品牌建设同样可以使农产品获得市场认可,促进消费,推动农产品电子商务的良好发展。

6.5.1 企业品牌与产品品牌的关系

我国虽然有许多蜚声中外的区域知名产品,例如烟台苹果、西湖龙井、阳澄湖大闸蟹等,但大多数地区的农特产品存在有区域品牌无企业品牌、无产品品牌的问题,导致市场缺乏有效的监管,滥用区域品牌的现象突出。企业品牌市场认可度低,也使品牌无法为企业带来足够的品牌附加值,这也是现阶段农产品企业发展所面临的问题。

企业品牌是基于农产品经营企业主体构建的品牌,能够为企业生产的各类农产品提供统一的形象和品质的承诺。产品品牌是基于某一种或某一类农产品构建的品牌,呈现的是农产品经营企业主体所生产的某一种或某一类农产品的形象和品质。

因此,企业品牌与产品品牌的主要区别便是级别不同,企业品牌属于一级品牌,产品品牌属于二级品牌,企业品牌是"母",产品品牌是"子",企业品牌统领、助力产品品牌的发展与建设,为产品品牌的发展提供保障,产品品牌承载向企业品牌输送品牌资产的责任,两者之间形成"母子品牌",良性互动、相互支撑,最终实现企业品牌资产积累,推动企业持续发展,如企业品牌百瑞源与旗下的系列产品品牌六月红、顶天红、一抹红等。

企业品牌与产品品牌在企业经营中的战略位置和战略功能也存在差异,具体表现在塑造目的、涵盖范围、目标受众、价值导向方面。企业品牌的塑造目的是将企业价值观和个性传递给利益相关者,而产品品牌的塑造目的是通过建立一个有吸引力的品牌形象来推动具体产品的销售;企业品牌的涵盖范围必须有足够的前瞻性和包容性,而产品品牌是以具体产品为核心,只需要考虑该产品本身的发展及产品所在行业的发展趋势;企业品牌的目标受众广泛,包括政府、媒体、投资者、商业伙伴、意见领袖、下属子品牌消费者、用户、内部员工、社会团体等,而产品品牌的目标受众聚焦在消费者及渠道成员;企业品牌的价值导向以企业自身信念、经营理念、业务发展方向与竞争优势为主,而产品品牌以消费者为导向,满足消费者需求是产品品牌建设的根本价值。

6.5.2　企业品牌建设的内容

企业品牌的建设内容包括品牌战略分析、品牌定位、品牌建设模式选择、建立品牌识别系统、品牌整合传播与管理及提高农产品市场竞争力。

1. 品牌战略分析

品牌作为企业的长期资产,应与企业总体发展战略相结合,进行长期的品牌规划,并在生产经营过程中始终维持品牌的核心价值不变。企业品牌战略分析从企业自我分析、产业分析、竞争对手分析、产品属性分析、消费者分析五个维度展开。在战略分析过程中,企业需要进行全面科学的调研,调研内容包括企业的主营业务、市场环境、市场竞争情况、所处行业特性及相关产业的发展情况、目标消费群体分析等,为品牌战略决策提供详细、准确的信息。在此基础上,提炼品牌核心价值,即找出清晰明确、具有差异性、能触动消费者内心的核心价值,并将其贯穿于企业全部经营活动中。

2. 品牌定位

企业品牌定位包括企业的发展使命定位、发展目标定位、目标消费群体定位、品牌价值定位、核心产品品类定位、核心产品品种定位,其目的在于明晰"我是谁"的问题。精准清晰的品牌定位是企业品牌建设的重要组成部分,通常可使用 STP 分析完成,即市场细分(market segmenting)、选择适当的目标市场(market targeting)和市场定位(market positioning)。企业品牌定位要具体、准确、有差异,通过品牌定位找到企业的发展方向。例如,农夫山泉定位为"天然",所以宣传语为"大自然的搬运工";小罐茶定位为高端茶品牌,所以广告、包装、价格都围绕高端做文章。

3. 品牌建设模式选择

企业应根据自己的业务需求,选择品牌建设模式,既可选择单品牌策略,也可选择多品牌策略。单品牌策略是指企业生产的若干产品皆使用同一个品牌,有利于企业节约促销费用,推动新产品开拓市场,更适合生产经营品类单一的企业。多品牌策略则是利用多个品牌更为精细地定位不同细分市场,强调各品牌的特点,吸引不同的消费者群体,从而占有较多的细分市场,例如,中粮集团旗下有福临门食用油、长城葡萄酒、蒙牛乳制品、酒鬼酒、中茶茶叶等诸多品牌产品。

4. 建立品牌识别系统

企业的品牌识别系统是以品牌核心价值为中心,将品牌识别的元素在企业的所有经营活动中进行反复强调,使每一次营销活动都传达出品牌的核心价值。品牌形象的统一性、独特性,有助于提高品牌市场认知的重要举措。品牌识别系统包括企业精神、企业价值观、经营信条、经营宗旨、经营方针、市场导向、产业结构、社会责任和发展规划等理念识别要素;组织制度、管理规范、产品开发、员工教育、福利制度、公益活动、营销活动等行为识别要素;企业名称、标志、宣传语、标准颜色、符号图案等视觉识别要素。

5. 品牌整合传播与管理

企业品牌形象蕴含了消费者在长期的消费体验中对品牌做出的描述与评价,因此,在传播过程中应进行长期规划和管理,采取整合传播思维。企业整合营销传播是指以直接影响消费者的购买行为为目标,从消费者的角度出发,运用所有传播手段,如广告、公共关系、促销活动、活动营销、新闻发布、领导者魅力等进行品牌传播。在品牌传播过程中,要注重品牌管理,围绕品牌建设目标,建立评估系统,跟踪品牌资产,定期进行品牌评估,了解品牌营销策略实施情况。

案例阅读:小罐茶是怎样成功的?

6. 提高农产品市场竞争力

提高农产品市场竞争力可以从两个方面进行:一是保障农产品质量,在品牌建设过程中不断加强标准化生产的意识,推进标准化生产基地建设,加入质量诚信监督体系,提高企业品牌的公信力;二是通过推动技术创新、改良生产工艺、优化包装设计等方式,塑造品牌核心价值,以让农产品保持竞争优势。具体方法包括:在生产加工技术方面,加强农产品生产、加工环节技术改造和设备引进,优化传统生产加工工艺,发展精深加工,拓展价值链;在管理技术方面,采用科学的管理制度和方法,提高品牌经营管理水平,建立物联网及农产品质量安全追溯平台,对农产品的生产、加工、储存、运输、销售环节进行全过程监管。

6.5.3 产品品牌建设的内容

产品品牌以具体产品为基础,与其他形式的品牌有一定区别,其建设策略也相应不同,可以从以下三个方面入手。

1. 产品品牌定位

产品品牌定位是要找到"人无我有、人有我优、人优我特"的核心卖点,并加以提炼,进行营销传播,继而形成一定市场竞争力。例如,甘肃省打造"甘味"知名农产品品牌,将甘肃农产品分为四大类:"独一份""特别特""好中优""错峰头",其中,"独一份"指兰州百合、苦水玫瑰等"人无我有"的产品;"特别特"指岷县当归、渭源文县党参等药食同源的中药材和定西马铃薯、武都花椒等"人优我特"的产品;"好中优"指苹果、牛羊肉等"人有我优"的产品;"错峰头"指高原夏菜错季上市的菜花、娃娃菜、莲花菜、芹菜等产品。

产品品牌定位可以从产品本身、竞争对手、消费者需求等角度出发,挖掘打造产品的独特卖点,具体包括以下方式。

(1)品质定位。如绿色有机认证等国际、国家或组织的认证,代表产品具有更优的质量和安全性,是对产品的品质定位。

(2)品类定位。一是强调品类本身的品种、工艺等特征,例如青海黑枸杞、黄色冰激凌西瓜、水果萝卜、小米油蛋等,占据新品类。二是强调与竞争产品的差异,如价格、产品规格等,例如,"一桶半"泡面在数量上与众不同,占据了大容量泡面市场,贝贝南瓜、青春土豆以小为卖点,定位于儿童市场。

(3)场景定位。从目标消费者的生活习惯和饮食特点出发,把产品与消费场景或使用场景联系在一起。例如,在新年场景下宣传"过年要旺"的旺旺大礼包,在聚餐场景下宣传"怕上火喝王老吉"的凉茶。

(4)口感定位。突出产品的味道、口感特点,例如褚橙的黄金酸甜比、爱媛橙的鲜嫩多汁等。

(5)外观定位。产品的独特外观可以作为产品卖点,如阿克苏冰糖心苹果。

(6)核心产区、产业基地、地标产品定位。消费者对优势产区具有较高的认可度,可以通过挖掘和利用公共资源形成产品品牌,例如宁夏中宁枸杞,素有"中宁枸杞甲天下"美誉。

(7)产地地理环境定位。宣传农产品产地海拔高、土壤优、气候好、远离工业区、森林覆盖面积大等特征,可以间接表达产品生产环境无污染、产品品质高,如贺兰山东麓葡萄酒因强调贺兰山东麓纬度与法国波尔多红酒产区同等纬度,该葡萄酒享誉国内外。

(8)人文内涵定位。产品背后的历史、文化、传说故事等,只要能够为产品服务,都可以用于品牌定位。例如褚橙代表着创业者的奋斗精神,妃子笑荔枝指代的历史故事等。

(9)产品优势定位。强调产品在市场中的竞争优势,如通过宣传"我爸种茶我卖茶"突出销售中间环节少,具有供应链优势;宣传产品市场占有率领先,显示产品具有较高可信度和市场认可度,但注意在宣传中不得使用"销量第一""国家级""最高级""最佳"等用语,避免触犯《中华人民共和国广告法》。

2. 产品品牌命名

有内涵、容易记忆、独特的产品品牌名称,不仅有利于塑造品牌形象,激发购买欲,促进产品品牌传播,而且有助于与其他同类产品相区别,便于消费者记忆。选择一个产品品牌名称,将非常利于产品品牌的建设。

品牌名称包含客户元素、产品元素、文化元素和传播元素等。目标客户元素是指从目标客户角度出发,根据目标客户群体的特性、喜好进行命名,例如"三只松鼠""江小白"的品牌名称更吸引年轻的消费群体。产品元素是从产品角度出发,让客户一看就明白这是什么产品,例如"你好芒"谐音"你好忙",还突出了产品与"杧果"有关,又直接又好玩。文化元素是对品牌内涵进行挖掘,例如"实赣派"脐橙、"妃子笑"荔枝。传播元素是指名称要易懂、易记,利于被二次及多次传播,例如"杞里香"与流行歌曲《七里香》谐音,利于传播,且包含枸杞元素让人一看(听)到品牌名称便联想到枸杞产品。

拓展阅读：富有创意的农产品品牌

3. 产品品牌包装设计

产品品牌包装设计具体包括以下方式。

(1)以产品本身为设计元素,如通过产品颜色、产品成分、产品形状等让消费者在第一时间了解产品成分和性能。例如,黄色代表香蕉口味、粉色代表桃子口味、红色代表草莓口味等。

(2)以原产地为设计元素。当产地成为产品卖点时,产品包装设计可以引入区域文化元素,让消费者了解产地信息。例如,农夫山泉将长白山的动植物刻画到包装上,强调此款矿泉水的水源地位于长白山,品质优良。

(3)以品牌风格为设计元素。品牌风格就是品牌给消费者的第一感觉,如文艺、清新、复古、时尚、严肃、好玩等。例如,江小白依靠包装上的个性化自白或对话,吸引了无数年轻人的关注。

(4)以产品功效为设计元素。对于有明显功效的产品,可以将其主要功效作为包装设计元素。例如,灭火器形象的凉茶包装,如图 6-3 所示,外形独特,且突出了产品功效,让人过目难忘。

图 6-3　灭火器形象的凉茶包装

(5)以品牌标志、吉祥物或辅助图形为设计元素,有利于加深消费者对品牌的印象,形成自己的品牌特色。例如,三只可爱的小松鼠形象被广泛地应用到"三只松鼠"产品包装中。

(6)以主要消费者需求或关注热点为设计元素,例如吸引女性关注,会用花朵、粉红图案等元素;儿童产品则一般会用动物、卡通形象等作为包装设计的主要元素。

(7)以生产过程为设计元素,体现产品的生产过程、生长环境、生产技艺等。例如,茶叶包装上茶山的图案、制茶的过程等。

(8)以品牌故事或品牌文化为设计元素。例如,高州荔枝在进行外包装设计时,以手绘的杨贵妃的人物形象、荔枝树和贡园为主要文化元素,与诗句"一骑红尘妃子笑"中描述的贵妃微笑形象建立联想,激发对大唐贡品和高州荔枝的有效连接,如图6-4所示。

图6-4 "高州荔枝"产品包装

拓展阅读:我国农业品牌建设成果

【知识盘点】--

本章主要阐述了农产品品牌化的基本概念,以及农业品牌建设的重要意义;总结了农产品品牌建设现状与问题;对农产品品牌建设体系及农产品区域公用品牌、企业品牌、产品品牌的建设方法进行了总结梳理。

【深度思考】--

1. 农产品品牌建设的作用是什么?

2. 当前我国农产品品牌建设过程中存在哪些问题,应如何解决?

3. 在农产品品牌建设过程中,应重点把握哪些要素?

4. 农产品区域品牌、企业品牌、产品品牌三者之间应该如何相互协调、互为支撑?

【项目实训】--

1. 实训名称:农产品品牌建设。

2. 实训目标:熟练掌握农产品品牌建设策略。

3. 实训要求:

(1) 组建实训项目小组(建议4～5人一组,教师根据班级实际人数情况确定)。

(2) 小组选择至少一款农产品,对其进行品牌建设。

(3) 小组编写农产品品牌建设方案,内容包含品牌定位、品牌名称、品牌含义及品牌形象等方面,以PPT的形式呈现。

(4) 各个项目小组在班级内进行演讲,陈述农产品品牌建设方案。

(5) 教师及其他小组同学对农产品品牌建设方案进行点评。

第7章

农产品电子商务经营模式选择

【导入案例】

中国供销社员网助力农产品电子商务发展

中国供销社员网（以下简称"社员网"）隶属于中华全国供销合作总社、中国供销集团。2015年，社员网经集团批准重组后转型为供销系统唯一混合所有制的专业B2B农业互联网公司，混改后实现市场业务和社会效益双增长。社员网官网首页如图7-1所示。

图 7-1　社员网官网首页

社员网定位于"成为引领中国农业升级的百年龙头企业"，企业目标是"让天下没有难卖的农产品"，契合国家脱贫攻坚、乡村振兴战略要求，致力于中国农产品供应链基础设施的重塑和改造。社员网以"大宗农产品交易"为核心服务，扎根地头、供应城市，以销定产、倒逼生产，线上订单、线下运营，建立全国性农产品网上批发市场；打通销售、加工到生产的整个农工贸、产加销一体化环节，增加农民就业，加快产业发展，促进一、二、三产业的融合，通过三步走战略（大宗农产品上行、产地标准化运营、现代农业产业园）实现订单农业，推动县域农业现代化。

社员网有大量市场推广人员在全国中大城市开发大型批发市场、连锁商超和品牌店，已经建立起包括900多家一级批发市场、近4万名批发商、上百家连锁商超和品牌店的采购商渠道体系；项目和执行板块的数百名核心骨干长年驻扎在陕西、海南、湖北、云南、贵州、内蒙古、广东、河南、天津等 14 省(自治区、直辖市)的县域子公司或办事处(每县驻 5～15 人),完成水果、干果、中药材、杂粮杂豆等超过 1000 个品种产品的产销精准对接。

社员网有效解决了大量县域政府无法处理的农产品销售难的问题,通过大宗农产品上行大量调动农民积极性,让农产品变成实实在在的真金白银。同时,中国供销社员网会为各大县域提供整套农业互联网解决方案——新农产品供应链体系,包括大宗农产品上行、产地标准化服务、现代农业产业园三大主要业务和电子商务示范县建设、本地人才培养、农业大数据、品牌打造、农资下行,利用全国渠道打造县域销售体系。

案例思考:

1. 社员网的经营模式是什么?

2. 社员网的优势是什么?

3. 你所了解到的农产品电子商务经营模式有哪些?

【知识目标】

• 了解农产品电子商务经营模式的概念。

• 掌握农产品电子商务经营模式选择策略、选择流程及选择注意事项。

• 熟悉 B2B、B2C/F2C、C2C、C2B/C2F、O2O 五类农产品电子商务经营模式的概念、优劣势、运作流程、盈利方式及实施要点。

【能力目标】

通过对农产品电子商务 B2B、B2C/F2C、C2C、C2B/C2F、O2O 五类经营模式的学习,能够熟练将此五类经营模式应用于适合的农产品电子商务项目中。

【内容导图】

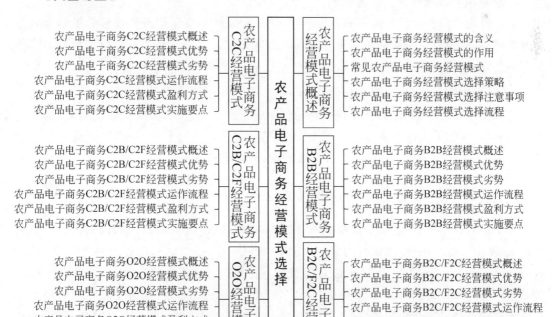

7.1　农产品电子商务经营模式概述

7.1.1　农产品电子商务经营模式的含义

农产品电子商务经营模式是指在互联网和大数据环境中基于一定技术基础而采用的农产品商业经营活动运作方式。农产品电子商务经营模式是农产品电子商务经营活动开展的运行框架，包括客户模式、盈利模式及运作模式等。客户模式决定农产品电子商务经营活动所面向的具体客户群体以及客户群体的相关行为属性；盈利模式决定农产品电子商务经营活动采用的盈利方式以及盈利空间等；运作模式决定农产品电子商务经营活动采取的运营方式、策略及行为等。

7.1.2　农产品电子商务经营模式的作用

农产品电子商务经营模式的本质是一种商业模式，不过是比较特殊的、更为具体化的商业模式，其作用与商业模式对于企业的作用相近。

1. 为农产品电子商务指明市场方向

农产品电子商务经营模式中的客户模式，就是农产品电子商务经营具体所面对的客户群体，而客户群体便是市场，因此农产品电子商务经营模式决定市场，能够为农产品电子商务指明市场方向。

2. 夯实农产品电子商务经营基础

农产品电子商务经营模式中的营销模式，决定着农产品电子商务所能够采取的营销方式和策略，而营销方式和策略又决定着市场经营能力。适合的营销模式可以实现对于市场的良好经营，从而夯实企业经营基础。

3. 优化农产品电子商务盈利结构

农产品电子商务经营模式中的盈利模式，决定了经营的利润通道和盈利结构。形成有效的盈利模式，如大型电子商务平台淘宝、天猫等通过为商家进行商品推广、店铺推广等服务获取利润，或者为商家进行金融服务获取利润，优化了其盈利结构。

7.1.3　常见农产品电子商务经营模式

常见的农产品电子商务经营模式有 B2B(business to business，商家面对商家)、B2C(business to costomer，商家面对消费者)/F2C(factory to customer，厂商面对消费者)、C2C(consumer to consumer，个人商家面对消费者)、C2B(costomer to business，消费者面对商家)/C2F(customer to factory，消费者面对厂商)及 O2O(online to offline，线上到线下)。这五类不同的农产品电子商务经营模式适用于不同的农产品及企业，它们各有优势，应根据农产品及企业特性进行应用并加以发展。

7.1.4　农产品电子商务经营模式选择策略

1. STP 战略法

STP 是市场营销战略的核心,包括市场细分(market segmenting)、目标市场(market targeting)、市场定位(market positioning)三个要素。农产品电子商务经营者可以根据其自身的 STP 战略,选择与其战略方向和目标相一致的经营模式。例如,市场定位为中高端年轻白领的生鲜蔬菜零售商,其最佳的经营模式便是 O2O 模式或 C2F 模式;若市场定位为产地直供的精品蔬菜批发商,其最佳的经营模式便是 F2B 模式或 B2B 模式。

2. SWOT 分析法

SWOT 分析法是基于内部与外部竞争环境和竞争条件下的态势分析,该分析方法将与研究对象密切相关的各种主要内部优势、劣势和外部机会、威胁通过调查列举出来,并依照矩阵形式排列,加以系统分析。运用这种方法,可以对研究对象所处的情景进行全面、系统、准确的研究,从而根据研究结果制订相应的发展战略、计划以及对策。

在 SWOT 分析法中,S(strengths)是优势、W(weaknesses)是劣势、O(opportunities)是机会、T(threats)是威胁。农产品电子商务经营者通过 SWOT 分析法,能够全面、清晰地掌握其自身经营的优势、劣势及所面临的机会与威胁,确定适合其自身经营的电子商务模式。例如,农产品电子商务经营者自身已有多年的 B2B 运作经验,而且市场中这类模式的经营者比较少,那么此经营者选择 B2B 经营模式就是非常好的选择。

7.1.5　农产品电子商务经营模式选择注意事项

在农产品电子商务经营模式选择过程中,须注意以下几个事项,以确保选择的经营模式与产品、企业及市场等相适应。

1. 全面了解产品、企业及市场情况

产品、企业及市场对于农产品电子商务经营模式的选择起着至关重要的作用,在对产品、企业及市场进行调研时,务必全面、详尽,选择适当的经营模式为农产品电子商务经营奠定坚实的基础。

2. 测试、校验区域具有代表性

农产品电子商务经营模式的测试、校验,是将初步选定的经营模式在一定市场区域进行试运行,以此来检验该经营模式是否与特定产品、企业及市场相适配,为最终的经营模式选定提供参考。因此,在农产品电子商务经营模式初步测试、校验时,所选择的测试、校验市场区域一定要具有代表性,与实际经营市场有足够的相似性和吻合度,不可有过大差距,这样就完全失去了测试、校验的价值和意义。

3. 测试、校验真实、全面

在经营模式测试、校验时务必做到真实、全面,运营落实到位,不可因为是测试、校验就敷衍了事,将此程序变为一种形式、过程。只有通过真实、全面的落地执行,才能够真正明确该模式的运行情况,选择出适用于当前产品、企业及市场的经营模式并加以推广。

4. 明晰各经营模式的特点

经营模式自身的特点对于农产品电子商务的落地运行具有很大影响,除了充分考量特定产品、企业及市场的情况,还要全面了解经营模式的具体情况,包括经营模式的成熟度、运营关键点及基础要素等。

7.1.6 农产品电子商务经营模式选择流程

农产品电子商务经营模式的选择应按照科学、规范的程序进行,以使模式更加适配于特定的农产品及企业,其流程包括以下内容。

1. 分析农产品及企业实际情况

不同的农产品及企业有不同的特征和属性,在运输难易程度、资金能力、经营能力等方面存在差异。不同的特征和属性的农产品和企业,所适用的经营模式是不同的。例如,干药材与生鲜蔬菜,在运输难易度方面就具有非常大的不同,因此它们所适用的经营模式也是不同的,干药材较适用 B2B 模式,生鲜蔬菜适用 B2B、C2F、B2C 等模式;小规模农户与大规模企业的整体实力、资源等方面不同,小规模农户较适用 F2C 模式,大规模企业适用 B2B、B2C、O2O 等模式。

2. 了解市场环境

经营模式确定后,要应用于市场,市场环境直接决定着经营模式的成败。了解市场环境,可以从消费需求、目标消费群体特征、政策环境、经济状况、市场中相关经营模式的饱和度及成熟度等多个方面进行全面、详尽的分析,对于市场环境有充分、深入的掌握。

3. 初步选择农产品电子商务经营模式

在对于自身所经营农产品及企业和市场的实际情况深入分析、了解之后,参照实际情况初步选择出一类或两类农产品电子商务经营模式,进行市场试经营。如上文所述的干药材和生鲜蔬菜,根据其自身实际情况以及市场需求情况,就可以初步选择出干药材使用 B2B 经营模式,生鲜蔬菜使用 F2C 经营模式。

4. 通过试运营验证其适配程度

初步选择出农产品电子商务经营模式之后,就需要对经营模式进行试运营,验证此经营模式与农产品、企业及市场的适配程度,以决定最终的农产品电子商务经营模式。经营模式验证可以从模式落地执行难易度、消费者的接受度、市场推广难易度及盈利能力等多方面进行,以全面、精准地衡量其适配程度。

5. 确定经营模式,正式运营

经过试运营测试,若初步选择出的经营模式适合农产品、企业及市场,就可将此经营模式正式确定下来,并进行全面落地执行、市场推广;若初步选择出的经营模式不适合农产品、企业及市场,就需重新选择经营模式,再次进行试运营测验和验证,直到选择出与农产品、企业及市场相适配的经营模式。

7.2 农产品电子商务 B2B 经营模式

7.2.1 农产品电子商务 B2B 经营模式概述

B2B 模式是商家到商家的模式,是农产品经营者到农户或一级批发市场集中采购农产品,然后分发配送给中小型农产品经销商、零售商或消费商的经营模式。此经营模式能够极大地为农产品供销链条中下游的经销商、零售商或消费商提供便利,节省其采购和运输成本,有效实现了农产品供、销、消的串通。由于农产品通常附加值较低,必须依靠规模化交易获得利润,因此这一经营模式较受农产品电子商务经营者欢迎,是当前较为主流的农产品电子商务经营模式。

7.2.2 农产品电子商务 B2B 经营模式优势

1. 交易成本较低

农产品电子商务 B2B 经营模式是农产品经营商家对商家的交易模式,相较于直接面对终端零散消费者,其所需开发、维护的客户群体数量较少,物流、包装等成本较低,大大降低了其市场开发、交易的成本。

2. 利润回报较高

农产品电子商务 B2B 经营模式通常以大宗、批发交易为主,能够获得交易规模带来的优势,从而取得较好的利润回报。

3. 经营风险较低

农产品电子商务 B2B 经营模式中大多数经营商家所扮演的是中介角色,自己不需要实际采购农产品,无须承担货物积压的风险,降低了经营过程中的风险。

4. 高度连接上下游资源,发展空间大

B2B 经营模式主要的价值就是连接农产品供应链上下游资源,高度连接农产品电子商务中供、销之间的渠道,从而促进农产品流通,获得更大的市场发展空间。

7.2.3 农产品电子商务 B2B 经营模式劣势

1. 对平台的流量、供应链、信息服务要求较高

B2B 经营模式中的电子商务经营者更多发挥中介的作用,对电子商务平台的流量、整体供应链的完善度及相关信息服务都要求较高。电子商务平台中的流量保障客户群体的基础,是交易产生的基础;供应链保障农产品的供应基础,是交易的核心;信息服务保障交易的畅通,是交易的关键点。

2. 中间环节较多,对物流保鲜要求较高

B2B 经营模式中的经营者所面对的经营主体是经销商、批发商或零售商,农产品经由这些渠道进行再次交易、销售,增加了中间环节。而大多数农产品极易损耗,尤其是生鲜类农产品,必须进行保鲜储存、运输,中间环节的增加进一步提高了农产品物流保鲜的要求。

3. 对于经营者能力要求较高

B2B 经营模式的经营者、批发商,都需要通过电商平台进行交易,需要有成熟、完善的技术及相关设备,还要具有一定的用户规模和流量资源,需要稳定的农产品采购来源及一定的资金能力。

7.2.4 农产品电子商务 B2B 经营模式运作流程

B2B 是一种以大宗交易、批发为主的农产品电子商务经营模式,它的运作流程如下。

(1)农产品电子商务经营者根据过往经销经验以及当下市场需求情况,及时向农户或者一级农产品销售市场采购相关的农产品。

(2)将农产品的相关信息上传至相应的农产品电子商务平台(第三方平台或者自建平台)进行批发售卖、大宗交易。

(3)农产品中下游分销商、零售商或消费商看到农产品相关信息后,根据自身需求下单采购。

(4)农产品经销商家接收到采购订单后,进行配货、包装,通过物流渠道将农产品交付至分销商、零售商或消费商手中,完成整个农产品电子商务经营交易。

7.2.5 农产品电子商务 B2B 经营模式盈利方式

农产品电子商务 B2B 经营模式根据业务形式可以分为两大类:一类是以自采自营为主的自营模式,另一类是以搭建平台撮合交易为主的平台模式。不同的经营模式,其盈利方式也是不同的,自营模式主要通过农产品采购批发差价获取利润,代表企业为美菜网;平台模式主要通过收取相关服务费用,如农产品推广撮合交易佣金、物流运输服务费用等,代表企业为一亩田。

案例阅读:美菜网的盈利模式

案例阅读:一亩田的盈利模式

7.2.6 农产品电子商务 B2B 经营模式实施要点

1. 培养中下游经销商、零售商或消费商的客户黏性

传统农产品贸易中,农产品中下游经销商、零售商和消费商一般都有长期稳定的上游供应商,农产品品类、价格及配送等在长期的合作过程中已形成稳固的模式。农产品电子商务开展 B2B 业务,必然会与传统农产品贸易产生竞争,要想获得竞争优势,必须注重培养中下游经销商、零售商和消费商黏性。可以通过提供更低的采买价格、以补贴形式给予更多实惠,以及提供更高的配送效率来培养,让中下游商家群体获得更多效益。

2. 完善农产品前端供应链系统

传统农产品贸易在发展过程中已经形成了完善的农产品前端供应链系统,而农产品电子商务 B2B 业务仍处于发展阶段,其供应链系统既不完善,又不稳定。要做好农产品电子商务 B2B 业务经营,迫切需要完善农产品前端供应链系统,包括从事农产品生产(种植、培育)的农户、农场(庄)或一级批发经销商,并且稳固与他们的关系,以获得稳定货源。

3. 提供精准化、个性化的报价和订购方案

B2B 经营模式中的农产品电子商务经营者面对的买家是企业、组织,应充分考虑它们的特殊属性,根据客户层次结构、需求状况、组织类型等方面的不同,提供不同的定价方案、合同条款、支付方式、购买授权规则、审批流程、农产品组合及农产品营销策略等,精准化、个性化地满足企业客户的独特需求,提升它们的交易体验度。

4. 建立供、销、消信息服务系统

农产品电子商务 B2B 经营模式需要衔接好供、销、消三个环节,以此保障农产品电子商务的良好运转。经营者应主动与中下游的分销商、零售商或消费商协商,建立供、销、消信息服务系统,提供信息沟通效率。这样做的好处是一方面可以及时掌握农产品的供需情况,更好地把控采购量,降低库存风险;另一方面能够更好地为中下游商家服务,帮助其管理库存,提高农产品货物流通效率。

7.3 农产品电子商务 B2C/F2C 经营模式

7.3.1 农产品电子商务 B2C/F2C 经营模式概述

B2C/F2C 是指由农产品经营商家或生产者(农场、农庄)直接面对消费者个人的农产品电子商务经营模式。这类农产品电子商务经营模式能够有效利用农产品经营商家、农场(庄)丰富的农产品资源、雄厚的资金实力、规模化的生产(种植、培育)条件等要素取得效益。

农产品电子商务 B2C/F2C 经营模式是当前较为主流的农产品电子商务经营模式,受到农产品电子商务经营者的欢迎。基于农产品电子商务的整体发展,近年来此类农产品电子商务经营模式的交易规模和影响快速提升,成为农产品电子商务发展的"排头兵"和"中坚力量"。

7.3.2 农产品电子商务 B2C/F2C 经营模式优势

1. 高可信度

选择 B2C/F2C 农产品电子商务模式的经营者,无论是商家还是农场(庄),一般经营规模和初期投资较大,会受到国家相关机构、部门的强力监管,若有产品质量问题,所承受的处罚额度较高,其产品质量比较有保证。此外,经营者需要直接面对消费者,为了自己的口碑、信誉,也会比较重视其产品和服务质量。

2. 高经营收益

农产品经营商家或农场(庄)的规模化经营使其农产品生产、流通的单位成本下降,在保证品牌认知度、信誉度的基础上,可获得更高农产品附加值。这是 B2C/F2C 经营模式成为当前农产品电子商务主流模式的根本原因,也是推动农产品电子商务发展的根本动力。

3. 高销售量

农产品经营商家或农场(庄)往往具有一定的资金实力,在市场营销方面能够投入更多资源,容易积累一定规模的用户群体,进而取得较高的农产品销售量。

7.3.3 农产品电子商务 B2C/F2C 经营模式劣势

1. 前期投资大,资金回笼

由于 B2C/F2C 模式的经营通常采取规模化经营方式,在经营前期往往需要进行较大的投入,包括土地培育、农资采买、农具购买、市场开拓、人员雇佣等多个方面。而农产品生产周期较长,从土地培育到农作物种植,再到农产品成熟,需要较为漫长的过程。从投资回报的角度来看,便是前期投资较大,回报缓慢。也正是由于这个原因,经营者难以获得其他投资者的青睐。

2. 经营专业能力要求较高

农产品电子商务 B2C/F2C 经营模式的经营管理者必须具有一定的企业管理及运营能力,包括战略规划、人员管理、财务管理等;其次要有专业化的电子商务经营能力,包括软件技术、网店运营及物流、仓储等。这些专业化的经营能力是保障这一经营模式顺利运行的基础,需要具有一定能力的人员才能够参与此模式的经营。

7.3.4 农产品电子商务 B2C/F2C 经营模式运作流程

农产品电子商务 B2C/F2C 经营模式运作流程如下。

(1)农产品经营商家或农场(庄)根据自身经营或种植、培育经验以及市场的相关需求信息,采购或生产相应的农产品。

(2)将相关的农产品信息上传至相应的农产品电子商务平台,包括第三方平台或者自建平台,以此来推广、售卖。

(3)消费者通过相应的农产品电子商务平台获取农产品相关信息后,根据自身的需求进行选择、购买。

(4)农产品经营商家或农场(庄)接收到消费者的订单后,进行配货及包装,然后通过物流服务商将农产品交付至消费者手中,完成整个农产品电子商务交易。

7.3.5 农产品电子商务 B2C/F2C 经营模式盈利方式

农产品电子商务 B2C/F2C 经营模式也称为商家或农场(庄)直供模式,农产品由农产品经营商家或农场(庄)通过电子商务平台直接售卖给消费者,因此其盈利方式主要是通过农产品的售卖获取利润,代表企业为沱沱工社,其官网页面如图 7-2 所示。

图 7-2 沱沱工社官网页面

案例阅读：沱沱工社的盈利模式

7.3.6　农产品电子商务 B2C/F2C 经营模式实施要点

1. 保证专业的经营能力

农产品电子商务 B2C/F2C 经营模式对于其经营主体的能力要求较高，包括基本经营管理能力、农产品生产(种植、培育)能力、电子商务专业运营能力等。在选择该经营模式时，首先要保证以上几个方面的专业能力，可以通过专业培训和聘请专业人员两个途径来实现。选择这两个途径通常需要付出比较高昂的培训费用或薪资报酬，但这是为保障电子商务运营必须付出的成本。

2. 选择适合的电子商务经营平台

农产品电子商务经营平台根据其所有权的不同，分为第三方平台和自营平台。两种形式的平台各有优劣，适合于不同的农产品电子商务经营者。第三方平台一般功能较为健全，拥有一定的用户群体基础，知名度、信誉度相对较高，但这类平台一方面无法精准满足不同农产品电子商务经营者的具体经营需求，另一方面会获取电子商务经营过程中的用户及交易信息，容易造成农产品经营商家、农场(庄)商业信息泄露。这类平台适合新生、资金能力有限的经营者，一是可以借助平台知名度、信誉度及已有用户基础推动农产品销售，二是可以借助其完善的功能保障农产品交易顺利完成。自营平台需要商家、农场(庄)自己去开发、搭建，一方面需要较大的资金投入，另一方面需要较多专业的技术人员，而且其功能、使用体验、知名度等多个方面也都会存在不足，前期较难获得用户的信任，其好处是可以极大程度上保护用户及交易信息，保障商家及农场(庄)的经营安全。

农产品电子商务 B2C/F2C 经营模式下，经营主体选择经营平台一定要慎重，应从自身实际情况、行业发展状况及市场动态信息等多个角度进行全面考量，选择适合自身和市场发展的经营平台，可以先选择第三方平台，待运营成熟后再去开发、搭建自营平台，这样既能够实现经济收益最大化，也能够降低运营成本。

3. 及时关注 C 端市场需求变化

农产品电子商务 B2C/F2C 经营模式下的目标市场是 C 端，C 端市场是指为个人消费而购买或取得服务的个人和家庭，呈现出分散、体量小的特征。C 端客户对农产品的消费需求点和购买关注点与 B 端企业客户完全不同，他们较为关注农产品的品质、新鲜度、营养性、安全性和销售价格，并且会随着需求市场、社会及经济等发展而不断变化。针对这一部分消费群体，农产品电子商务经营者应及时关注他们的需求点和关注点变化，及时做出相应调整。

4. 注重创新，不断迭代升级

当前市场竞争异常激烈，要保持电子商务经营不被淘汰，唯有不断创新、迭代升级，包括产品、商业模式、客户体验、营销策略等。农产品电子商务 B2C/F2C 经营模式下的经营主体应尤其关注农产品品质提升、商业模式改进、客户体验优化及营销策略升级等。

7.4 农产品电子商务 C2C 经营模式

7.4.1 农产品电子商务 C2C 经营模式概述

C2C 经营模式是最为传统的一种商业模式,是个人卖家直接面对个体消费者的交易方式,其最早的形式是买卖双方凭借一定的交换标准进行物物交易,即易物。随着商业的发展和完善,虽然物物交易不再流行,但 C2C 这一经营模式仍在被广泛使用。这一经营模式能够极大提高个人卖家的积极性,同时可以让个人消费者低成本、高效率地获取自己想要的产品。

在商业发展的初始阶段,C2C 经营模式中主要交换的物品便是农产品。在当前电子商务时代,C2C 经营模式所交易的物品中农产品也占有较大比例。虽然在农产品电子商务行业中,该模式整体交易额不大,但却是不可缺少的一类,支撑着农产品电子商务的发展,提高了部分农户的收入。在各大电子商务平台中,农户售卖自己生产的农产品,如在抖音、快手中借助短视频和直播形式展示、推广、销售自己生产的农产品,或直接在淘宝平台中开设店铺进行销售,都有利于提高农户收入。

7.4.2 农产品电子商务 C2C 经营模式优势

农产品电子商务 C2C 经营模式是个人卖家直接面对个人消费者的简易电子商务经营模式,具有以下优势。

1. 经营门槛较低

农产品电子商务 C2C 经营模式无须投入大量的资金、设备及其他资产投入,只需农户个人有可售卖的农产品,并掌握一定的电子商务经营技能,就可以开展农产品电子商务经营活动。

2. 收益变现速度较快,易提升经营积极性

农户将所拥有的农产品通过电子商务途径销售给消费者后,就可以直接获得农产品销售收入,因此 C2C 经营模式在农产品收益变现方面非常快速、直接,这有利于提升农户个人的经营积极性,推动农产品电子商务的整体发展。

3. 利于增加农户就业,提高农民收入

农产品电子商务 C2C 经营模式门槛低、变现快,能够非常好地解决农户就业问题,提高农户收入,这也是我国大力推行农村电子商务的一个原因。国家鼓励农户积极学习电子商务专业知识及技能,并从事农产品电子商务经营活动,将自己生产的农产品通过电子商务途径销售出去,实现经济收益。

4. 农产品品类更多元化

C2C 经营模式门槛低、变现快,能够吸引大量的农户参与,而不同的农户所生产的农产品是不同的,使市场中销售的农产品品类十分丰富,能够满足不同消费群体的需求。

7.4.3 农产品电子商务 C2C 经营模式劣势

农产品电子商务 C2C 经营模式主要有两点劣势制约着其发展。

1. 销售规模有限

农产品电子商务 C2C 经营模式中的经营主体是农户个人,经营规模一般比较有限,农产品数量、品类及市场覆盖面等难以形成规模效益,也难以批量销售。

2. 缺乏市场监管,易出现违约、欺诈等问题

农户作为 C2C 经营模式中的经营主体,具有分散、不易监管的特点,其违约、欺诈成本比企业低,容易因追求利益而出现欺诈消费者的行为。同时,因该经营模式准入门槛较低,易因个体经营不善产生违约问题,进而影响电子商务的经营。

7.4.4 农产品电子商务 C2C 经营模式运作流程

农产品电子商务 C2C 经营模式运作流程分为以下几步。

(1)农户根据生产经验以及市场需求生产相应的农产品。

(2)待农产品成熟后,将农产品的相关信息上传至相应的农产品电子商务平台之中进行推广、售卖。

(3)消费者看到农产品相关信息后,根据自身需求下单购买。

(4)农户接收到消费者订单后,进行配货、打包,并通过物流服务商将农产品交付至消费者手中,完成农产品电子商务交易活动。

7.4.5 农产品电子商务 C2C 经营模式盈利方式

农产品电子商务 C2C 经营模式是农产品生产者个人借助一定的电子商务渠道将其个人劳动所得农产品售卖给个人消费者,以获得盈利。因此,农产品电子商务 C2C 经营模式的盈利方式非常简单、直接,即农户个人通过售卖自己劳动所获的农产品获取盈利。

7.4.6 农产品电子商务 C2C 经营模式实施要点

1. 经营聚焦化

农产品 C2C 经营模式的经营主体在农产品电子商务经营方面的能力、精力、资源等非常有限,因此他们必须将有限的能力、精力及资源等进行集中,实施聚焦化经营,唯有这样才能够提升市场竞争力。

2. 借助外部资源

农产品 C2C 经营模式中,农户自身资源有限,应积极借助外部资源提高市场竞争力,包括区域公共品牌优势、农产品品牌优势、政府公信力、新媒体平台等。当然,必须是在合规合法的前提之下,不可忽视法律法规和道德、风俗。

3. 遵守经营规则,诚信经营

农产品电子商务的本质是商业行为,无论谁是经营主体,经营过程中都必须遵守商业规则,保证商品质量,诚信履约。在农产品电子商务 C2C 经营模式中,农户更需要注重遵守商业经营规则,诚信经营,以获得消费者的信任,这样才能弱化劣势,促进交易。

7.5 农产品电子商务 C2B/C2F 经营模式

7.5.1 农产品电子商务 C2B/C2F 经营模式概述

C2B/C2F 经营模式是以消费者发起订单为起点,以经营商家或生产厂按订单需求进行配货或生产为核心的新型商业经营模式,是从消费者到商家或生产厂的反向经营模式。

随着社会经济的发展,人们的消费意识和理念已发生了巨大的变化,不再满足于传统商业经营模式所供给的同质化、刻板式的商品,渴望购买到符合自身需求的个性化、独一无二的商品。C2B/C2F 经营模式最早应用在工业品电子商务领域,主打个性化、定制化,如定制婚戒、定制服饰等;后被应用于农产品电子商务领域,主要包括农产品的订单化销售,如"农场认领""果树认领"等,以此来突破传统商业经营模式对于农产品销售在时间和空间上的影响与限制。

7.5.2 农产品电子商务 C2B/C2F 经营模式优势

农产品电子商务 C2B/C2F 经营模式的优势主要表现在以下几点。

1. 农产品价格优惠,市场竞争力较强

农产品 C2B/C2F 经营模式是消费者直接面对农产品生产者,无须经过多个中间环节,极大地减少了中间环节产生的成本,降低了销售价格,进而具有较强的市场竞争力。

2. 贴合消费者需求,生产个性化、定制化

农产品 C2B/C2F 经营模式以消费者的需求为起点,由农业企业或农场(庄)为其进行个性化、定制化的农产品生产,最终使消费者得到独一无二、专属于个人的农产品,最大限度地满足了消费者的个性化需求。

3. 易保障农产品质量

农产品 C2B/C2F 经营模式是消费者直接面对生产者下订单,并由生产者直接配送至消费者手中,不需要经过中间环节,更容易保障农产品的质量。

4. 最大限度地降低农业企业或农场(庄)的经营风险

农产品与其他产品相比保质期短、保质难度高,一旦成熟就需要在短时间内完成销售,经营风险较大。C2B/C2F 经营模式下的订单化生产可以使生产经营者在农产品生产之前就完成销售,这样一方面可以根据市场需求量来规划生产,无须担忧农产品的销售问题;另一方面能够提前回笼资金,提高资金周转率。这是农产品 C2B/C2F 经营模式的最大优势。

7.5.3 农产品电子商务 C2B/C2F 经营模式劣势

限制农产品 C2B/C2F 经营模式发展的劣势主要有以下三个方面。

1. 生产极易受到自然环境的影响,履约难度高

农产品 C2B/C2F 经营模式是消费者提前向农业企业或农场(庄)下订单,由农业企业或农场(庄)依据订单需求进行生产并交付。然而农产品的生产极易受到自然环境的影响,若遇干旱、高温、虫灾等特殊情况,便会给最终的交付履约带来困难与挑战。

2. 生产品质难以确定,市场推广难度较大

农产品生产属于非标准化生产,而 C2B/C2F 经营模式又是在农产品生产之前进行预售,消费者要在无法感知农产品品质、规格等的情况下进行消费。与传统生产经营模式相比,消费者难以确定其生产品质,无法购买"看得见、摸得着"的产品,市场推广难度较大。

3. 交付周期较长,难以普遍应用

农产品 C2B/C2F 经营模式中,消费者向农业企业或农场(庄)下订单后,农业企业或农场(庄)才根据预售订单进行农产品生产,这大大延长了农产品的交付周期。对一些日常性农产品来说,例如蔬菜、水果,这就难以满足消费者的即时消费需求。因此,此类经营模式无法适用于所有农产品,难以普遍应用。

7.5.4 农产品电子商务 C2B/C2F 经营模式运作流程

农产品电子商务 C2B/C2F 经营模式运作流程分为以下五步。

(1)农业企业或农场(庄)搭建农产品生产的基础,包括人员、场地及相关物料等。

(2)农业企业或农场(庄)通过电子商务平台发布农产品预售信息,进行消费会员招募。

(3)消费者通过电子商务平台阅览农产品预售信息,结合自身需求和兴趣选择农产品进行预订,并支付预订费用,形成订单。

(4)农业企业或农场(庄)根据订单信息组织农产品生产。

(5)待农产品成熟后,农业企业或农场(庄)按照订单信息完成农产品交付,并最终完成整个农产品电子商务经营活动。

7.5.5 农产品电子商务 C2B/C2F 经营模式盈利方式

C2B/C2F 经营模式的盈利来源主要为会员费(即会员的年卡、季卡或月卡消费)或者认购、认种、认养的服务费,代表企业为多利农庄和物农网。其盈利方式的最大优势在于能够提前收回成本,降低农产品滞销的风险,提高了农业从业者的积极性。

案例阅读:多利农庄的盈利模式

案例阅读:物农网的盈利模式

7.5.6 农产品电子商务 C2B/C2F 经营模式实施要点

C2B/C2F 经营模式是一类较为特殊的农产品电子商务经营模式,要想应用好这一经营模式,必须掌握以下几个实施要点。

1. 选品适当

由于交付周期较长,并不是所有的农产品都适合 C2B/C2F 经营模式,在应用此经营模式时应注重选品适当。C2B/C2F 经营模式较为适合于非急需、中高档型的农产品,如瓜果、米面及肉类。

2. 目标消费群体选取精准

C2B/C2F 经营模式并非适合所有的消费者,受传统消费观念的影响,大部分消费者无法接受这一预先支付的消费模式,只有那些理念较为前卫,且具有一定经济能力的消费者,才能够接受这一较为新颖的消费模式。因此在应用这一经营模式时,除了选品适当之外,还要精准选择目标消费群体。

3. 农产品交付承诺(标准)设置合理

C2B/C2F 经营模式中最为关键的部分是农产品的交付承诺(标准),即为最终交付给消费者的农产品品质、规格等作出保证,这是消费者愿意为此经营模式付费的重要因素。在应用这一经营模式时,一定要将交付承诺(标准)设置合理,既要对消费者产生足够的吸引力,促使他们预先下订单,也要保障生产者有能力履约,农产品生产完成后,务必及时交付,且保质保量,这是增强消费者信任最为有力的措施。

4. 预售后做好信息服务

消费者完成预订至农产品交付有一定时间周期,在这段时间内消费者常常会希望了解农产品的生产进度及相关状况,这便需要农业企业或农场(庄)及时做好相关服务,提供农产品生产信息,以增强消费者的消费体验感,让消费者对于预订的农产品有较为全面的了解与认知,进而提升其对农产品品质的认可度。

5. 农产品交付后跟进后续服务

农产品交付不代表经营任务便完成了。为保证这一经营模式持久运行,获得更多消费者的认可与支持,后续服务是非常重要的。农产品预售订单交付完成后,务必跟进后续服务,维护消费者关系,最大限度地提升消费者的消费体验感。

7.6 农产品电子商务 O2O 经营模式

7.6.1 农产品电子商务 O2O 经营模式概述

O2O 经营模式是指消费者线上下单、线下消费的经营模式,相较于完全通过线上电子商务平台进行交易的经营模式,其优势在于能够把线上和线下的资源完美结合,使消费者在享受线上优惠价格的同时,又能尊享线下全面、个性化的服务。

农产品电子商务 O2O 经营模式可借助线上渠道推广、宣传农产品,引导消费者线下购买农产品,以此消除农产品非标准化的消费阻碍,可支撑农产品电子商务获得更好发展,也将是未来农产品电子商务最为主要的经营模式。在 2020 年年底,各大互联网企业,包括阿里巴巴、腾讯、京东、美团及滴滴等强势加入社区团购,目标便在于抢占农产品电子商务 O2O 市场。

拓展阅读：社区团购的发展历程

7.6.2 农产品电子商务 O2O 经营模式优势

1. 农产品损耗低，且保鲜度较高

农产品电子商务 O2O 经营模式一般以社区经营为基础，即在消费者社区附近开设线下门店或者货物自提点。无论是线下门店还是货物自提点，一般都设置在距离消费者 3 公里以内的区域范围，大大缩短了农产品配送的距离，极大程度上降低了农产品的损耗，提升了农产品的保鲜度。

2. 服务多元化，消费体验感较好

与其他农产品电子商务经营模式相比，O2O 经营模式能够让消费者充分享受到线上平台与线下门店的多方服务，包括线上便捷选品、支付、咨询和线下实景体验或快捷提货等。线上与线下的多元化服务为消费者提供了更好的消费体验感。

3. 充分整合线上、线下资源，提升经营效率

O2O 是线上平台与线下门店的结合体，农产品电子商务 O2O 经营模式的最大优势便是能够充分挖掘、整合线上与线下的资源，提升经营效率。线上资源包括互联网丰富的信息载体、信息传播渠道及快速便捷的购买途径，能够帮助农产品电子商务经营主体做好农产品立体化呈现、快速传播及订单转化；线下资源在于实体店铺能够让消费者直观感知农产品品质等。2020 年年底，各大互联网企业强势入局社区团购便是希望充分利用线上与线下资源。

7.6.3 农产品电子商务 O2O 经营模式劣势

1. 经营成本较高

O2O 经营模式与其他农产品电子商务经营模式相比，其优势在于线下资源的挖掘和利用。但是，线下资源的挖掘和利用是需要付出成本的，尤其是门店方面，门店租赁、装修等均需资金支持。此外，线上与线下平台维护、经营人员薪酬均会对经营者产生较大资金压力。

2. 运营管理难度较大

O2O 经营模式在运行过程中必须统筹线上与线上两个方面的资源，而线上与线下的资源又是不同且分散的，这增加了运营与管理的难度。而农产品又是非常特殊的一类产品，农产品电子商务 O2O 经营模式的运营与管理难度会更高，主要体现在：农产品低标准化，难以做到线上与线下农产品品质统一；线上与线下资源类型不同，融合运营与管理的专业技术难度较高；当前 O2O 经营模式发展还未成熟，实施路径还需要探索和试验。

7.6.4　农产品电子商务 O2O 经营模式运作流程

农产品电子商务 O2O 经营模式在实施过程中要注意将线上与线下两个部分进行结合，运作流程相对复杂，具体可以分解为以下四个环节。

1. 储备农产品

无论是经营者自己生产还是向源头农户或一级批发商采购，这一环节的任务就是储备农产品，为后续的经营活动做好农产品供应基础。但是，农产品储备量一定要控制在合理的范围之内，否则很容易提升库存成本，并导致整个经营活动的成本提升，继而影响盈利。

2. 触达消费者

做好农产品储备之后，要将农产品信息传递给消费者，促成消费。而要触达消费者，必须借助一定的线上平台或应用软件。线上平台或应用软件可以通过两种方式使用，一是自建，二是借用第三方。自建所需成本较大，前期用户数量和影响力也非常有限，但优势在于能够完全为经营者所掌控，经营产生的相关数据也能够得到有效保护；借用第三方平台或应用软件，优势在于经营成本较低，且能够依靠已有用户基础快速扩大市场，提升销量，但其劣势在于经营数据难以有效保护，对于平台、应用软件的掌控力较弱。经营者可以根据自身的实际情况选择线上平台或应用软件，建议新创企业和小微型企业前期选择借用第三方平台或应用软件。当前用户规模和影响力较大的第三方线上平台或应用软件有：本地生活服务类网站，如大众点评、美团、饿了么等；地图导航类应用软件，如百度地图、高德地图、腾讯地图等；社交类软件，如微信、微博、陌陌等；短视频直播类应用软件，如抖音、快手等。

3. 开展促销活动

通过相关线上平台或应用软件触达消费者之后，就要开展促销活动，引导消费者完成在线消费订单，形成消费转化，这是非常重要的一个环节。没有在线订单，消费者不会进入线下环节，整个经营模式也就无法完成。促销可以通过团购拼单、秒杀抢购、满减等策略实现。

4. 引导消费者进入线下环节

在消费者完成线上订单后，线上平台或应用软件应及时引导消费者进入线下店面，提供相关信息，方便消费者准确、及时入店。线下店铺也要做好消费者入店的迎接和服务工作，以保障消费者享有良好的入店消费体验。消费者进入线下环节，完成线下体验，完成整个经营模式。

7.6.5　农产品电子商务 O2O 经营模式盈利方式

农产品电子商务 O2O 经营模式的盈利来源主要是产品销售利润，其次是相关服务费用，代表企业为盒马鲜生。这一经营模式能够充分将线上与线下资源吸引到门店，并为消费者提供良好的消费体验，获得会员加盟收入，并能有效分析消费行为数据，为农产品电子商务经营积累丰富的数据基础。

案例阅读：盒马鲜生的盈利模式

7.6.6 农产品电子商务 O2O 经营模式实施要点

1. 注重线上与线下融合

农产品电子商务 O2O 经营模式是一种特殊化、线上与线下结合式的经营模式，实施中必须做到线上与线下的高度融合，使线上成为线下的"前台"，利用线上平台做好引流和消费订单下订；使线下成为线上的"后仓"，一方面储备农产品，另一方面为消费者提供消费场景和体验服务。线上与线下不可分离，两部分要相互融合、相互服务。

2. 场景赋能，打造消费场景感

要实现线上与线下的良好融合，就要进行"场景互动"，通过场景赋能，即通过打造强烈的消费场景感来带动线上与线下的融合。例如，在抖音短视频平台发布农产品生产过程和食用场景等相关短视频，赋予农产品一定的消费场景感，以吸引消费者在线订购农产品，然后通过定位引导消费者到农场或线下体验店享用、自提。

3. 注重提升运营及管理能力

农产品电子商务 O2O 经营模式运营与管理难度较高，若要实施，必须提升运营、管理能力，包括线上推广、线上定位导航、门店管理、门店服务供应等多个方面，并且要做到线上与线下运营、管理相融合。

【知识盘点】

本章阐述了农产品电子商务经营模式的相关概念、选择策略，以及 B2B、B2C/F2C、C2C、C2B/C2F、O2O 五类农产品电子商务经营模式的具体含义、优劣势、运作流程、盈利方式和实施要点。通过本章的学习，可帮助学生在实施农产品电子商务经营活动时选择并实施适合经营者自身情况的经营模式。

【深度思考】

1. 通过本章的学习，你对 B2B、B2C/F2C、C2C、C2B/C2F、O2O 五类农产品电子商务经营模式是如何看待的？

2. 你认为 B2B、B2C/F2C、C2C、C2B/C2F、O2O 五类农产品电子商务经营模式的主要区别是什么？

3. 你认为本章所列举的五类农产品电子商务经营模式中，哪种经营模式更具有发展潜力，为什么？

【项目实训】

1. 实训名称：农产品电子商务经营模式应用方案策划。

2. 实训目标：熟练掌握农产品电子商务经营模式。

3. 实训要求：

（1）组建实训项目小组（建议 4～5 人一组，教师根据班级实际人数情况确定）。

（2）小组选择本章中所阐述的一类农产品电子商务经营模式，对其进行分析。

（3）小组编写此农产品电子商务经营模式应用方案，内容包括经营模式类型、实施步骤、运营策略等，以 PPT 的形式呈现。

（4）各个项目小组在班级内进行演讲，陈述农产品电子商务经营模式应用方案。

（5）教师及其他小组同学对策划方案进行点评。

第 8 章

农产品电子商务平台选择及网店装修与运营

"淘宝网红"王小帮

王小帮是山西临县山区的一位农民。1999年初中毕业后,他开始"北漂",在农贸市场卖过菜,在建筑工地当过小工,在公交站卖过矿泉水。2006年,他和妻子揣着积攒的5000元钱回到临县老家,并于2008年在淘宝网开店,主营本地土特产,网店名叫"王小帮农家店"。

开店之初,王小帮对于网店如何定位、如何运营都很迷茫。经过反复考虑,他认为消费者注重绿色、自然的农产品品质,恰好自己村子的养殖户较多,能够提供足量的牲畜肥,而且价格非常便宜,村子的种植户就都用牲畜肥种植农作物,将网店定位为绿色、健康符合各个方面的实际情况。在网店运营方面,由于没有专业的摄影师和店铺装修人员,也没有资金聘请这些专业人员为自己店铺服务,王小帮只能自己亲自动手。他学会了静物拍摄,为自己的农产品拍摄展示、宣传的各种图片;学会了使用Photoshop软件来处理农产品图片,添加促销信息,制作海报,并装修淘宝店铺;还学会了网络店铺的运营管理,包括上架、下架产品、客户、订单处理等。

2009年2月,王小帮参加淘宝网组织的"网络创业先锋大奖赛",获评2009年年度淘宝网"十大网络创业先锋"。2014年9月19日,王小帮作为网店代表赴美国纽约证券交易所为阿里巴巴挂牌上市敲钟。

经过多年发展,王小帮从一个电子商务"小白"成长为一个电子商务专家,从城市打工返乡的农民成长为年销售额上千万元的电商公司总经理,从普通的淘宝店主到阿里巴巴纽约纳斯达克上市的敲钟人。他组建了自己的专业化经营团队,扩大了经营范围,是名副其实的农产品电商名人。

案例思考:

1. 王小帮的店铺为什么会受到消费者的喜爱?

2. 王小帮在经营网络店铺时,做了哪些方面的工作?

3. 网络店铺的经营,需要涉及哪些方面的事项?

- 了解农产品电子商务平台选择策略及注意事项。
- 掌握农产品图片的拍摄技巧。
- 熟悉农产品电子商务网络店铺装修的要点、技巧及注意事项。
- 掌握农产品电子商务网络店铺的日常运维技巧及注意事项。

通过对农产品电子商务平台选择、店铺装修、日常运维的学习,能够开展基本的农产品电子商务经营活动。

【内容导图】

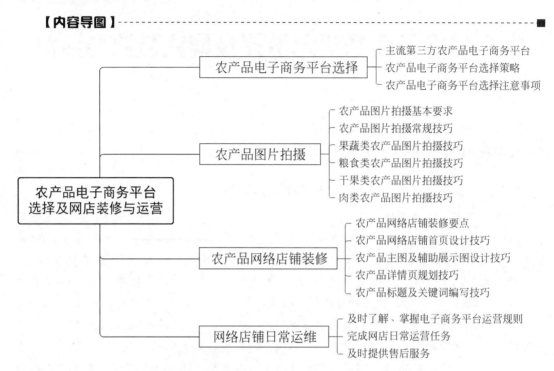

8.1 农产品电子商务平台选择

农产品电子商务平台是农产品电子商务经营活动开展的基础,可以通过两种途径获得,一是经营者自建,二是借助第三方平台。自建平台所需投入成本较高,市场知名度、影响力及用户规模等较低,且功能和规则不完善,而第三方平台在这些方面都具有非常大的优势。因此,对于农产品电子商务经营者最佳的选择是使用第三方平台。

8.1.1 主流第三方农产品电子商务平台

在用户规模、市场影响力及知名度等方面具有较大优势的主流第三方农产品电子商务平台有拼多多、京东商城、淘宝网、苏宁易购商城,它们所主导的农产品电子商务交易额占据整体农产品电子商务交易额一半以上。

1. 拼多多

拼多多是当前国内主流的移动互联网电子商务平台,是专注于 C2M 拼团购物的第三方社交电子商务平台,其官网首页如图 8-1 所示。平台最初凭借生鲜商品销售进入市场,后迅速扩展到其他品类。2018 年 4 月,拼多多上线"一起拼农货",以每斤高于市场价 0.15 元的价格,收购河南省中牟县 546 名贫困户的 2000 多亩大蒜,中牟大蒜在进入拼多多平台的第一天就收到了 89 万个订单。

图 8-1 拼多多官网首页

2018 年,拼多多在农产品电子商务领域投资 100 亿元资金,协同源于 500 个产地的农产品在拼多多上销售,实现年度平台农产品及农副产品订单总额 653 亿元,较 2017 年的 196 亿元同比增长 233%;2019 年拼多多首次举办"农货节",带动 500 多个农产区售出 1.1 亿笔订单,全年平台农产品及农副产品订单总额达 1 364 亿元,同比增长 109%,农副产品年活跃买家数达 2.4 亿元,同比增长 174%。2020 年第一季度,平台新增涉农商家超过 27 万个,接近 2019 年全年新增数量;2020 年 8 月 11 日,拼多多又开启了第二届"农货节",活动期间,平台针对打标农产品及农副产品施行不限量补贴,共有 7 万多家包括农户、新农商等在内涉农商家参与;浙商证券数据显示,2020 年拼多多农副产品商品交易总额达 2700 亿元;截至 2020 年年底,平台已经将 1200 多万名农民与消费者连接起来。根据拼多多发布的《2021 新新农人成长报告》推算,截至 2021 年 10 月,平台内约有 97 万个涉农商家,在农产品"零佣金"及重投农业策略下,平台涉农订单的增幅显著。

无论是从用户规模和用户活跃度方面考量,还是从在农产品电子商务方面的投入和成绩方面分析,拼多多都非常适合农产品电子商务经营者选择。而且,拼多多平台支持包括个人、个体工商户、企业在内的所有农产品和经营主体入驻,只是不同的主体类型所要求的条件与资质不同,其入驻介绍如图 8-2 所示。

2. 京东商城

京东商城由北京京东世纪贸易有限公司创建,经过多年的发展,京东商城已成为专业的网络综合购物商城,是国内较受消费者欢迎和具有较大影响力的电子商务网站之一,在线销售家电、数码通信、计算机、家居百货、服装服饰、母婴、图书、食品、在线旅游等十二大类数万个品牌、百万种商品。

2015 年 4 月 21 日,京东集团提出农村电子商务未来发展的"3F 战略",即工业品进农村战略(factory to country)、农村金融战略(finance to country)和生鲜电商战略(farm to table)。其中,生鲜电商战略是指京东将通过大数据等技术,把农民的农产品种植与城市消费者的农产品需求进行高效对接,实现农产品从田间地头直送城里人餐桌。京东商城随后开通上线了京东生鲜行业频道(见图 8-3),助力农产品上行,与 300 个县市开展了合作,设立了京东特产馆(见图 8-4),涉及农业企业 400 余家。

图 8-2 拼多多商家入驻介绍

图 8-3 京东生鲜行业频道页面

图 8-4 京东特产馆搜索页面

截至 2020 年,5 年内京东商城实现农产品交易额超 5000 亿元,成为农产品上行的主渠道。2020 年 10 月,京东集团还启动了乡村振兴"奔富助长计划",发挥自身供应链、物流、金融、技术、服务五大核心能力,从智慧农业、新基建打造、产业带帮扶、供应链赋能、金融支持、生态体系等方面入手,打通农村全产业链条,推动乡村振兴,截至 2021 年 11 月 11 日,带动优质农产品销售超 300 亿元,带动农村实现 3200 亿元产值,帮助数百万农户增收。

无论是从京东集团在农产品上行方面的顶层战略规划,还是京东商城的实施及成果,京东商城都展现出了农产品电子商务的独特价值。京东商城对于上行的农产品品类没有特殊要求,所有农产品均可入驻京东商城,只需要经营主体是企业,并根据所经营农产品的品类准备相应的资质、证件(食品生产许可证、食品经营许可证等)即可。

3. 淘宝网

淘宝网是我国深受欢迎的网络零售平台,由阿里巴巴集团于 2003 年 5 月创立。目前,淘宝网已拥有近 10 亿的注册用户数,移动月活跃用户超 8 亿,日活跃用户数量 2.53 亿,业务范围覆盖多个国家。随着淘宝网规模的扩大和用户数量的增加,淘宝也从单一的 C2C 网络集市变成了包括 C2C、团购、分销、拍卖、直播等多种模式在内的综合性零售平台。

农村淘宝是阿里巴巴集团于 2013 年启动的战略项目,集团与各地政府深度合作,以电子商务平台为基础,通过搭建县村两级服务网络,充分发挥电子商务优势,突破物流、信息流的瓶颈,实现"网货下乡"和"农产品进城"的双向流通功能。2015 年 11 月 18 日,农村淘宝项目旗下的优质农产品销售平台"淘乡甜"旗舰店铺上线,店铺致力于整合农村淘宝独有的地方政府和村淘合伙人资源,从产地源头寻找高品质、可溯源的优质特色农产品,助推农产品上行。2020 年 4 月 21 日,盒马鲜生正式接管"淘乡甜"旗舰店铺,改名为盒马鲜生天猫旗舰店,店内上线了"新鲜水果""粮油米面""新鲜蔬菜""特产零售"等品类,如图 8-5 所示。

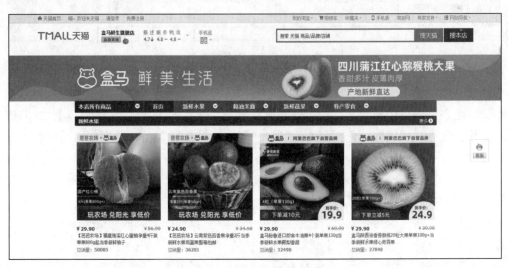

图 8-5 盒马鲜生旗舰店首页

农产品经营主体可以通过与盒马鲜生签约合作,将农产品上架至盒马鲜生旗舰店中,借助盒马鲜生的市场资源和电子商务运营能力促进农产品的电子商务销售;还可以以个人或企业的身份申请注册淘宝店铺,自行负责淘宝店铺的运营,借助淘宝的丰富流量资源完成农产品在线销售。适合通过淘宝网、销售的农产品类别为初级农产品和加工农产品,初级农产品如食用菌、茶、瓜、果等,加工农产品类如食用油、干果炒货、腌菜酱菜,但需取得食品经营许可证或食品生产许可证等资质。

4. 苏宁易购商城

苏宁易购是我国领先的 O2O 智慧零售商,坚持线上与线下业务同步发展,不断升级线下各种业态,实现线上与线下融合运营,形成了苏宁智慧零售模式,并逐步将线上与线下多渠道、多业态统一为全场景互联网零售平台。苏宁易购线上商城现已覆盖传统家电、3C 产品、日用百货等诸多品类,商城首页如图 8-6 所示。在互联网零售时代,苏宁持续推进智慧零售、场景互联战略,通过开放供应云、用户云、物流云、金融云、营销云实现从线上到线下,从城市到县镇,从购物中心到社区的销售渠道,为消费者提供无处不在的"1 小时场景生活圈"解决方案,全方位满足消费者的生活所需。

图 8-6　苏宁易购商城首页

苏宁易购自 2013 年开始尝试农村市场拓展,推行"工业品下乡"和"农产品进城"双向流通模式。为积极响应国务院动员社会各方面力量参与扶贫工作号召,2015 年 9 月 25 日苏宁与国务院扶贫办达成战略合作框架协议,通过"互联网＋扶贫"模式,助力贫困地区精准扶贫工作,以"农户＋企业＋基地＋电子商务"探索 O2O 双线扶贫模式。目的是把贫困地区绿色的、优质特色的农副产品销售到城市,既能提高农民的收入,又能让城里人享用到放心、健康的食品,实现双赢。

苏宁易购以扶贫为切入点,调动其线上电子商务平台和线下店面的优势资源,大力推进农产品电子商务,已逐步成为具有较大影响力和销售力的农产品电子商务平台。在 2020 年新型冠状病毒肺炎疫情环境下,苏宁易购帮助湖北农户销售千万余斤的农副产品,其中洪湖莲藕、秭归春橙、小龙虾、周黑鸭、热干面等均为热销单品。

农产品经营者可以申请入驻苏宁易购自营平台,借助于其自营体系开展农产品电子商务,但苏宁易购要求经营主体必须为企业,且须取得相关经营许可证或资质;农产品经营者还可以申请入驻苏宁易购的开放平台,经营主体为个人、个体工商户及企业均可,但经营特殊化、加工型的农产品还需取得相关的资质与证件。苏宁易购商城招商入驻页面如图 8-7 所示。

图 8-7　苏宁易购商城招商入驻页面

8.1.2　农产品电子商务平台选择策略

在选择电子商务平台时,农产品电子商务经营主体可以通过"四看"来确定适合自己的平台。

1. 看用户规模与活跃度

用户规模与活跃度是电子商务平台最为核心的两个要素,直接决定着电子商务平台的销售能力,农产品经营者在选择电子商务平台时务必重点关注这两个要素。最为理想的电子商务平台应既有庞大的用户规模,又有较高的用户活跃度,如拼多多、京东商城、淘宝网等;如若不能够同时具备,可以退而求其次,选择具有较高用户活跃度的农产品电子商务平台,如美菜网。

2. 看产品类型

每个电子商务平台都有自己的重点品类产品,电子商务平台会重点给予这些品类产品以流量及其他方面资源的倾斜与帮扶,使这些品类的产品得以良好销售。农产品经营者若申请入驻如京东、淘宝、拼多多等综合性的电子商务平台,要更加注重衡量平台的产品类型,因为它们以工业品为核心,农产品是后期才启动运营的,销售额在平台占比不高,入驻要慎重;若申请入驻如美菜网、一亩田等垂直性的农产品电子商务平台,则需要重点关注所经营农产品是否是该电子商务平台主推的产品品类,若两者一致则是非常理想的入驻平台,否则需要考量平台未来战略产品品类是否与所经营的农产品品类一致。

3. 看战略与投入

电子商务平台的发展战略通常代表着其流量、资源、资金等多个方面的投入,这对农产品电子商务经营是非常重要的。例如,京东商城推行了农村电商"3F 战略",投入了大量的资金及平台流量用于推进该战略的实施,对农产品电子商务的发展具有非常大的促进作用。对有明确的农产品电子商务发展战略的电子商务平台,即使该平台当前在农产品电子商务方面还未具备坚实基础,也是非常好的选择。

4. 看用户属性

农产品种类不同,其所适合的消费群体是不同的,同一农产品的定位不同,其消费群体也是不同的,因此在选择农产品电子商务平台时一定要充分考虑所经营农产品的属性及定位,并与电子商务平台的用户属性进行对比,若两者是一致的则可以入驻,如不一致则应慎重,在此情况下即使能够实现农产品的销售也需要付出很大成本。

8.1.3 农产品电子商务平台选择注意事项

为确保农产品电子商务平台选择更为精准、适当,还应遵循以下注意事项。

1. 切忌随意

农产品电子商务平台的选择对于农产品电子商务的经营是非常重要的,直接决定着经营的成败,因此在选择农产品电子商务平台时一定要慎重,充分考量农产品经营主体与农产品电子商务平台的实际情况,不可随意。

2. 农产品经营主体要充分认识自我

选择农产品电子商务平台,首先要对农产品电子商务经营主体进行充分认识,包括主体的属性、所经营农产品的属性及市场定位、资金状况等多个方面,只有这样才能够明确应选择什么样的农产品电子商务平台。

3. 全面了解农产品电子商务平台

农产品电子商务经营者要全面了解农产品电子商务平台,可以向有经验的经营者或行业专家咨询,使农产品经营主体与电子商务平台精准匹配,夯实农产品电子商务经营的基础,从而保障农产品电子商务经营的成功。

8.2 农产品图片拍摄

电子商务是基于互联网开展的商业经营活动,产品的呈现、展示需要借助一定的媒介载体,其中最常用的方式便是拍摄图片。图片真实、直观,将农产品以图片形式在电子商务平台中进行展示,有助于消费者直接了解农产品的品类和质量。农产品图片拍摄具有以下要求和方法。

8.2.1 农产品图片拍摄基本要求

1. 清晰

清晰既是农产品图片拍摄的第一要求,也是最为基本的条件。一般可以从两个方面着手,使图片拍摄更为清晰:一是使用高清像素的拍摄设备,如专业照相机、高清像素手机;二是使用拍摄稳定器,如三脚架。

2. 主体物大小适中

而主体物的大小会直接影响图片的美感,主体物过大会让图片失去空间感,无法通过背景衬托农产品的品质;主体物过小会让图片中的其他物体或背景吸引过多注意力,无法达到农产品呈现、展示的目的。因此,农产品图片拍摄一定要注意主体物的大小适中,在明确展示所售农产品的同时,适当增加背景要素。

3. 主次分明

一张农产品展示图片中可能会存在多种元素。要让农产品图片更具有传播力和展示力,必须要对图片中涉及的多种元素进行合理安排,做到主次分明,如图 8-8 所示的蓝莓图片,蓝莓是核心元素,碗、桌子等都是次要元素。

图 8-8　蓝莓图片

4. 亮度适宜

图片亮度对于农产品的展示效果是非常关键的,亮度过高会使农产品图片失真,并给图片观看者刺眼的视觉感受;亮度过低则会使农产品图片失去光泽,使观看者无法看清农产品,且不会产生购买欲。无论亮度过高还是过低,都无法真实呈现、展示农产品。

5. 道具使用与产品协调

在拍摄农产品图片时,为了更为全面、立体化地呈现农产品的特质、卖点等信息,常常会借助一定的道具进行拍摄。在选择道具时,要注意道具与农产品的协调性、一致性,如图 8-9 所示的核桃图片,盛核桃的竹筐可以良好地衬托核桃产品健康自然的特质。

图 8-9　核桃图片

8.2.2　农产品图片拍摄常规技巧

农产品图片拍摄的目的是将农产品通过形、色充分且真实地表现出来。形是指产品的形态、造型特征以及画面的构图形式;色是指产品色泽及画面色彩搭配。在色彩搭配方面,色与色之间应互相烘托,是统一的整体,在处理上应力求简、精、纯,避免繁、杂、乱。具体而言,农产品图片的拍摄有以下常规技巧。

1. 选择合适的景别

景别是指在焦距一定时,由于相机与被拍摄对象的距离不同,而造成被拍摄对象在画面中所呈现出的大小区别,一般分为远景、全景、中景、近景与特写。远景一般用于表现环境的全貌,如农作物生长的环境等,相机镜头离拍摄对象较远,画面开阔;全景一般用于表现被拍摄物全貌,包括人物全身和产品的整体造型,目的在于全面整体地呈现、展示农产品;中景的画面下边缘在人物膝盖左右,也包括场景局部的画面,它能将被拍摄对象的大致外形展示出来,并突出主体,在一定程度上展示细节,如对于农作物冠部的拍摄;近景是对物体局部或对人物胸部以上部位进行拍摄,能很好地表现被拍摄对象的特征和细节,如对于农产品挂果枝节的拍摄;特写指拍摄事物某一细节的镜头,有利于表现出产品的材质、工艺、质量等,如对于农产品果肉的拍摄。

2. 选择合适的方位与角度

拍摄农产品时,可以从多个角度进行拍摄以呈现农产品的全貌。正面拍摄能给消费者直观的印象,让消费者对于农产品有一个客观的了解和认知,但不能很好地表现农产品的细节;侧面拍摄能够展示农产品的侧面形象与特征,进一步增加消费者对于农产品的认知与了解程度,尤其是斜侧面角度拍摄可使画面具有一种延伸感和立体感,让农产品形象获得进一步提升;还可以从背面及其他角度进行农产品拍摄,对农产品进行多方位呈现、展示,给消费者带来更为全面、立体化的认知。

3. 巧用背景与道具,合理布局

要使农产品图片具有吸引力,使顾客形成购买欲望,必须将背景、道具、拍摄技巧等多个方面结合起来。通过选择不同的农产品背景和适宜的小道具,可以使农产品图片更为美观和醒目,为农产品增添色彩和生命力,这需要正确认识农产品的特征与性质。

在背景选择方面,首先应明确农产品食用或者消费的场景,如大米的餐厅食用场景,然后可直接在此场景或者营造此场景进行农产品图片拍摄,这样拍摄出来的农产品图片会非常具有生活场景感,如拍摄一家人开心食用米饭的场景。另外,可以根据农产品的特性选择合适的背景色彩,黑、白、灰属于中性色,一般可用于搭配其他所有色彩,其中最常用的是白色,能够使画面简洁清晰,突出主体。背景的色彩应追求艳丽而不俗气,清淡而不苍白的视觉效果,色彩的冷暖关系、对比度、饱和度、亮度选择,应始终以更好地突出主体为前提,将主体和背景的关系处理协调、合理。

在道具使用方面,农产品图片拍摄中一般会选取富有生活气息的道具,以呈现农产品的生活气息,引起消费者的消费欲望。所谓道具,是指在农产品拍摄过程中摆拍时供拍摄所用的器物和相关工具,其使用有助于衬托农产品环境,渲染气氛;表明农产品属性,阐述画外之意;突出表现道具富有的象征意义;表现或提升农产品的品位,反映其精神面貌;丰富和美化农产品图片画面,使画面更充实。在选择和运用道具进行农产品图片拍摄创作时应注意下列问题:①道具的运用应为图片画面整体内容服务,不可滥用、牵强附会;②道具摆放应符合生活逻辑,摆得别致,具有一定的动感和生命力;③一幅农产品图片中,道具不宜繁杂,道具杂乱会显得农产品图片画面无中心,构图越简洁,越能突出农产品图片的主题,也越能给农产品图片观看者留下鲜明的印象;④道具的色调应与背景形成强烈的反差,便于突出表现道具;⑤装饰画面的道具应精致、小巧、秀气,给人以美感。

8.2.3 果蔬类农产品图片拍摄技巧

果蔬类农产品根据是否经过加工,可以分为生鲜果蔬和加工(烹饪)果蔬两类进行拍摄。

1. 生鲜果蔬

生鲜果蔬本身具有较亮丽的颜色和独特的形态,这在图片化呈现中是最有吸引力的卖点,因此在对其进行图片拍摄时必须要注意捕捉这些优势,最大限度地表现其"自然美"。除此之外,生鲜果蔬农产品拍摄还要向受众传递鲜美感,可以在拍摄前将生鲜果蔬放在碱水中浸泡片刻,捞出后用水壶喷洒清水,或用注射器滴水,在其表面形成漂亮的水珠,再通过灯光照射,使生鲜果蔬表面晶莹剔透。生鲜果蔬的摆放角度尽量以侧面摆放为主,可以采取多果组合、切开、包装等方式,最大限度地利用生鲜果蔬本身的"自然美"来吸引消费者眼球,如图 8-10 和图 8-11 所示。

图 8-10　蔬菜切开拍摄

图 8-11　多果组合拍摄

2. 加工(烹饪)果蔬

加工(烹饪)果蔬是指将生鲜果蔬经过一定工序加工或烹饪所得到的果蔬产品,常见的加工(烹饪)果蔬有果汁和菜肴。对于这类产品进行图片拍摄时,首先应将其放置于干净整洁的背景前,以呈现出其干净、卫生及新鲜感;其次捕捉其质感特征,比如菜肴的松软、酥脆、细腻、肥厚、油滑等,促使受众群体产生食欲,进而促成消费转化;再次,可以连同餐具或加工(烹饪)器具进行整体拍摄,从而取得引发受众群体饮食联想的效果,提升其美感与诱惑力,如图 8-12 所示;最后还可以通过改变加工(烹饪)果蔬的环境或使用人工替代品来达到出其不意的效果,例如通过调低相机的色温使画面呈现出一种暖色调,令画面更加诱人,或用半生的产品代替全熟的成品、用仿真的模型代替真品,增强鲜美感,以及用干冰或香烟烟雾制造蒸汽效果,如图 8-13 所示。

图 8-12 菜肴拍摄

图 8-13 菜肴蒸汽拍摄

8.2.4 粮食类农产品图片拍摄技巧

粮食类农产品与果蔬类农产品相比,在颜色和外形方面缺乏特征优势,难以通过拍摄产品本身吸引消费者。可以通过拍摄其播种、生长、收割、晾晒等生产过程及相应背景,以及其经加工或烹饪而成的面点或餐点,来呈现其产品特征,进而达到提高消费者购买欲望的目的,如图 8-14~图 8-16 所示。

图 8-14　水稻种植场景

图 8-15　水稻生长场景

图 8-16　制作成米饭的效果

8.2.5　干果类农产品图片拍摄技巧

在拍摄干果类农产品时,以近距离拍摄为主,以此将农产品的形状、色泽真实地呈现出来,实现提升消费欲望的目的,具体的拍摄技巧如下。

（1）在拍摄前用清洁工具将产品表面的污渍或斑点清洁干净,提升农产品表面的视觉感,提升图片拍摄效果。

（2）将产品进行组合,并摆放出一定的造型,如图 8-17 所示。

图 8-17 干果类农产品组合摆放

（3）将产品盛放在器皿中，提升消费者的食欲，如图 8-18 所示。

图 8-18 干果类农产品器皿盛放效果

（4）将产品盛放于包装物内拍摄，提升产品的品位，如图 8-19 所示。

图 8-19 干果类农产品包装盛放效果

8.2.6 肉类农产品图片拍摄技巧

肉类是比较特殊的一类农产品，进行图片拍摄时，可以分为两部分：一是拍摄动物的相关生活场景,如图 8-20 所示,这是较难的环节,需要更专业的工具、表现方法及拍摄技巧;二是拍摄肉质,如图 8-21 所示,突出肉质的鲜嫩,比较简单。

图 8-20　家禽生活场景

图 8-21　肉质展示

动物生活场景图的拍摄方法及技巧包括以下四点。

(1) 拍摄器材的选择。动物活动性大,常需要抓拍,使用数码单反相机拍摄效果更好,镜头可选择广角变焦镜头与长焦变焦镜头。

(2) 表现方法。拍摄动物应从两个方面去表现:一是生态描写,主要表现其生活习性和个性特征,如休息、玩耍、捕食等;二是形态描写,每一种动物都有各自的形态,应尽量表现其自身美感。

(3) 拍摄技巧。动物拍摄的快门速度一般不低于 1/60 秒,对于动作敏捷的动物要使用 1/125 秒以上的快门速度。对于动作缓慢的动物,对焦较为容易,而对动作快速的动物对焦就比较困难,可采用区域对焦、定点对焦、移动对焦等方法来抓拍动物生态形象。

(4) 拍摄注意事项。拍摄动物时为防止意外,最好用长焦镜头在远处抓拍,应了解动物习性、经常出没的地方和时间等,还应注意闪光灯对动物的影响,尽量使用自然光,若亮度确实不足也可利用反射物进行光照补偿。

8.3 农产品网络店铺装修

网络店铺装修与实体店装修目标相同,都是为了使店铺更加美观,以达到吸引消费者的目的。对于经营农产品的网络店铺而言,其装修设计更为重要,因为良好的网络店铺装修不仅可以美化网络店铺,还可以给消费者留下良好且深刻的印象,从而增加消费者的购买兴趣和欲望,为产品销售奠定基础。

8.3.1 农产品网络店铺装修要点

网店页面的作用体现在两个方面:一是呈现网店的整体形象,增加消费者对于网店的感知度;二是产品促销与导航,促进并引导消费者的消费。网络店铺装修时应对网店页面进行整体设计与规划,必须符合消费者的浏览习惯。

1. 选择合适的网店风格

网络店铺风格主要包括店铺的主要功能、形象特征、主题色彩,不同的农产品需要适应其产品特征的店铺风格,否则会让消费者觉得网店不伦不类,难以提升对于农产品的感知度,最终的消费转化便难以成功。常见的店铺风格有简约清爽型(见图 8-22)、商业型(见图 8-23)、行业型(见图 8-24)和特色型(见图 8-25)等。网店风格的选择需要依据特定的农产品及其特定的定位,例如图 8-23 所示的小罐茶是定位于商业人士的精品茶,便需要以商业型网店风格来衬托其产品形象。

图 8-22　简约清爽型网店

2. 以消费群体网页浏览习惯来设定网店页面的功能及布局

不同农产品所面对的消费群体是不同的,而不同的消费群体对于网店页面功能及其布局的需求和浏览习惯也有差异,因此网店页面功能的设置及其布局要根据网络店铺所销售的农产品分析出其所面对消费人群的年龄、心理特征、兴趣点、网页浏览习惯等相关信息来

图 8-23　商业型网店

图 8-24　行业型网店

设定。这样才能吸引并方便更多的消费群体进入并使用,提升消费者的网页使用体验感,促进消费。

3. 网店页面色彩适宜、搭配得当

营销学中有一条"七秒色彩理论",即对一件商品的认识,可以在 7 秒内以色彩的形态留在人们的印象里,并由此作出购买决定。因此,网店页面一定要重视主题色彩的选择,为农产品的销售铺垫基础。网店页面主题色调的选择,应与网店所销售的农产品特性相符,或与目标消费群体的特性相符合,例如鲜花类网店页面的主题色彩应该为白色,以衬托出鲜花花朵与绿叶的鲜艳与靓丽感。在实际操作中可以通过两种途径选择配色:一是将产品包装的

图 8-25　特色型网店

主题色彩引用为网店页面主题色彩,给消费者直观的产品认知感受;二是通过视觉识别系统进行 VI(visual identity)配色,提取店铺 Logo 中的主色彩(分为单色 VI、双色 VI 和多色 VI)来搭配网店页面的色彩。

在设计页面时,同一板块内不要超过三种颜色,可以多使用万能搭配色,如黑、白、灰等颜色。背景色尽量以纯净的浅色为主,以突出产品本身,使买家的注意力集中在商品上。页面用色上还要善于运用同类色和互补色进行搭配,以及注意页面配色的使用比例,主色的使用比例一般是整个页面的 70% 左右,辅助色的比例为 25% 左右,点缀色或提亮色的比例为5% 左右。

8.3.2　农产品网络店铺首页设计技巧

1. 店铺招牌设计

店铺招牌是网店风格的主要体现,一般位于店铺首页上方最显眼的位置,是店铺装修中一个非常关键的地方,一定要精心设计。店铺招牌要求简洁明了,视觉重点不宜过多,1～2 个即可,可以包含文字、图形等元素。通过这些元素的组合,可以形成网络店铺广告语、收藏按钮、关注按钮等,如图 8-26 所示。

图 8-26　店铺招牌

要想达到推广网店产品并给消费者留下深刻印象的目的,设计店铺招牌时还要遵循两个基本原则:一是植入品牌形象,二是抓住产品定位。植入品牌形象可以通过店铺名称、店铺 Logo 来进行;抓住产品定位则需要根据网店自身所销售的产品来进行灵活设计,可以是店铺的爆款产品、优惠信息、宣传口号等,若包含季节性要素,需要随季节的变换及时更换。

2. 规划店铺产品分类

店铺产品分类是将店铺中所有的产品按照一定的标准进行分类,这些分类可作为导航内容的依据,帮助买家快速找到符合他们需要的产品。店铺分类应尽量简单、直接,不要为了彰显产品种类而划分过多的产品类型。对于店铺主推产品或人气较高的产品,可以单独做一个产品集合页,将其单独作为一个分类放在导航条上,如"热卖爆款""新品上市""现货秒杀""清仓大促"等。

3. 店铺首页详细内容规划与布局

店铺首页详细内容是展示产品的核心部分,务必重视对店铺首页页面详细内容的规划与布局。好的规划与布局效果不仅可以带给消费者良好的视觉感受,还可以引导消费者深入查看产品信息。店铺首页详细内容一般包括海报、优惠券、产品展示、客服中心、售后说明等元素,如图 8-27 所示。

其中,海报占据着店铺首页最优展示位置,是首页中最醒目、最具有冲击力的内容版块,其效果的好坏直接影响着消费者对店铺的兴趣程度和产品点击率。在设计首页海报时,应该选择店铺中最具特点的产品或服务作为展示点,可围绕以下四个方面进行设计:①首页海报要突出活动主题,内容要体现优惠信息和条件;②首页海报中的产品尽量选择主推产品或爆款产品,以引导流量;③首页海报可以是下一阶段的新品,吸引消费者收藏,提前为新品积累人气;④首页海报的风格应该与店铺整体风格一致,体现店铺个性。首页中的海报建议设计为全屏海报,因为全屏海报覆盖的面积更广,具有更加强烈的视觉冲击力,能够快速吸引消费者的视线,使其产生点击行为。

图 8-27 店铺首页

优惠券是店铺给予消费者的一种优惠方式,可以让消费者享受更低的价格或更优质的服务,是一种常见的店铺推广方法和吸引消费者二次消费的策略。设计优惠券时,要包含使用范围、使用条件等信息。

8.3.3 农产品主图及辅助展示图设计技巧

网络店铺设计中千万不能忽视农产品主图的作用。很多消费者会主动进入电子商务平台通过平台的首页搜索自己想要的农产品,搜索后第一眼看到的便是农产品主图,农产品主图的好坏就在很大程度上决定了消费者是否会点击进而详细了解农产品。

消费者基于农产品主图对于农产品产生兴趣和消费欲望后,会点击农产品链接进入农产品购买页面,进一步了解农产品的相关信息,这时农产品辅助展示图成为消费者进一步了解农产品的重要信息来源,其设计也需要重视。

对农产品主图及辅助展示图的设计,需达到以下几点要求。

1. 图片尺寸要合适

农产品主图及辅助展示图尺寸一定要合适,过大会造成消费者在终端打开时出现图片显示缓慢或者无法显示的状况,无法达到图片呈现、展示农产品的目的;过小则无法全面、详细展示农产品信息,图片视觉效果较差,使图片的价值和意义大大降低。图片尺寸的选择要根据电子商务平台及农产品的实际情况决定,例如淘宝网规定产品主图长、宽大于或等于800 像素可以提供放大图,所以在制作、设计产品主图的时候最好把长、宽尺寸调到 800 像素以上,这有利于较为注重产品细节的消费者通过放大图来更为详细地了解产品。主图与辅助展示图的尺寸可以不一样,辅助展示图可以偏小一些。

2. 图片展示角度要合理

农产品主图尽量使用正面图,且主体应占图片版面的 2/3 左右,不要将农产品侧面照合并展示在一张主图上;辅助展示图应为农产品的各个角度侧面图及细节图,尽量按照一定的逻辑顺序排放,切忌混乱、无顺序,否则会使消费者认知混乱,无法全面了解农产品信息。

3. 图片背景色要合理

在选择图片背景时,最好选用较浅的颜色,其中白色既是很多卖家常用的背景色,也是天猫商城规定的背景色,能够很好地突出农产品的特色与特征。一些特殊的农产品,也可以选用较深的颜色做背景,如海鲜类产品可以选择蓝色做背景,以凸显海鲜类产品的鲜活特征。

4. 图片要真实

为了让农产品主图及辅助展示图具有吸引力,有时需要对其进行后期处理,但在处理时一定要保持图片的真实性,不可脱离实际,使图片与产品不相符,否则不仅无法帮助消费者了解产品,还会带来消费者的投诉和差评,为农产品的销售带来困难。

5. 图片附加内容要合理

很多卖家为了让消费者看到自己的促销信息,便常常会在产品的主图中添加很多促销内容,如"全国包邮""新品秒杀""显示折扣"等。不能否认,适当的促销内容确实能够吸引消费者的注意力,但是一定要合理适量,字体大小和数量都不能喧宾夺主,否则会使消费者感到眼花缭乱而忽略农产品,最终得不偿失。

8.3.4 农产品详情页规划技巧

农产品详情页既是对农产品食用方法、口感、尺寸、生长环境等细节的详细阐述及展示,也是店铺中最容易与消费者产生共鸣的部分,农产品详情页设计的好坏会极大影响消费者的购买行为。查看详情页的消费者通常已经对此农产品产生了一定的兴趣,具备达成交易的可能性。因此,农产品详情页是十分重要的,除了介绍农产品基本信息外,还要能起到树立店铺形象、激发消费者购买欲望、提高农产品销售转化率的作用。在进行详情页规划时,既要注重页面的整体布局,也要考虑到其每一部分细节内容的合理性和趣味性。

农产品详情页的规划具有以下三个要点。

1. 信息展示全面、有条理

详情页需要对农产品信息进行全面、细致的展示,应包括农产品的正面图、各个侧面图、细节图、相关资质证明等。展示内容应与标题相契合，真实客观地介绍农产品的相关信息，且图片和文字顺序要具有逻辑性，让消费者能够清晰地了解农产品。

2. 展现农产品卖点

详情页应突出展现农产品的独特卖点，可以从以下两个方面展开。

（1）地域优势。人们往往对于核心产区、产业基地拥有着较高的信任度，经营者可以利用农产品的种植产区或产业基地形成农产品的卖点，例如西湖龙井、安溪铁观音、宁夏中宁枸杞、宁夏盐池滩羊肉等，都是非常知名的区域公共品牌或国家地理标志的农产品。

（2）产品优势。农产品电子商务经营者可以挖掘农产品的品种优势、品质优势、营养成分优势、采摘新鲜度优势、种植规模优势、售后服务优势等，如重庆奉节县脐橙的高甜度、甘肃天水秦安县苹果的好口感等。但在借助这些优势作为农产品的卖点时，需要以有力的证据作为支撑，否则会使消费者怀疑是否是虚假宣传；也不要直接使用烦琐的文字和数据，最好通过图片搭配简单直白的文字进行展示，让消费者能够一目了然。

3. 打消消费者顾虑

完整展示农产品的基本信息后，还需进一步打消消费者的顾虑，促使其下单订购。可通过提供农产品相关资质证书、售后服务承诺、消费者评价、农产品包装、物流保障等进一步打消消费者顾虑。例如销售生鲜农产品时，虽然不能保证退换货，但可根据实际情况采取坏果保赔、保鲜速运等方式，保证消费者的权益。

8.3.5 农产品标题及关键词编写技巧

虽然当前各大电子商务平台的流量多元化，但搜索流量始终还是网络店铺主要的流量来源，这无疑说明了农产品标题及关键词在网店销售过程中的重要性。农产品标题及关键词的编写技巧如下。

1. 标题编写技巧

农产品标题可以套用其他较为成熟的网货产品标题组成方式，即"品牌＋核心关键词＋产品属性＋主要特性＋补充描述"，品牌也可以写在核心关键词后面。核心关键词可以参考其他销量较好农产品的核心关键词；产品属性与主要特性可根据农产品比较突出点或优势来编写；补充描述是在前面内容的基础上对于农产品相关信息所做出的补充，以提升农产品信息的完整度和详细度。标题长度最好不要超过两行，字数控制在160～170字符数。

在编写标题时可以多参考推广工具中的相关热词或消费者较为喜欢搜索的词汇，推广工具中有比较详细的数据供参考，便于编写出比较受消费群体所喜欢的标题。以"四川猕猴桃"的标题编写为例，可以优先选择点击率较高且其他数据也不错的词，如将"黄心猕猴桃奇异果"为主要的核心词放在标题中，再结合下拉框的词，就可以写出标题"黄心猕猴桃奇异果四川猕猴桃5斤批发整箱一箱新鲜水果现货猕猴桃"。

在构建标题时，还需要注意：重要的词尽量放在前12个字的位置；词语尽量不要重复，如果实在需要重复，最多出现2次；如果是数据特别好的词，词的顺序尽量保持不变，直接放于标题中；当标题字数不足30个字时，可以用下拉框找词，或者参考同行竞品的用词，也可以用农产品的别名；当农产品有较好的流量时尽量不要修改标题，特别是前12个字，如果有一些好的词确实想要加到标题中，可以将关键词尾部的词替换掉。

2. 关键词设置技巧

消费者在主动搜索、浏览农产品时,通常会在电子商务平台中输入农产品的相关关键词,由电子商务平台为其推荐依据关键词所检索到的农产品,消费者在这些电子商务平台所推荐的农产品中进行详细浏览、了解并选择购买。因此,关键词对于农产品的曝光和推荐是非常重要的,它是促使农产品与消费者相遇的"桥梁",务必做好关键词设置。

1) 关键词类型

(1) 热门关键词。各大电子商务平台都会定期筛选出一些近期消费者较为关注和常用的关键词作为热门关键词进行推荐,在商品属性类目中用醒目的红色标识出来;也会在搜索下拉框中会出现一些推荐搜索的热词,以吸引消费者的关注,帮助他们更快地找到需要的商品信息,例如龙井、浓香型、2020 年新茶等,这些都可以作为关键词进行使用。

(2) 类目关键词。类目关键词就是商品的品名,一般由 2～4 个字组成,其自身的搜索量和竞争度都非常大,伴随着移动端购物平台的发展,这类短词、热词的竞争更加激烈,如多肉植物、桌面盆栽、营养土等。虽然竞争激烈,但是其本身拥有着较高的搜索量,而且消费者惯于搜索使用,仍是一种不错的关键词选项。

(3) 精准属性词。精准属性词主要是指能够精确表达商品本质,直击消费者购买需求的关键词,常会在类目关键词上加上一个或多个修饰词,也就是常说的长尾词,如沁州黄小米、西湖龙井、室内盆栽植物等。精准属性词对于精准搜索、推荐是非常好的词,也是电子商务经营中所经常使用的一类关键词。

2) 关键词选择途径

(1) 搜索下拉框。消费者在电子商务平台首页搜索框中输入某个关键词时,下拉框中会根据键入关键词的相关性出现推荐搜索热词。这些推荐搜索热词都具有非常高的搜索量,是非常好的关键词选项。因此,网店经营者在网店经营过程中,应该多搜索和自己店铺类目或所经营农产品相关的关键词,以便掌握关键词动态,及时调整关键词,跟进流量趋势和资源。基于移动网络的发展,当前移动端流量已日趋重要,而且移动端下拉框的推荐词点击率更高,移动端关键词的重要性不言而喻,这就需要更为及时去关注移动端相关的推荐关键词。

(2) "你是不是想找"。在电子商务平台搜索结果页面的下方都有"你是不是想找"一栏,此处也有部分推荐关键词,这些关键词的搜索量也是较大的,可以从中选择合适的推荐关键词作为农产品的关键词。

(3) "生意参谋"。淘宝平台中有"生意参谋"这一功能,利用"生意参谋"也可以选择关键词,在其中的"市场看板"中找到"行业热词榜",按照搜索人气、转化率可以将排名靠前的关键词整理出来。这些词是优化农产品标题的优质关键词。在其他电子商务平台也用类似的功能与服务,可以按照此方式选择到优质的关键词。

(4) "淘宝直通车"。在使用淘宝直通车推广农产品时,系统会根据农产品的相关信息,推荐一些相关的关键词。网店运营人员可以在所推荐的关键词中,依据关键词的展现指数、竞争指数、点击率、点击转化率等进行选择。

3) 关键词组合形式

网店运营人员收集到关键词之后,由于农产品标题的字数限制,不可能将所有关键词都放在标题里,这时就需要进行筛选和组合关键词。筛选关键词的时候,除了要把握关键词与农产品的相关性之外,还需要考虑关键词的竞争力。竞争力越大的关键词越好,因为竞争力在某种意义上就意味着单个农产品可以获得的订单数量,其计算公式为

$$竞争力 = 搜索人气 \times 点击率 \times 转化率 \div 在线商品数$$

筛选关键词后,网店运营人员可以根据下面的方法进行组合标题:对于刚上架的新品,可用"品牌词+热搜词+属性词+长尾词+货号"的形式来组成农产品的标题;对于成长型的农产品来说,可用"促销信息+热词+品牌词+功能+品名+规格"的形式来组成农产品的标题;对于成熟型的农产品来说,可用"营销词+品牌名+年度+季节+特色+属性词+风格+类目词"的形式来组成农产品的标题。

8.4 网络店铺日常运维

完成网络店铺装修后,就可以正式运营了,此时便需要掌握日常运维的工作内容。日常运维工作较为琐碎,但是对于农产品电子商务经营非常重要,务必做细、做精、做实,具体包括以下内容。

8.4.1 及时了解、掌握电子商务平台运营规则

电子商务平台运营规则对于农产品电子商务的开展具有指导和规范作用,有时电子商务平台的运营规则会发生变动、调整,因此在网店日常运维过程中首先要及时了解、掌握电子商务平台的运营规则,避免出现违规现象。电子商务平台运营规则一般包括店铺注册规范要求、店铺装修规则、产品上下架规则、订单响应规则、客服异议处理规则及售后服务规则等,平台中的经营商家必须遵守这些规则,否则电子商务平台会拒绝提供相关支持服务,甚至会对经营者进行相应的处罚,如处罚违约金、起诉违规行为等。

8.4.2 完成网店日常运营任务

网店日常运营涉及的任务大致如下。

1. 农产品上下架

网店运营最为基本的一项事务便是产品上下架。新品要及时上架,以提高消费者的兴趣和购买欲望,达到促成销售的目的;旧品要及时下架,将流量、运营精力等资源留给新品和热销品,实现农产品电子商务业务的高效运作。

2. 农产品展示图片与标题的优化

农产品电子商务运营过程中需要对农产品展示图片与标题进行不断优化,提升图片及标题的展示力和吸引力。这可以通过两种途径实现,一是通过日常的运营观察、分析挖掘出优化的途径和策略,二是通过分析竞品的特质与优势,找到优化的途径和策略。

3. 农产品平台内部推广

各个电子商务平台都有着较大的流量资源,这对于农产品的推广销售是非常具有价值的,应着力做好农产品在电子商务平台内部的推广,积极参与平台的促销活动,在适当时间

可选择在平台首页发布产品或店铺广告,最大化开发、利用电子商务平台的流量资源,为农产品销售铺垫好基础。

4. 客户服务

客户既是农产品电子商务运营的核心,也是农产品电子商务的基础。客户服务是围绕客户所产生的所有服务内容,最为常见的是客服咨询解答。客户服务的质量和层次,决定着农产品电子商务的未来。

5. 农产品销售订单处理

在消费者确认消费订单后,网店运营者要及时、快速地对这些农产品销售订单进行处理,主要是发货处理,包括将农产品订单信息传递至农产品仓储或者生产环节,让其准备农产品及打包,还要及时与物流服务商进行沟通,通知其按时取件,并督促其按照约定时限将农产品安全运送至客户的手中。

6. 农产品销售数据分析

农产品电子商务的网店运营工作不可能一步到位,必须要逐渐提升和完善,而提升和完善最佳的途径便是对农产品销售数据的分析。通过对农产品销售数据的分析,可以找到农产品电子商务经营及网店运营工作的优点与不足,进而不断提升、完善相关工作。

8.4.3 及时提供售后服务

售后服务是指在商品出售以后所提供的各种服务活动。售后服务本身同时也是一种促销手段,已成为企业保持或扩大市场份额的必要工作。随着消费者维权意识的提高和消费观念的变化,消费者们不再只关注产品本身,在同类产品的质量与性能都相似的情况下,更愿意选择拥有优质售后服务的公司。售后服务在很大程度上决定着消费体验度,因此当前要做好消费体验与服务,售后服务是不可忽视的,农产品电子商务业务的开展更是如此。农产品电子商务的售后服务主要包括以下内容。

1. 农产品销售订单跟踪

消费者在完成农产品订购后,网店经营者除了安排发货外,还要进行订单跟踪,确保农产品及时、安全到达消费者手中,若农产品运输发生异常,要及时与物流服务商进行联系、处理,并及时将相关情况告知消费者,给消费者一个良好的消费体验。

2. 农产品退换处理

鉴于农产品的易损、易坏和安全特性,农产品一般不予退换,但对个别产品或特殊情况可以接受消费者的农产品退换要求,例如小米、大米等类。对此类不易损坏且能够保障安全性的农产品,网店运营者要为消费者做好退换服务,保障消费者的基本权益,提升消费者的消费体验感和满意度。

3. 农产品坏、损处理

农产品大多较易坏、损,尤其是生鲜类农产品,如瓜、果、蔬菜等,若消费者收到农产品后出现坏、损情况,一定要及时为消费者处理好农产品的相关坏、损赔付,补偿消费者的损失,提升消费者的消费体验度。

4. 农产品食用指导

大部分农产品在日常生活中比较常见,其食用方式也都已熟知,但是对个别农产品有部分消费者不知其食用的方式,这便需要网店运营者指导消费者进行烹饪与食用。销售农产品只是农产品经营的一个方面,还要让消费者品尝到更好的农产品风味,这样才能提升消费者的满意度。

5. 其他方面的农产品售后服务

农产品网店运营者还要提供定期回访、爱心提醒等方面的售后服务,以最大程度服务好消费者,提升消费者的体验感和满意度,形成良好客户关系,提高农产品的复购率。

【知识盘点】

本章阐述了农产品电子商务平台选择、农产品图片拍摄、农产品网络店铺装修及日常运维,实操性较强,是实施农产品电子商务经营活动的核心内容。通过本章的学习,可帮助学生掌握开设网络店铺的一般方法。

【深度思考】

1. 你认为当前哪个第三方农产品电子商务平台较好,为什么?

2. 你认为在农产品图片拍摄过程中,应该重点关注哪些方面?

3. 农产品网络店铺装修时,需要重点关注哪些方面?

4. 农产品网络店铺运维过程中,较为重要的运营工作是什么,为什么?

【项目实训】

1. 实训名称:农产品图片拍摄及网络店铺装修。

2. 实训目标:熟练掌握农产品电子商务基本运营操作。

3. 实训要求:

(1) 组建实训项目小组(建议 4~5 人一组,教师根据班级实际人数情况确定)。

(2) 小组选择至少一款农产品,为其进行拍摄,并设计主图及详情页,撰写商品标题。

(3) 以某电子商务平台网店装修标准进行网店装修,包括网店页面设计及功能布局,并将农产品图片、详情页上传,撰写农产品标题。

(4) 各小组在班级内进行农产品网店装修效果展示,并陈述农产品网店设计方案。

(5) 教师及其他小组同学对报告进行点评。

第 9 章

农产品网络营销

【导入案例】

央视新闻公益直播为湖北"带货"

2020 年 4 月 12 日晚上 8 点,央视新闻"谢谢你为湖北拼单"公益行动第二场"带货"直播开播。央视主播欧阳夏丹携手王祖蓝、蔡明等明星,十堰市副市长王晓,以及 66 位快手达人在央视新闻客户端、央视新闻快手号、央视新闻微博平台同步直播,带来热干面、小花菇、红薯粉等 12 种湖北特产、农副产品、畅销食品。

从散发着麻辣味的卧龙锅巴,到氤氲着美好回忆的汉口二厂汽水;从风头甚健的热干面,到名头甚响的恩施玉露茶;从劲道十足的红薯粉条,到营养丰富的葛根粉……无不都是一片热销。热干面、周黑鸭等明星产品多次补货,却依然是"秒光"。

其实在直播开始前,这场"拼单行动"就已得到多方关注。60 多家媒体和多位知名博主积极转发消息,海南航空旗下 8 家机场候机楼的 328 个投放点被公益海报刷屏,北京来福士广场、中汇广场的户外大屏也加入宣传行列;众多明星、网络红人参与,带来了超高流量;新型冠状病毒肺炎疫情下,十堰市副市长亲自上阵,彰显责任与担当;加之国人对湖北的关注,希望在困顿之际为同胞伸出援手,期待湖北能早日"满血复活",也加强了这场直播的宣传推广作用。

指尖连着舌尖,网友纷纷下单。这场"带货"直播离不了湖北产品的名气,也离不开组合的人气,名气与人气的叠加,迅速让流量转化为销量。这场公益直播在快手平台的累计观看人次达到 1.27 亿,累计点赞 1.41 亿;全国 107 家媒体的快手号同步转播央视新闻新媒体的公益带货直播,总观看人次 3481 万;这场直播在微博平台也有 5383 万人次观看,获得 3278 万点赞。当晚,"谢谢你为湖北拼单"一共卖出 6100 万元的湖北农副产品。

案例思考:

1. 什么是直播?

2. 为什么央视要通过直播的方式对湖北的农副产品进行推广销售?

3. 直播对促进农产品销售有哪些作用?

【知识目标】

- 了解网络营销的含义及优势。
- 了解常用的几种网络营销方式,并掌握其实施策略。

　　通过对农产品网络营销的学习,掌握农产品电子商务网络营销的常用模式,了解其实施策略,能够自主开展网络营销活动。

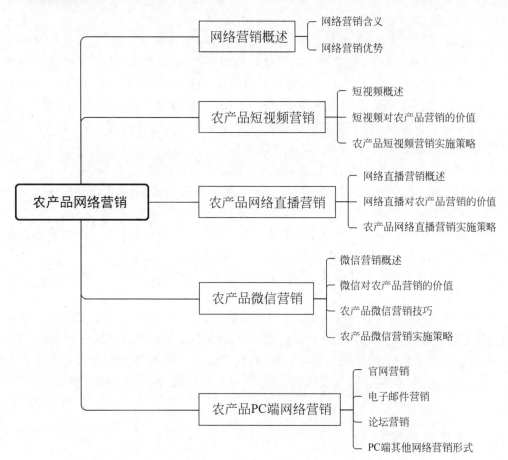

9.1 网络营销概述

拓展阅读:什么是营销?

9.1.1 网络营销含义

　　网络营销(online marketing 或 E-marketing)是随着互联网进入商业领域产生的,由科技进步、顾客价值变革、市场竞争等综合因素促成,是信息化社会的必然产物。在万维网、电子邮件、搜索引擎、社交软件等得到广泛应用之后,网络营销的价值越来越明显。

网络营销是以现代营销理论为基础,借助网络、通信和数字媒体技术实现营销目标的商务活动,是基于互联网络及社会关系网络连接企业、用户及公众,向用户及公众传递有价值的信息和服务,为实现顾客价值及企业营销目标所进行的规划、实施及运营管理活动,是企业整体营销战略的重要组成部分。

网络营销不是网上销售,不等于网站推广,网络营销是手段而不是目的,它不局限于网络,也不等于电子商务,它不能脱离一般营销环境而存在,而应看作传统营销理论在互联网环境中的应用和发展。广义地说,企业利用一切网络(包括社会网络、计算机网络;企业内部网、行业系统专线网、互联网;有线网络、无线网络;有线通信网络、移动通信网络等)进行的营销活动都可以被称为网络营销;狭义地说,以国际互联网为主要营销手段,为达到一定营销目标而开展的营销活动,才被称为网络营销。

随着网络营销的不断发展,其内涵中包含了以下新的特点。

(1)连接成为网络营销的基础。网络营销以互联网为技术基础,但连接的不仅是计算机和其他智能设备,更重要的是建立了企业与用户及公众的连接。

(2)突出人的核心地位。通过互联网建立的社会关系网络,核心是人,网络营销过程中应一切以人为出发点,而不是网络技术、设备、程序或网页内容。

(3)强调网络营销的顾客价值。为顾客创造价值是网络营销的出发点和目标,网络营销是一个以顾客为核心的价值关系网络。

(4)延续网络营销活动的系统性。网络营销的系统性是经过长期实践检验的基本原则之一,网络营销的内容包括规划、实施及运营管理,而不仅是某种方法或某个平台的应用。

网络营销可以利用多种手段,如短视频营销、网络直播营销、微信营销等。网络营销具有许多优势,如低成本传播、高互动性等,这些优势也是网络营销有别于其他营销方式的独特表现。

9.1.2　网络营销优势

网络营销在产品推广与销售中具有重要作用,其优势主要体现在以下方面。

(1)传播范围广、速度快,没有时间和空间限制。网络营销能够充分利用互联网传播范围广、速度快的优势,打破时间和空间限制,这也是网络营销能够被经营者快速接受、广泛应用的根本原因。

(2)经营成本低。网络营销的制作成本较低,无论是物料成本还是人工成本,都低于传统营销。此外,网络营销能够实现产品直销模式,帮助到企业减少库存,降低运营成本。

(3)具有交互性和纵深性。不同于传统营销信息单向传播,网络营销信息是以互动形式存在,用户在看到传播信息后只需要单击鼠标,就可以从相关网站中获得详尽的产品或企业信息。另外,用户还可以在看到传播信息后直接在网站中填写反馈,拉近了用户与企业、产品及品牌的关系。

(4)多维营销。网络营销可以将文字、图像和音频有机组合在一起,传递多感官的多维度、立体化信息,让顾客能够身临其境般感受商品或服务。

(5)信息传播精准度高。网络营销一般基于完整的用户数据库展开,可以针对用户的地域分布、年龄、性别、收入、职业、婚姻状况、爱好等进行营销,具有更高精准度,最大限度上促成交易转化,提升营销的效果。

(6) 具有可重复性和可检索性。网络营销以在线网络为基础,在线网络能够非常好地进行信息内容记录和保存,网络营销的信息内容可以被网络所记录和保存下来,用于重复观看或检索,既省去了后期重复信息制作、传播的成本,又可以多次开发新用户。

(7) 成交率高且快速。借助高精准信息传播优势,网络营销能够快速使用户对产品产生消费意愿,通过网络直接在线订购。

9.2 农产品短视频营销

随着移动网络和媒体技术的发展与成熟,短视频已成为继文字、图片之后的第三大信息形式,其用户规模和使用场景仍在迅速扩大。短视频相较于文字、图片等信息载体,信息更为丰富、立体,能够直接刺激消费者的感觉,已被广泛应用于农产品营销中。

9.2.1 短视频概述

短视频即短片视频,是一种互联网内容传播方式,一般是指在互联网媒体上传播的时长在 5 分钟以内的视频传播内容。短视频适合在移动状态和短时休闲碎片化状态下观看,能够传递特定信息,是移动互联网发展和互联网碎片化阅读下的产物,也是互联网时代下的用户生成内容(user generated content,UGC,即用户将自己原创的内容通过互联网平台进行展示或者提供给其他用户)。

短视频内容较短,可以单独成片,也可以成为系列栏目,形式多样,能够完成多样内容的传递和表达。短视频拍摄难度较低,可以直接用手机对人物或场景进行拍摄,不需要专业策划,社会大众皆可参与。随着移动终端的普及,网络的提速降费,以及人们移动互联网碎片化阅读习惯的形成,这一集丰富信息内容与立体化展现方式于一体的新型信息形式越来越受到人们的欢迎和喜爱,成为一种新的信息场景,出现在人们的日常生活之中。

根据短视频的内容和形式可以将其分为以下几种类型。

1. 短纪录片型

短纪录片是指以记录的形式拍摄制作出来的短视频,主要为记录相关事件或者某一现象。这类短视频能够非常好地呈现乡村的人文特征、地域景观及日常生活状态等,可以展现农村独特的魅力,促使城市中的消费者更加喜欢农村,并更为愿意消费体验农产品。

2. 个人 IP 型

个人 IP 短视频是指以某一特定人物为对象而编制的短视频,农业领域典型代表有"蜀中桃子姐"等,他们依靠丰富的农村场景、优质的视频内容,打造出了独特的个人形象标签和产品品牌,吸引了大量的关注者,带动了农产品的销售。

3. 情景短剧型

情景短剧是指以情景剧为主要内容拍摄制作的短视频,代表有"陈翔六点半""爆笑姐夫""僵小鱼"等,该类视频多以趣味创意为主,在互联网上有着非常高的观看量,拥有着广泛的用户群众,是较为受欢迎的短视频内容形式。在农业与农村领域,这类短视频能够充分展示、呈现农村的生活场景和人文习俗等,为城市消费者带来更为直观和立体的感知,增加其对于农业与农村的了解。

4. 技能分享型

技能分享型短视频具有一定的实用性,在网络上传播非常广泛,如美食教程、生活达人技能传授、英语启蒙等。这类短视频应用在农业与农村领域也是非常具有潜力的,它既可以指导农产品生产者的农业种植技术,也可以指导农产品消费者烹饪出美味、可口的食物,增加消费者的体验感。

5. 街头采访型

街头采访是以街头随机采访路人为形式进行的短视频录制,其制作流程简单,话题性强,深受都市年轻群体的喜爱,也是目前短视频的热门表现形式之一,如"暴走街拍"。但这类短视频在农业与农村领域的应用难度较大,可考虑街头美食测评等形式。

6. 创意剪辑型

创意剪辑型短视频即利用剪辑技巧和创意,将原有视频进行重新剪辑,以形成新的视频内容的视频制作形式。这是不少广告制作者利用短视频热潮植入原生广告的一种方式。但近年来政府机构对于知识产权的保护非常重视,出台了多部相关的管理政策和法规,依靠于原创视频内容进行二次创意剪辑制作商业广告的形式不再适应当前的环境,若想正规运营须向原创作者申请授权,无疑会增加相关成本与门槛。此外,这类短视频在农业与农村领域的应用也比较受限,不容易推广。

7. 宣传展示型

宣传展示型是指创作者以宣传展示自我为主要目的而拍摄制作的短视频,其主要制作或发布者为政府单位、社会组织机构、企业等,如抖音平台中的青春宜昌、浙江大学、三只松鼠、支付宝、京东等。这类短视频在农业与农村领域具有最为广阔的前景,其应用的价值也是最大的,它能够更为直观、立体地展示乡村生活状态、人文风俗、自然景色、农产品特色等,非常受城市消费者的喜爱。

除过上述按照视频内容进行的短视频分类外,还可以按照账号运营主体进行分类,如政务类、社会组织机构类、企业类、个人类;按照账号的知名程度进行分类,如网络红人类、当红影星类等。对于短视频进行分类的目的在于全面认识短视频,并从中选择适合自己所需的类型,助力农产品网络营销。

9.2.2 短视频对农产品营销的价值

短视频对于农产品营销的价值主要表现在以下几个方面。

1. 直观、立体展示农产品,帮助消费者充分了解农产品

利用短视频,电子商务经营者可以将农产品的生产过程、产品特征直观、立体地展现给消费者,让消费者对农产品有更加全面、详细的了解。例如,可以拍摄红薯原生态的种植和采摘过程,展现其健康、自然的特质,并描述口感,将产品信息清晰地传递给消费者,如图 9-1所示,以此来增强消费者的信任感,激发其购买欲望。

2. 呈现乡村人文习俗及自然环境,增加农产品文化特性

利用短视频,电子商务经营者可以把农民日常的生产与生活以动态的形式展现出来,展示农村的人文习俗和自然环境,如图 9-2 所示。这会使消费者真切地感受到农产品所蕴含的乡土气息,使城市消费者对农村产生好感,增加农产品的文化特性,提高农产品的附加值,进而促使消费者更加乐于购买该产品。

图 9-1 农产品短视频

图 9-2 农村环境短视频

3. 提高传播速度,扩大受众规模

利用短视频,电子商务经营者可以将农产品的信息以非常快的速度推广至全国。短视频已成为当下最受欢迎的信息媒体形式之一,用户规模非常庞大,抖音和快手两大短视频平台的注册用户规模已接近 10 亿。借助于移动互联网的快速传播性,短视频发布后可以快速触达众多潜在消费者,起到宣传推广农产品的作用,为后续交易奠定基础。

4. 通过数据可视化精准营销

短视频平台一般都具有精细的数据管理功能,如视频点赞数、评论数、分享量、关注量及订单量等。通过短视频,电子商务经营者可以充分掌握营销数据,即一切营销行为都能数据化、效果可视化。这便能够帮助农产品营销者更全面地了解消费者,并依据消费者的习惯、爱好策划拍摄更加精准的视频内容,打造更能吸引消费者购买的农产品。

9.2.3 农产品短视频营销实施策略

1. 短视频平台选择

要实现农产品短视频营销,首先需要选择合适的短视频运营平台。当前短视频平台较

多,例如抖音、快手、西瓜视频等,并不是所有的短视频平台都适合农产品营销。选择农产品短视频运营平台,可以从以下几个方面进行考量。

1) 平台用户属性与所经营农产品定位是否一致

每个短视频平台都有特定的用户属性,包括用户的年龄层次、教育程度、经济状况、地域分布及职业类别等,例如抖音主要用户群体为分布于一二线城市的年轻时尚型白领,快手的主要用户群体为分布于三四五线城市及农村地区的普通居民。进行农产品营销时,必须要对于农产品进行定位,确定其目标消费群体,如定位为高端、精品型的海鲜产品所面对的目标消费群体大多是追求生活品质、具有良好经济能力的城市居民;定位为礼品型的水果、干果所面对的目标消费群体大多是职场白领。在此基础上,明确短视频平台的用户属性与所经营农产品的定位是否一致,一致则可以选择在该平台进行短视频营销,如定位为礼品型的水果、干果就可以选择抖音短视频平台。

2) 平台的用户规模和影响力是否满足营销要求

要想取得良好的农产品营销效果,必须选择具有一定用户规模和影响力的短视频平台,使制作的短视频能够借助平台资源更广泛地传播出去。当前用户规模和影响力较大的平台,如抖音、快手、西瓜视频等,是比较合适的农产品短视频营销平台。

3) 平台的在线交易功能是否完善

农产品短视频营销一方面是借助于短视频形式及其平台优势,快速、全面推广农产品,另一方面则是借助于短视频平台的在线交易功能,在短视频的内容呈现能力基础上促进农产品的即时在线交易,真正实现农产品的销售。因此,选择具有在线交易功能的短视频平台是十分重要的。

2. 短视频账号资料设置

短视频账号资料包含三大要素,即账号名称、账号头像、账号签名。账号名称是账号资料的核心,它直接决定着账号是否能够快速被人记住,以及是否能够成为品牌,因此对此项资料设置既需要花费更多精力,也需要更为慎重;账号头像也即品牌 Logo,直接体现着账号的形象和内涵;账号签名即品牌口号,它传递着账号的定位与价值,是吸引获取目标消费者关注账号直接动力。

1) 账号名称设定

账号名称对于短视频运营者来说,便如同传统店铺的招牌,是用于与其他账号进行区分的名号,其设置一方面要突出自己的特色,另一方面要突出自己的业务范围或产品。更重要的是,账号名称要能够容易被客户记忆并传播。因此,一个好的短视频账号名称需要做到以下几点。

(1) 简单、直接。互联网(尤其是移动互联网)的发展,使信息发生爆炸式增长。而在这个信息爆炸的时代,越简单、直接的东西往往影响力越大,可以直击人们的内心,让人们即刻接受。因此,要想在信息洪流中让人们能够快速、长久地记住短视频的账号,那么账号名称就不能烦琐,应越简单越好、越直接越好,使关注者立即能够明白这个账号的定位与内涵,否则只会让目标群体远离。

(2) 具体。具体是指账号名称要与所发布的内容相关联,将账号的主要内容、形象等信息直接通过账号名称告诉关注者,让大家知道、明白账号的定位,以及发布内容的主要方向。切忌过于随意、追求个性,账号名称与账号定位、内容没有任何联系,例如使用流行语、诗句等抽象名称。

（3）个性。短视频平台上的账号数量众多且常存在相似性,要想使短视频账号为目标消费群体所关注,其名称设置还要有吸引力。提高账号名称吸引力的最好方法就是个性化,让账号名称与众不同,如某抖音账号在名称中加入"苹果局长",如图9-3所示。

图9-3　苹果局长抖音账号页面

（4）"人物"化。短视频平台的本质是社交平台,因此短视频账号必须要体现某个具体人物,通过人物增加账号的温度,提高与关注者之间的黏性,如"乡村胡子哥""苹果局长"等。如果是个人运营,可以直接用个人的真实姓名、艺名或者笔名进行命名,如"蜀中桃子姐""阿木爷爷"等;如果是企业主体运营,可以用企业名称简称、品牌名称,如"亿果农业""褚橙庄园"等。切忌用企业名称全称命名,全称的字数过多,容易掩盖主要名称。

2）账号头像设定

头像设定要依据短视频账号的定位来进行,如果要打造个人品牌形象,那么可以以个人形象照为头像,如抖音账号"乡村胡子哥"就是以自己的真实照片为头像;如果是打造企业形象,那么就应使用企业形象照,如抖音账号"褚橙庄园"就以其品牌 Logo 为头像。

3）账号签名设定

账号签名又称个性签名,其目的是对自己进行深度解释与阐述,使受众更为全面地了解与认识账号,例如抖音账号"丛林之家"的签名为"带你体验户外美食直播"。账号签名对于账号来说是非常重要的,它是账号的一个很好的广告宣传栏,可以将短视频账号运营主体的具体业务范围及所销售产品名称填写进去,例如可以写明"展示樱桃、石榴"。

3. 内容规划

短视频账号要真正实现运营,最重要的还是其发布的具体内容,这要求运营人员对短视频内容进行统一规划,夯实基础,可以按照以下几个步骤进行。

1）明确账号定位

定位是确定账号的目标和方向,这是短视频运营的核心。有了明确的短视频账号定位,才能够确定短视频内容的规划方案。关于短视频账号的定位可以参照品牌的相关定位策略和方法,其中最为重要的是要与企业及经营产品的实际情况相适应,如果企业的优势在于农业种植技术,便可以将短视频账号定位为农业种植技术分享账号,而不是农产品推广账号。

2）确定内容题材

明确了短视频账号的具体定位之后,就需要确定短视频的具体题材,例如上文的农业种植技术分享账号,就可以确定短视频的具体题材为相关农作物种植、经营的专业技术分享、指导等相关内容,吸引对于农作物种植、经营等方面感兴趣的关注者关注账号,并以此传递企业的优势,进而获得消费者。

3）确定内容形式

在明确定位、确定题材之后，需要确定短视频的具体形式，即短视频的内容以什么形式进行制作、传播，是单篇还是系列篇，采访式还是讲述式。例如，"李子柒"大多以单篇形式制作，围绕每个主题制作一个短视频，并且多以讲述式展现，偶尔会添加采访内容。

4）内容创作

内容创作是呈现内容最为关键的一环，创作方式包括以下三种。

（1）自我原创。自我原创是指内容完全由自己进行原始创作，是不歪曲、篡改他人或者抄袭、剽窃他人创作，也不改编、翻译、注释、整理他人已有创作。这样创作出来的短视频内容是完全新鲜的、自有的，且一般具有较高吸引力，最为容易获得关注者浏览和喜爱。

农产品营销短视频的自我原创可以从以下几个方面切入。

① 简单记录。记录式农产品营销短视频拍摄、制作较为简单，只要会使会用拍摄器材即可，成本也较低，能够很好地呈现乡村原汁原味的独特民风民俗，可以将农产品的真实种植环境完整、全面地展示出来，增加受众的情景带入感和主观体验感，更进一步提升农产品消费者对于农村及农产品的认知度，为最终的交易转化奠定基础。

② 巧扣热点。时事热点是为人们所关注的事件，往往具有较高的关注度和吸引力，巧扣热点是目前诸多短视频制作者最为常用的一种创作方式，效果非常显著。它主要是依据当前社会时事热点话题、现象、活动而进行的内容创作，例如响应政府提出的"节约粮食"热点话题，创作有关粮食节约行动的短视频。这样的短视频内容既有关注度又有新意，非常吸引人。依据时事热点进行短视频内容创作，首先需要及时关注时事热点资讯，其次要有一定的短视频创新能力。

③ 融入节日内涵。每个节日都具有独特含义，或具有特定历史背景，尤其是与农村、农业相关的节日，更具有丰富内涵，农产品营销短视频可以将节日内涵融入短视频之中，一方面解决了农产品营销短视频的创作难题，另一方面则有效提升了短视频内容的丰富度和趣味性，极大地提高了短视频对于受众群体的吸引力。例如七夕节的经典传说，故事中的主人公牛郎与织女于此日进行一年一度的相会，可以拍摄、制作葡萄藤下牛郎、织女相会场景的视频，将葡萄园环境、葡萄产品与节日内涵进行融合，借助节日内涵推广、宣传葡萄产品。借助节日背景进行短视频内容创作，虽然内容较为丰富多样，但在进行创作时务必遵循适度原则，将产品特征与节日内涵进行有机结合。

短视频创作者还可以根据自己的实际创作经验和关注者的需求点进行创作，只要创作出的短视频内容积极向上，是受众或消费者喜欢看的，就是好的短视频内容，就能发挥农产品营销的作用。

（2）二次创作。二次创作是指在现有内容基础上进行的内容创作，一般可以分为两种具体形式：一是模仿创作，如曾经在抖音中流行一时的"成都小甜甜"采访短视频基础上，有很多短视频都在模仿该视频的形式制作自己的视频，有照搬原视频形式进行的女士采访，也有稍作变动进行的男士采访，话题内容都基本相同；二是合拍，以原有视频内容为主，利用平台合拍功能将自己的内容添加进去形成新的视频内容，这种内容形式在抖音中比较常见。二次创作较自我原创来说，难度较低，对关注者的吸引力较小，如果能够在原有视频的基础上添加具有创意的内容，将会提升视频的吸引力。

农产品营销短视频可以使用这一创作方式，但必须要在二次创作时融入农村、农业、农产品元素,向短视频关注者传达相关信息,为农产品销售奠定基础。

(3) 联盟创作。联盟创作是指由多个视频创作主体(个人、企业或者组织机构等)进行合作,共同创作短视频内容,如酒类企业可以与农产品类企业进行联盟创作,拍摄、制作以美酒美食为主题的短视频内容,若再融合农村独特的民风民俗、乡村故事等,将更具趣味性和吸引力。

联盟创作一定要充分利用联盟方的相关资源和优势,将多方的企业及产品相关信息融入短视频之中,但务必要巧妙、自然,切不可强行拼凑,否则很容易适得其反。联盟创作是一种多方参与的短视频创作形式,需要在创作过程中协调好各方的利益关系与需求,以共同创作出精品短视频内容为核心,扩大各方产品及企业信息的传播、覆盖范围。

联盟创作具有多种优势:一是能够充分发挥联盟方的创作潜力和创意、素材优势,打造出精品短视频;二是能够充分利用联盟方的宣传、推广资源及优势,扩大短视频内容的传播、覆盖范围,实现短视频内容的高浏览、广覆盖;三是通过联盟方的合作,能够使多方的资源得到最大化利用,间接降低单方创作者的短视频制作成本;四是能够实现多方受众资源的交叉开发与利用,使得潜在用户价值转化最大化。

4. 短视频拍摄、制作

1) 准备阶段

(1) 设备及相关工具。短视频拍摄、制作过程中必须要借助于一些相关的设备及工具,大体可以分为两类:硬件和软件。硬件类有摄像机(或手机)、特殊摄像镜头、摄像机支架、移位器、话筒、灯光设备、桌椅及相关辅助拍摄道具等;软件类有辅助拍摄软件(如秒拍、美拍等)和后期剪辑制作软件(如会声会影、数码大师、爱剪辑等)。

(2) 脚本。脚本是视频的拍摄依据。视频拍摄、制作过程中一切参与人员,包括摄影师、演员、服化道人员、剪辑师等,他们的一切行为和动作都是服从于脚本的。在什么时间、什么地点、出现什么画面,镜头应该怎么运用,景别是什么样的,服化道如何准备,这些都需要根据脚本来运行,如图9-4所示。可以说,脚本的作用就是提前统筹安排好每一个人每一步要做的事情。如果没有脚本作为视频拍摄、剪辑的依据,那么各项工作便容易混乱,也就很难拍摄、制作出精品视频。短视频虽然内容少、时间短,但是仍然需要准备完善的脚本来指导其拍摄、制作。

(3) 人员。短视频的拍摄、制作必须依靠各方工作人员来完成,包括演绎人员、摄影师、辅助摄制人员等,筹备时应注意,一是各方面工作都有人员来完成,二是要人员分工明确,只有这样才能够协调完成短视频的拍摄、制作。

2) 短视频拍摄、制作

(1) 保持画面构图平衡。普通照片若拍摄角度不正,可以很轻易地将它调整到水平位置上。但若拍摄的视频发生了歪斜,调整难度便很大。因此在每次按下录像键之前,必须要环视四周的环境,看看取景器中被拍摄的画面是否是自己需要的,检查画面构图。摄像的构图规则跟静态摄影的构图规则十分类似,不但要注意主要拍摄对象的位置,而且要研究整个画面的配置,保持画面的平衡性和画面中各要素之间的关联性,以及调整拍摄对象之间的相对位置及大小。完美的构图必须要做到以下两点:一是画面整洁、流畅,避免杂乱的背景;二是色彩平衡性良好,画面有较强的层次感,确保主体能够从背景中突显出来。

(2) 合理取光。自然光是拍摄时最常使用的光源,应用简单直接,不易受场地的限制,

日期			内容运营部【枸杞原浆】脚本			策划人：	撰写人：	
镜号	镜头灯光【机位】	景别	内容	台词解说	时长	画面特效字幕【转场方式】【剪辑内容】	备注	
2	30°俯	近景	用杯子泡干枸杞	要么泡水	2秒			
3	30°俯	近景	把枸杞撒进汤里面	要么炖汤	2秒			
4	微俯	中景	两者同时出现在镜头里面,一手指着一个解释	但干枸杞无论怎么吃都只能利用它营养成分的2.03%	4秒			
5	微俯	中景	把枸杞原浆拿出来	鲜果又不容易保存,所以就有了它的存在	3秒			
6	微俯	中景	外观展示	枸杞原浆=鲜榨枸杞鲜果	3秒			
7	微俯	近景	拆开盒子、取出一瓶	枸杞鲜果没有晒、烘干、浸泡的过程,营养成分更完整	5秒			
8	微俯	特写	枸杞汁盒子特写和瓶子的特写	榨成汁之后也更容易吸收	3秒			
9	微仰			它还含有丰富的枸杞多糖、类胡萝卜素、甜菜碱等功能性成分,能促进代谢、降血糖和血脂	7秒			
10	微俯	近景	桌面上放着单瓶的枸杞汁和盒装的枸杞汁	可以美白皮肤,上班族可以缓解眼部疲劳	4秒			
11	微俯	中景	把枸杞倒进器皿里	无	2秒			
12	45°俯	特写	用勺子舀起一勺品尝	很浓郁、像同时嚼碎很多枸杞,前味儿发甜,后味儿发酸	4秒			
13	微俯	近景	搅拌枸杞汁的细节	不过喝第一口还是需要勇气的	3秒			
14	水平转微俯	近景专向中景	单独把一瓶递向镜头	一天一瓶足够了	2秒			
15	微俯	中景	把喝完的瓶子拿在手上	枸杞属于温补产品,喝多了会上火	3秒			
16	微俯	中景	可以找到这两种道具最好	生活不止眼前的枸杞,还有红枣和保温杯	5秒			
17	微俯	中景	结束语	中年危机步步紧逼,不妨试一试。	3秒			
共计：56秒								

图 9-4 脚本式样

比人工布光等方式成本低,且更容易被观者接受,但是易受天气的影响。根据光源位置可以将自然光划分为四种：顺光、逆光、侧逆光及散射光。使用顺光时,人物的亮度一般大于背景的亮度,可以和背景形成反差;使用逆光时,人物处于相机和光源之间,光源照亮环境,但是人物处于暗部,虽然人物和背景在亮度上有着很大的反差,有时候也能拍摄出好看的轮廓光,但是人物主体细节较少,面部光影也不美观;使侧逆光意味着人物基本处于相机和光源之间,但是光源与人物形成夹角,形成轮廓光的同时照亮人物一侧,让人物的层次更强,细节相对逆光更多,有时逆光产生的光斑也会给画面增加氛围感;散射光常见于阴天的户外,云层挡住了太阳,如同一个巨大的柔光罩将光线均匀地铺洒到每个角落,由于光影过度柔和,缺乏明确的影调,无论人物还是环境的层次都不明显,虽然拍摄容易,但是视觉效果较弱。在拍摄短视频时,取光务必要合理,通过借助恰当的光以增强视频画面感。

(3)移动镜头有规律,动作平稳。在短视频拍摄、制作过程中,必然会有镜头的移动,在移动镜头的时候务必要规律且平稳,这样才能够拍摄出清晰、有层次感的视频。镜头的移动方向分为左右、上下及前后,在移动镜头时应以特定的方向进行移动,否则拍摄出的画面容易混乱,无法让观众感知视频内容的内在逻辑,也无法完整表达、呈现视频内容。进行移动拍摄时,也一定要平稳地移动摄像机,最好利用防抖动器材,比如三脚架、独脚架、防抖稳定器等;如果用手持机,其基本姿势是将两脚分开约 50 厘米站立,脚尖稍微向外呈"八"字形,拍摄时候注意动作和姿势,避免大幅度调整,上身的动作尽量减少,下身缓慢小碎步移动,移动的时候保持上半身稳定,镜头需要转动时,以上身为旋转轴心,尽量保持双手关节不动。

(4)以中心人物为核心。每个短视频都是围绕一定的中心人物开展的,因此在短视频拍摄过程中务必要以中心人物为核心,不可对所有元素都蜻蜓点水般地进行记录,那样只会拍摄成为一个流水账式的记录视频,无任何价值或意义。例如,在为婚礼、满月宴或寿宴拍摄视频,婚礼上的新郎与新娘、刚刚满月的婴儿、寿宴上的老人就是视频的中心人物,一切的镜头都要围绕这些中心人物,即便是拍摄他人的言行,也都应围绕着这些中心人物进行,不可喧宾夺主。中心人物的行为、言语和情绪变化等构成了整部作品的逻辑主线,无论是新婚夫妇在婚礼上互致爱意的海誓山盟,还是摇篮里婴儿天真稚嫩的表情,都是短视频中不可多得的珍贵镜头,也是吸引受众群体观看的精彩段落。

(5)注重环境与细节的协调。衡量一部影像作品的优劣,对细节刻画的成功与否占有着举足轻重的位置。由于摄像机通过镜头焦距的变化,能够更为宏观或微观地表现出周围环境,它所呈现出来的视觉空间,是一个由更多全景与细节交织构成的主观世界。对于不少视频拍摄新人来说,他们还不太习惯让摄像机观察自己的肉眼看不真切的地方,因而拍摄下来的,大多是较为平庸常见的影像。优秀的视频拍摄者则是全方位的观察家,他们善于用镜头捕捉神情微妙的面孔、紧张发抖的双手、衣衫下摆的民间纹样、窗外叮咚作响的风铃以及种种转瞬即逝的精彩瞬间。

(6)巧妙运镜。短视频拍摄时一定要注意画面的变化,同一个焦距不可使用过长时间,一个姿势也不可拍摄过长时间,必须要通过推、拉、跟等镜头使视频画面感充足。例如人物定点拍摄的时候,要通过推镜头来进行全景、中景、近景、特写等拍摄,实现整个画面的切换变化,否则视频画面就会显得缺少趣味性和吸引力。这便需要做到巧妙运镜,处理好视频画面的衔接与呈现。在运镜过程中,建议使用特写 2~3 秒、中近景 3~4 秒、中景 5~6 秒、全景 6~7 秒、大全景 6~11 秒,而一般镜头拍摄以 4~6 秒为宜。

(7)后期制作提升视频效果。视频拍摄好后,必须要进行后期的剪辑制作,如画面切换、字幕插入、背景音乐添加、特效设置等。视频剪辑制作时要思路清晰,使画面前后内容衔接顺畅、紧密。在剪辑过程中可加入转场特技、蒙太奇效果、多画面效果、画中画效果、画面调色等特效,但须注意特效设置不要过度,合理的特效可吸引人观看,但过多的特效会给人眼花缭乱的感觉。

(8)调整短视频的时长。现在大多数短视频的时长都是在 20~60 秒。对一般受众来说,短视频播放 30 秒之后受众的耐心就开始下降了,所以短视频时间不宜过长,最好控制在 60 秒之内。

5. 视频内容上传

在完成短视频内容拍摄、制作之后,就要将短视频内容上传至短视频平台,这样短视频才能够获得传播和曝光,达到农产品营销的目的。当前用户规模较大、影响力较大、传播能力较强、较为适合农产品营销的平台主要有字节跳动公司旗下的抖音短视频、西瓜视频,快手科技旗下的快手短视频。这些平台软件的下载、注册、内容上传等操作也较为简单。但在短视频内容上传过程中,仍需要重点注意以下三个方面。

1)撰写短视频标题

标题是短视频的点睛之处,一方面具有提炼短视频的主要内容,并吸引受众群体关注、观看的作用;另一方面对于短视频获得短视频平台的推广和曝光起着关键性的作用。因此,在设置短视频标题时须慎重,一是将短视频进行总结、概括,以最为精简、直接的方式将短视频主要内容传递给受众群体,获得用户的关注和观看;二是融入短视频内容的关键信息,获得短视频平台的精准推荐和曝光,为农产品营销奠定基础。

2）设计视频封面

短视频封面具有视频预告、补充标题的作用，可以传达一些文字无法描绘的场景与内容。一般情况下，可将核心内容如场景、事件现场、人物、事件主体等作为短视频封面使用。在短视频封面设计时，需要做到三点：一是封面要清晰明亮，能够凸显出短视频内容；二是封面内容层次分明，布局合理，不可混乱；三是运用动态贴纸元素，提升视频的动态性与内容呈现力。

3）配置背景音乐

背景音乐能够在听觉感知层面增加短视频受众群体对于短视频的整体感知度，进而提升短视频的内容传播性和营销力，例如独特的乡间小歌对于唤起在外漂泊游子的乡村情感与对农产品的特殊喜好就具有非常大的作用。在短视频背景音乐配置时，一定要以短视频的内容为基础，可以选择已有的音乐或解说语，也可以自己录制适合的音乐或解说语。

6. 短视频推广策略

要通过短视频达到农产品营销的目的，必须使短视频获得更多曝光，使短视频在更广范围内传播，这便需要进行短视频推广。短视频推广主要有以下四种方式。

1）短视频平台官方精准推荐

短视频平台是各类短视频的管理者，也是短视频平台流量的直接拥有者，通过平台官方来推广短视频，不仅推广效率较高，而且可以实现精准推送。无论是平台官方的算法免费推广，还是短视频账号运营者的付费推广，都能够达到良好效果，其推广成本也相对较低，是目前短视频推广的较佳方式。

要获得短视频平台官方的算法免费推广，需要设置好短视频的标题，在标题中融入短视频的核心内容，通过关键词的方式获得平台官方的精准抓取和推广、曝光。通过付费的方式推广短视频时，一定要根据短视频内容所计划覆盖受众群体的特征设置视频内容推广条件与标准，然后通过平台官方进行短视频内容的推广和曝光。

2）平台内不同账号间相互推广

除依靠短视频平台官方算法获得短视频内容推广和曝光外，还可以通过平台内不同账号之间的联盟合作进行短视频推广，即多个账号之间相互推广，如甲账号推荐乙账号，乙账号推荐甲账号。最为常见的形式是在短视频标题中直接"@"对方账号，这样短视频关注者在看到短视频标题时，也就直接看到了对方的账号，如果关注者对此账号感兴趣就可以直接点击进入对方的账号之中，观看对方账号的视频内容，以此达到短视频内容的推广和曝光。此外，还可以在短视频内容中对所要推广的账号进行重点、全面推荐，直接告诉短视频观看者去搜索关注推荐的短视频账号，这样的方式效果更好。合作联盟账号越多，综合开发利用的价值就越大，账号之间推广的效果也就越好。

3）其他网络平台推广

除了在短视频平台内部进行账号推广外，还可以通过其他的网络平台进行推广，如常用到的百度平台，可以将短视频账号写成纯英文形式，在百度平台中以问答、话题贴等形式进行账号推广，吸引短视频用户、爱好者进入短视频平台进行观看；还可以通过微信、QQ、陌陌等社交平台进行短视频账号推广，或直接发布短视频内容、短视频账号或名称进行推广。

可用于短视频推广的网络平台较多，经营者可以根据自己的喜好、习惯及需求进行选择,但每个平台都有其独特的属性和特定的用户群体,因此在选择其他网络平台推广时也应将这些条件考虑在内,以使所选择的网络平台与自己想要获取的观看群体高度吻合,达到最大交易转化率。

4)线下推广

除在线上平台进行短视频推广外,线下渠道也有其独特的优势与资源。线下推广的方式、方法非常多,可以在聚会、培训班、招商会等场所通过直接扫码或搜索关注的方式进行短视频内容推广,也可以将短视频账号二维码等相关信息印刷成卡片,或专门制作短视频账号宣传页、手册,在人流较多的场所进行发放,从而达到推广短视频内容的目的。

7. 短视频搭载农产品购买链接

要通过短视频带动农产品营销,仅仅依靠短视频内容推广、宣传农产品是远远不够的,还需要在短视频中插入农产品的购买链接,在短视频内容的引导下带动短视频内容观看者形成即时的农产品消费转化,如图 9-5 所示。

图 9-5 亿果农业短视频内容页面

短视频中搭载农产品购买链接,有两种方式:一是搭载平台内部小店链接,二是搭载第三方电子商务平台链接。目前各个短视频平台均已具备在线购物功能,如抖音短视频的抖音小店(见图 9-6)、快手短视频的快手小店(见图 9-7)等,农产品经营者可以申请开通平台的小店权限,然后将小店内的农产品购买链接直接搭载至短视频中。这种方式的最大优点是购买过程顺畅,无须多次链接跳转,而且链接的限制性较小。农产品经营者还可以在短视频中搭载第三方电子商务平台的农产品购买链接,最为常见的是淘宝链接,但这种方式购买流程烦琐,需要进行多次链接跳转才会进入第三方平台之中,而且风险性也较高,容易因短视频平台与第三方电子商务平台之间的链接屏蔽和阻碍,为农产品经营者带来损失。短视频中搭载农产品购买链接时,一定要使短视频内容与链接的农产品相呼应,如苹果的宣传短视频一定要配以苹果的购买链接,不可插入其他的产品链接。

图 9-6　抖音小店页面

图 9-7　快手小店页面

9.3　农产品网络直播营销

　　基于网络技术的发展和用户习惯的养成,即时性直播成为日常娱乐与消费的重要组成部分,直播营销与"带货"正在如火如荼地开展,从我国权威媒体(如央视)到普通大众,都在追赶这一潮流。直播作为一种新型的媒体形式,能够很好地即时呈现场景,给受众一种面对面交流的感觉,对促进产品销售具有非常大的作用和价值。将直播应用于农产品营销是非常具有潜力和价值的,当前也已有众多农产品直播营销的成功案例,如央视新闻的多次助农直播,都获得了良好的农产品销量和影响力。

拓展阅读:什么是直播?

9.3.1 网络直播营销概述

网络直播营销是以网络平台为载体,主播通过肢体和语言同直播间的观众互动进行信息传递并促成交易的新营销形式。当前的直播营销软件有很多,如淘宝、快手、抖音、京东、蘑菇街等,只要下载直播软件,进行注册并提交相关信息,通过软件官方审核后即可入驻平台进行直播营销。

网络直播营销具有直观性和趣味性。不同的直播为了突出专业性特点会有专门侧重的领域,如食品、服装、美妆、健身等,为消费者直观地提供了更多明晰、可供选择的机会,可以帮助受众更加全面、立体地去了解主播以及与主播相关的产品,使受众不再停留于对主播及产品的图片感知,强化了受众对主播及产品的认知,更有利于提升受众对主播及产品的认可度。网络直播营销的趣味性源于主播与直播间观众的互动,互动主要有两种方式:一是通过直播间聊天框互动,二是通过视频"连麦"进行互动。主播通过截屏选取聊天框的发言者,为截图上的幸运者包邮发放小礼品,或"连麦"提供针对性定制服务,或通过不定期"低价秒杀"产品的方式,吸引了无数消费者。

网络直播营销行业发展前景可观。据艾瑞咨询发布的《2021年中国直播电商行业发展报告》显示,截至2020年年底,我国网络直播用户规模已达6.17亿,占整体网民的62.4%;2020年中国直播电商市场规模超1.2万亿元,年增长率为197%,预计2023年直播电商规模将超4.9万亿元;2020年直播电商在社会消费品零售总额的渗透率为3.2%,在网络购物零售市场的渗透率为10.6%,预计2023年后者可达23.4%。

9.3.2 网络直播对农产品营销的价值

1. 能够提升消费者对农产品的品质信任度

网络直播打破空间限制,增加购买者的参与感。通过网络直播,消费者可以更加直观地了解农产品的品质、处理过程及存放环境,有助于提升消费者对农产品的信任感,并进一步展开购买行动。另外,直播营销也为消费者参与农产品质量的监管提供了平台,使得消费者可以实时观察农产品采摘、清洗、包装、运送等多个环节,有助于激励农产品生产者提高产品质量、改善生产环境,为进一步提升农产品竞争力奠定基础。同时,消费者也可以要求销售者按其意愿当场拣货并打包,使得消费者在购买中掌握主动权,同时也获得了参与感。

2. 能够提升农产品营销的互动性

网络直播能够使主播与观众群体形成即时互动,这对于拉近农产品经营主体与目标消费群体之间的距离具有非常大的作用,进而保障了营销的效果。

3. 能够数据化呈现农产品营销效果

网络直播营销是基于直播平台而进行的,基于网络技术的成熟和软件开发技术的提升,网络直播的营销效果可以实现即时、在线的呈现与统计,包括直播观众数量、在线互动量、农产品咨询量、农产品销售量等。这些具体的数据能够非常好地衡量网络直播营销的效果,便于农产品经营主体及时对直播营销活动做出调整与修改,不断完善直播营销活动,提高农产品直播营销效果的提升。

9.3.3 农产品网络直播营销实施策略

1. 直播平台选择、账号开通及账号资料设置

农产品直播平台的选择、账号开通及平台账号资料的设置,可参考短视频平台选择、账号开通及其账号资料设置的具体方法。除此之外,当前很多短视频平台都已开通直播功能,只不过开通直播功能具有一定的条件,例如快手要求账号注册时间大于 7 天、公开发布作品不少于 1 个、"粉丝"数量大于 6 个、年满 18 周岁,需要运营者提升自身的能力和条件才能申请开通;也有一部分电子商务平台开通了直播功能,例如淘宝直播、京东直播和拼多多直播,这些平台对用户开通直播功能也有一定要求,如淘宝商家申请开通淘宝直播需要店铺微淘账号层次 L1 及以上、店铺信用等级为 1 钻及以上、主营类目在线商品数大于或等于 5 个,且近 30 天店铺销量大于或等于 3 次。选择直播平台,建议优先选择短视频平台或电子商务平台,短视频平台可以借助短视频发布功能进行直播信息的推广,电子商务平台可以借助平台内部的展位及流量功能进行直播信息的推广,若仍无法满足所需,再选择单一功能的直播平台。

2. 直播准备

要完成一场好的直播,必须要在直播之前做好直播所需的各方面准备,包括五个方面:工具、内容、人员、背景(场景)及辅助道具。工具包括硬件和软件,硬件有手机支架、计算机、补光灯、摄像机、收音设备等,软件主要为直播软件;内容包括直播的主题、相关话术及产品信息,需要通过脚本的形式呈现出来;人员包括主播、助播及其他辅助工作人员,是执行直播活动的直接主体;背景(场景)在直播中具有非常重要的作用,有助于呈现和衬托农产品的品质及种植环境,可以用绘画、喷绘及真实的场景,例如农产品的种植农田环境;辅助道具是为了达到更好的直播效果而采用的一些辅助道具,例如农产品的模型、厨具、餐具等。

3. 直播时间段选择

要想农产品直播营销取得良好的效果,直播时间一定要选择准确,不可随意、盲目。不同的团队类型、运营阶段及农产品品类,所适合的直播时间也是不同的,具体的直播时间要依据自身的实际情况去选择。一般的直播时间段有早晨段(6:00—9:00,适合新手主播及产品单一的商家)、午间段(11:00—14:00,适合即食性农产品经营者和具有的一定直播经验、运营能力的商家)、下午段(17:00—20:00,可推广生鲜类和烹饪性的农产品,适合具有一定的直播经验和运营能力的商家)、晚间段(21:00—23:00,适合推广大多数农产品,对于主播的直播能力和商家的运营能力具有较高的要求,应由成熟型直播团队完成)及夜间段(00:00—03:00,适合新手主播及商品单一的商家,即食性农产品较为适宜)。

4. 直播推广

直播推广可以参考短视频的推广方式,两者比较相似,一是直播平台内部推广,二是平台外部推广。平台内部推广分为两种方式,一是平台内部算法的精准推荐和关注者的直推,二是平台内部付费推广。平台外部推广可以通过网络平台及线下渠道来实现,网络平台推广速度、效率较高,线下渠道成本较大且效率较低。通过平台内部算法进行精准推荐需要在直播开播时设置合适的标题,在标题中融入直播内容的关键词,使直播平台能够依据关键词将直播精准推荐给对此直播感兴趣的受众群体,从而实现直播的推广;此外,直播开始前要录制直播预告短视频,将此预告短视频提前发布,借助短视频的推广达到推广直播的目的。

5. 直播技巧

直播虽看似简单,只要申请注册直播账号、开通直播功能后就能够进行直播,但要做好直播仍需要具备许多技巧。

1) 演讲技巧

直播其实就是一场一对多的演讲,要求主播具有基本的演讲技巧,在语言组织表达、现场控制、农产品的详细讲解到及时促单、与观众的互动等,都需要熟练掌握,这样才能够一方面活跃直播间的气氛、激发观众的热情,另一方面对农产品进行全面讲解,让观众更为全面、透彻地了解农产品,促进农产品的销售。

2) 推销技巧

农产品直播营销的实质是农产品的推销过程,这便需要农产品直播的主持人具有一定的推销技巧,在农产品直播营销过程中适时采取适当、精准的推销策略促进农产品的销售,例如农产品的卖点推销法、老客户的背书推销法、农产品的产地品质背书推销法等。一个好的农产品主播,除了是一个好的演讲人员外,还必须是一个优秀的推销人员。

3) 表演技巧

单纯的演讲难以为直播现场带来富有趣味性的氛围,若主播有一定的表演技能,会为直播现场加分不少,能够大大提升现场的活跃氛围,提升观众的兴趣和黏性。通过表演也能够为农产品增加附加值,让直播现场不再是简单的农产品售卖场景。

6. 直播在线交易衔接

通过直播能够非常全面、直观地展示农产品,提升目标消费者对于农产品的感知度,最终实现农产品交易,但若不能够直接形成即时在线交易,反而会降低初期的营销效果。因此,要想提升直播营销的交易转化率,必须要开通、搭建即时在线交易功能,目前各个直播平台都已有此功能,只是不同的直播平台对于开通此功能有不同的要求,运营者只需完成具体的要求,然后提交、完善相关的资料和信息,就可申请开通,之后将相关商品的信息上传至店铺就可以在直播时加入商品的在线购买链接了。

直播的即时在线商品购买链接与短视频商品购买链接同理,最好使用直播平台内部的商品链接,一是链接的跳转衔接性好,可给购买者较好的购买消费体验;二是稳定性好,不会因为平台之间的屏蔽和障碍,造成不必要的客户损失和较差购买体验。

9.4 农产品微信营销

微信自其诞生以来,因可以即时发送文字、图片、语音、视频的优越功能受到了广大移动用户的欢迎,现已覆盖了200多个国家和地区,具有庞大的用户群体和活跃用户数量,成为企业、商品营销的必备工具与载体。对于农产品营销来说,微信营销同样是必不可少的方式。

9.4.1 微信营销概述

微信营销是指企业、个人通过微信平台推广产品的一种营销方式,是网络经济时代的企业对营销模式的一种创新,是伴随微信的流行而兴起的一种新型网络营销方式。微信不存在距离的限制,用户注册微信后,可与周围同样注册的人们形成一种联系,用户可以订阅自己所需的信息,商家可以通过为用户提供其需要的信息而推广自己的产品,最终实现点对点的营销。微信营销极大降低了企业的宣传推广成本,提升了客户服务效率和质量,在营销中的地位和作用越来越突出。

微信的独特属性使微信营销具备以下特征。

1. 能够充分利用用户的碎片时间

智能手机的普及和移动互联网的发展使得人们能够随时随地通过手机接收信息,并通过微信朋友圈分享有趣的信息。无论城市还是农村,吃饭的时候、坐公交的时候、等人的时候刷朋友圈已成为常见现象。微信营销就是通过利用用户的碎片时间,将信息通过微信公众平台、朋友圈、私信等形式传送给用户,引起他们的关注和兴趣,进而达到营销的目的。

2. 能够为消费者及用户提供精准化的服务

随着人们生活水平的提高和商品的日益丰富,消费者越来越要求个性化的定制服务,企业的营销活动也已迎来精准化时代,微信所提供的这种点对点的沟通方式恰好满足了用户个性化阅读信息的需求。微信公众平台可以根据用户的信息需求、阅读时段和地理位置,在合适的时间为用户推送精准化的信息,这是微信营销优于其他媒体的地方。

3. 多媒体信息传播方式

微信创新性地推出了发送语音消息和视频等多媒体信息的功能与服务,与传统的文字、图片等简单媒体信息相比,语音消息和视频能够拉近人与人之间的距离,增加亲近感和信息传送量。企业可利用语音功能和视频功能开展客户服务,更为准确地把握客户的情绪和心理,充分利用微信信息传播的即时性、准确性、便捷性和可操作性进行营销。

9.4.2 微信对农产品营销的价值

基于微信的独特优势,农产品微信营销的价值日益凸显,主要表现在以下几个方面。

1. 用户规模庞大且活跃度高,易于农产品推广宣传

据腾讯公司所公布的相关数据显示,微信现已覆盖 200 多个国家和地区,国内微信用户数量已经超过了 12 亿。2021 年 1 月,腾讯高级执行副总裁、微信事业群总裁张小龙在演讲中表示,每天有 10.9 亿用户打开微信,3.3 亿用户进行视频通话;有 7.8 亿用户进入朋友圈,1.2 亿用户发表朋友圈,其中照片 6.7 亿张,短视频 1 亿条;有 3.6 亿用户读公众号文章,4 亿用户使用小程序;微信支付已经像钱包一样,成了一个生活用品。微信已成为大众某种意义上的生活方式。基于微信庞大的用户规模和活跃的用户人群,利用微信平台对农产品进行宣传推广便十分方便、快捷。

2. 用户黏性高,农产品宣传信息浏览率高

基于移动网络的发展,用户可以随时随地浏览网络信息并实时发布信息,据微信影响力报告调研数据显示,每天打开微信的用户占总微信用户 94%,每天打开微信 10 次以上的用户占六成以上,每天使用微信总时长在一小时以上的用户占总数的 55%,每天使用微信总时长在两个小时以上的用户占总数的 32%。微信用户与微信有着较强的黏性,这会使农产品

宣传推广信息被用户快速看到,并且及时被用户打开,迅速产生传播效果。

3. 口碑作用强,更易提升农产品宣传推广的效果

农产品是比较特殊的产品,大部分用于食用,品质如何只有吃了才知道,这使单纯依靠传统的图片、文字等常规宣传方式难以获得消费者的认可与信赖,难以形成购买意愿。据微信影响力报告调研数据显示,微信用户对好友的生活状态关注度非常高,又因为微信朋友圈中多是认识或熟悉的朋友,当好友发布了对某种产品的正面使用评价,更容易增强其他潜在用户的信任感和认可度,形成良好的口碑,从而增强传播的效果。因此,通过微信好友的用户分享可以非常好地让农产品获得消费者的认可与信赖,更能激起消费者的购买欲望,提升农产品营销的效果。

9.4.3 农产品微信营销技巧

微信对其用户来说具有两大功能:一是社交功能,用户通过微信开展社交,尤其是信息分享方面;二是信息获取功能,用户通过微信及时获取所需信息,包括商品信息、企业信息、好友信息等。因此,经营者在对农产品进行微信营销时,应当以用户为中心,满足用户的信息获取需求,并与用户建立良好的互动关系。农产品微信营销的具体实施技巧包含以下方面。

1. 丰富信息内容

信息内容的实用性、丰富性及趣味性是影响用户分享信息的首要因素,因此要让用户更加积极、乐于分享农产品的相关信息,必须丰富农产品的宣传信息,如运用通俗易懂的语言介绍农产品的口感及对人体的好处,及时为用户提供优惠的农产品购物信息,为用户推送健康养生类的信息,还可以通过有趣的视频、有创意的图片及优美的文字增强农产品宣传信息的趣味性。

2. 合理推送信息

信息推送的时间、频率一定要合理,不对用户形成干扰。过量的、机械的、重复的信息推送会对用户造成干扰,使用户厌烦甚至屏蔽农产品的推广宣传信息,便完全违背了农产品微信营销的初衷。农产品宣传信息的合理推送需要做到以下两个方面。

(1) 推送信息时间应当控制在正常学习、工作和睡眠时间之外,避免打扰用户的正常生活。调查表明用户使用微信的时间段集中在早上 6:00—8:00、中午 12:00—14:00,以及下午 18:00 以后。根据人们的生活规律,早上 6:00—8:00 为通勤时间,在这个时间段人们会利用等公交、坐地铁等碎片时间进入微信,可以在此时推送一些问候类软广告或轻松有趣的信息,给用户带来一天的好心情,并以此提高用户对企业或产品的认可;中午 12:00—14:00 为午休时间,潜在顾客可能会进行产品咨询并下单,在此时间段可以推送一些农产品信息以满足顾客的产品了解及消费需求;下午 18:00 以后,用户结束了一天的学习、工作,此时间段是微信用户最活跃的时间,用户有更多的闲暇时间来阅读信息量比较大的内容,可以推送一些食品养生类的内容,以刺激消费者的消费兴趣和需求,达到农产品营销的目的。

(2) 推送频率要适度。信息推送过少会被用户遗忘,信息推送过多会使用户反感。因此,保持一定的推送频率,及时更新信息内容至关重要。可以在每天固定的时间为用户推送更新的信息,一方面培养消费者的阅读习惯,增强用户黏性;另一方面不断促进、刺激消费者的消费欲望。

3. 创新营销形式

具有新意的营销形式可以促使用户主动参与到微信营销活动中来,提高产品信息的分享率,拓宽产品的传播范围。因此,可以根据农产品的特征设计相关问答活动,在用户当中展开有奖竞猜,以此增强和用户的互动;可以通过开展微信转发、点赞送代金券或其他奖品的活动,吸引用户转发分享农产品的相关信息,以促进农产品信息的传播;对于新产品可以开展免费试吃、购物优惠等活动来吸引用户参与,以达到宣传产品的目的;也可以把农产品的相关知识设计成小游戏,通过有趣的游戏获取用户的好感,拉近与用户之间的情感距离。

4. 增强与用户的互动和提升用户的体验

在信息大爆炸的时代,要想用户长期关注产品信息,就必须增强与用户的互动性,通过互动深入了解用户的需求,进而为用户提供精准的信息推送、产品推荐及服务,为用户提供良好的体验,通过用户体验激发顾客对于农产品的消费兴趣。做好用户体验必须注意以下两点:一是及时回复用户的提问,无论是现实顾客还是潜在顾客都应耐心、热情地对待,及时解决用户疑虑,帮用户做出正确选择,对用户的购后评价及时整理并定期向用户反馈;二是完善客户档案,建立客户全面画像,为客户提供及时、有针对性的服务。

5. 实施精准营销

精准营销是营销必然的趋势,农产品微信营销要取得良好的效果,必须要实施精准营销。这需要农产品营销主体从两个方面开展工作:一是进行市场细分、锁定目标客户。利用微信的大数据,企业可以搜集到用户的性别、年龄、所在区域、使用的终端设备及机型、使用的语言等,可根据这些基本特征对客户进行分类并根据农产品的特征锁定自己的目标客户,再根据用户对推送信息的阅读次数、收藏习惯和转发分享特点有针对性的推送信息。二是提供个性化服务。与用户沟通时,可进一步了解用户的需求特征,对客户的了解越多越有利于农产品经营者有针对性地推送产品信息,提供个性化的服务,增强微信用户对农产品经营者的好感,进而推动农产品的微信营销。

6. 开展特色营销

在进行微信营销时,要突出农产品的与众不同:一是突出农产品的人文内涵,通过农产品背后的故事及人文内涵引起消费者情感上的共鸣,为农产品赋予社交属性,使之成为人们餐桌上的谈资;二是突出农产品的绿色健康,属性随着人们生活水平的提高,人们越来越关注食品的健康、安全问题,可以根据农产品的特点在宣传时突出其天然、环保、有机、绿色、健康等价值理念,让顾客觉得农产品的营养、健康价值是比较大的;三是关注农产品的包装,好的包装不但可以保护农产品在运输途中避免磕碰、保持新鲜,还可以美化农产品,增加农产品的价值;四是充分利用微信的视频和语音功能,拉近和用户之间的距离,利用视频展示农产品生长环境和生产、销售过程,通过甜美的声音向用户发送语音消息,给客户身临其境的感觉,增强其对品牌的信任。

9.4.4 农产品微信营销实施策略

1. 微信账号的注册及账号资料设置

微信系列产品有手机微信(也称微信个人号)和微信公众平台(包括微信小程序、微信订阅号、微信服务号、企业微信),它们都是非常好的农产品营销工具与载体。这些产品的账号注册较简单,手机微信通过应用市场下载软件后按照注册流程进行注册即可,微信公众平台通过进入微信公众平台网页按照注册流程填写相关资料进行注册,微信公众平台的账号类别多,在注册时要区别清楚。

无论是手机微信还是微信公众平台相关账号的资料设置,都可以参考短视频账号资料的设置方式,只要能够让目标受众群体识别并记住账号就是成功的,切忌随意、盲目过度追赶潮流。

2. 账号"增粉"(加好友)方法

要想账号有较高的营销力,账号的关注人数(主要为公众平台)或好友数(主要为手机微信)一定要多。账号"增粉"(加好友)的方法包括:①明确目标人群的属性,包括年龄段、地域分布、职业类型、经济状况、兴趣爱好等,形成用户画像;②根据用户画像,找到他们常使用的流量平台(微信自身或其他网络平台、线下渠道等);③准备"鱼饵",可以是有趣的、有价值的内容,也可以是优惠券、奖品等;④"鱼饵"投放,诱导目标用户主动关注公众平台账号或者添加手机微信账号。

3. 朋友圈营销策略

朋友圈有着较高的关注度和用户黏性,是强关系的私密社交平台,其内容更容易获得用户的信任和认可,进而影响其他好友的消费行为和兴趣。因此,农产品经营者可借助微信朋友圈达到打造农产品形象、为农产品品质进行信任背书、吸引同类农产品需求者、推广宣传农产品及展示农产品和相关活动的目的。

通过朋友圈进行农产品营销,一般有两种途径:一是通过公众平台的相关账号将农产品信息推送至其关注者,然后依靠关注者将农产品信息传递至微信朋友圈,进而形成农产品信息在朋友圈的推广宣传效果;二是农产品营销主体申请注册手机微信账号,并将目标消费者添加至手机微信账号之中,然后进行朋友圈营销。

朋友圈营销主要依靠点赞、评论与内容发布。点赞、评论是主动与用户形成互动、拉近关系的有效途径,通过点赞与评论能够让用户感知到运营者对于他的关注。内容发布则是在与用户互动的基础上达成农产品宣传推广的目的。

内容发布主要注意以下三个方面。

(1) 数量。朋友圈内容发布数量应适中,新号每日5~10条,老号每日3~7条。过多会造成受众的厌烦,过少则无法将产品信息传递出去,难以对目标群体形成信息包围、留下深刻印象。新号由于内容基础薄弱,每日的内容发布可以偏多一点;老号已经有了内容基础,只需发布一些简单的内容即可。

(2) 质量。朋友圈内容发布不能仅追求数量,还必须追求质量,只有在保障内容质量的前提下,才能够取得预想的效果。内容的质量保障可以从三个方面进行:①内容主题一定要紧扣农产品,不能随意;②形式不断进行创新,使信息内容具有新意,充满吸引力;③追寻热点,紧扣当下时事话题,保障信息内容有看点、有话题性。

(3) 时间点。信息内容发布的时间点应根据不同行业、目标群体的特点进行调整,根据实际情况进行安排,应重点把握一个原则——不打扰受众群体的正常生活、工作,尽量在受众群体的休息时间发布。

4. 微信群营销策略

微信群的本质是社群,它能够实现一对多的信息传播与裂变,通过群内的活动与互动刺激群成员产生消费兴趣,能够增强客户的黏性,对于农产品营销都有着非常大的价值和作用。做好微信群的农产品营销,需要从以下五个方面切入。

(1)精定位。微信群的本质是社群,而社群的构成核心是成群员具有共同的兴趣点或者关注点。因此,在社群构建之初,应做到精准定位,聚焦于某一特定消费群体。

(2)优结构。一个优质的微信群,必须是一个结构优良的组织,包括具备良好社群成员结构和社群规则。社群成员结构包括社群创建者、管理者、参与者、开拓者、分化者、合作者及付费者,一定要将这些角色分辨清楚,这样才能够全局统筹各方利益,精准化运营,保持微信群的活跃度。社群规则包括社群成员进入规则、入群规则、社群互动交流规则、分享规则及淘汰规则,所谓"没有规矩,不成方圆",社群规则是社群运营的基础。

(3)重运营。微信群运营的主要目的是保持微信群的活跃度,为农产品营销奠定基础。微信群的运营可以通过社群分享、社群讨论、社群打卡、红包游戏、福利奖励、表情包游戏、线下聚会等途径完成。

(4)多输出。微信群用户规模的扩大和影响力的提升,主要在于社群的内容输出性,包括社群官方的输出和社群成员的输出、正式的输出和非正式的输出。通过社群的内容输出,一方面可以向外界推广宣传社群,让更多的微信用户知道社群的存在,并了解社群的价值,扩大社群的知名度和影响力;另一方面可以在扩大知名度和影响力的基础上,吸引到更多志趣相投者进入社群,达到扩大社群成员规模的目的,为社群发展壮大奠定基础。

(5)广引流。要想通过微信群获得良好的农产品营销效果,必须要扩大微信群的规模,积极开拓引流渠道和途径,并将已有微信群进行复制、促成裂变。

5. 微信公众平台营销策略

微信公众平台的现有产品包括微信订阅号、微信服务号、微信小程序和企业微信,如图9-8所示。它们的功能属性均不同,订阅号主要面向于媒体、宣传型企业及机构,如各大新闻媒体、知识传播性企业,优势在于信息的推广传播;服务号主要面向于服务型企业,如银行、餐饮店等,优势在于在线化的服务提供和商品交易,它还附带有订阅号的功能,可以进行产品信息的推广传播;微信小程序是补充服务号的服务功能而孕生,因此它与服务号的属性一致,最大的优势在于良好的在线服务支持功能和使用体验性,服务需求者可以即用即取、用完即走,无须耗费过多精力;企业微信面向所有的组织机构,主要功能是组织内部事务的在线处理;如报销、考勤、工作事项上报审批等,当前还在探索融入客户管理与维护功能。

微信公众平台的营销功能分为两个部分,一是信息的传播推广功能,主要通过微信订阅号完成;二是商品的在线交易功能,主要通过微信服务号和微信小程序完成。对农产品营销主体来说,最佳的选择是将微信服务号与微信小程序结合使用,以微信服务号做农产品的推广宣传,扩大农产品的知名度和影响力,以微信小程序支持农产品的在线交易与相关服务的提供。

在借助微信服务号推广宣传农产品时,应注重文章标题、正文和内容的呈现形式,如图9-9所示。文章标题一定要有吸引力,可以用悬疑式、反问式、数字式、警告式等形式;正

系统公告 ● 关于公众平台长链接转短链接服务升级的公告 ● 公众号专辑功能升级为话题标签功能 查看更多 ＞

帐号分类

服务号
给企业和组织提供更强大的业务服务与用户管理能力,帮助企业快速实现全新的公众号服务平台。

订阅号
为媒体和个人提供一种新的信息传播方式,构建读者之间更好的沟通与管理模式。

小程序
一种新的开放能力,可以在微信内被便捷地获取和传播,同时具有出色的使用体验。

企业微信 原企业号
为企业与组织提供专业的协作、管理和客户运营工具。企业员工可以用认证的身份添加客户微信,提供服务,实现交易。实现对内工作协同高效,对外连接12亿微信用户。

图 9-8　微信公众平台网页面

文要简洁扼要,将所要推广传播的信息用精炼的文字阐述清楚,使阅读者形成明晰、直接的认知,不要让阅读者反复思考才能理解其中含义;内容的呈现方式要具有新意,尽量做到多媒体的融合,包括文字、图片、音频和视频,而且排版一定要整洁、有序,给阅读者良好的视觉感受,使其有兴趣和耐心地阅读文章内容。

秋分养生只需三步,阅读一分钟,让你不再"燥"!

9月22日(下周二)是二十四节气中的第16个节气——"秋分"。

秋分

俗话说:"秋分到、秋意浓。"秋分到,意味着正式进入秋季,气温降低的速度明显加快,天气会变干燥。稍不注意养生,人体的抵抗力就会下降,今天物农网和家人们说说秋季养生小常识。

图 9-9　某农业企业微信
推广信息截图

9.5 农产品 **PC** 端网络营销

传统的 PC 端网络营销方式虽然热度、影响力及营销效力不及以上几种新型网络营销方式,但仍有补充作用,例如官网营销、电子邮件营销、论坛营销等。

9.5.1 官网营销

官方网站(official website)简称官网,是公开团体主办者体现其意志想法,团体信息公开,并带有专用、权威、公开性质的一种网站,如图 9-10 所示为中国农业发展集团有限公司的官网。依据官网而开展的相关产品营销活动,就是官网营销。官网营销更具有权威性、专业性。

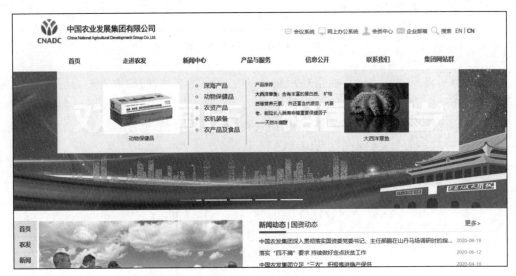

图 9-10 中国农业发展集团有限公司官网页面

实施官网营销,需要做好以下三个方面的工作。

1. 构建营销型网站

营销型网站是指以现代网络营销理念为核心,基于企业营销目标进行站点规划,具有良好搜索引擎表现和用户体验、完备的效果评估体系,能够有效利用多种手段获得商业机会,提高产品销售业绩和品牌知名度的企业网站。

一个成功的营销型网站应具备以下四个方面的特征。

(1)以帮助企业实现经营目标为网站建设目标。营销型网站一定是为了满足企业某些方面的网络营销功能而存在,如客户服务、销售产品、国际市场开发等,而不是简单展示企业相关信息。

(2)良好的搜索引擎表现。企业网站另一个重要功能是网站推广功能,而搜索引擎是网民获取信息的重要渠道,如果企业网站无法通过搜索引擎进行有效推广,那么这个企业网站的营销性通常会大打折扣。营销型网站必然要以搜索引擎优化工作为基础和长期任务。

（3）良好的客户体验。企业网站最终面对的是企业的潜在客户。要使网站发挥良好的营销功能,必须带给网站用户一个良好的用户体验,这样用户才会愿意在网站中进行浏览及交易。

（4）重视细节。细节的提升是保障客户体验的重要因素,在营销型网站的流程设计、内容维护、网站管理等方面都需要注重细节。

2. 重视网站推广

再好的营销型网站,如果被推广出去,其营销能力也是非常有限的。如果没有流量进入网站,便相当于做了一个无人浏览和使用的形式上的网站。网站推广可以采取搜索引擎优化、竞价排名、第三方网站链接跳转等方式。

3. 优化网站内容

网站内容对网站的营销力和网站的搜索推广具有至关重要的作用,必须做好网站内部的内容建设,包括企业信息、产品信息、客户评价与反馈、企业重要事件信息、网站使用指导等多个方面。网站内容应以企业自身的实际情况为依据,应有利于提升网站的营销力和优化网站的搜索推广。

对于初创型公司而言,官网营销推广成本高,网站流量难以保障,还需要一定的人力成本投入,操作难度较大。

9.5.2 电子邮件营销

电子邮件营销(Email direct marketing,EDM),是指在用户事先许可的前提下,通过电子邮件的方式向目标用户传递价值信息的一种网络营销手段。电子邮件营销有三个基本因素:用户许可、电子邮件传递信息、信息对用户有价值。三个因素缺少一个,都不能称为有效的电子邮件营销。电子邮件营销是利用电子邮件与客户进行商业交流的一种直销方式,曾广泛应用于网络营销领域,是最为传统的网络营销手法之一。

1. 电子邮件营销特点

（1）范围广。随着国际互联网的迅猛发展,国内外网民规模巨大,作为现代广告宣传手段的电子邮件营销正日益受到人们的重视。只要拥有足够的电子邮件地址,就可以在很短的时间内向数千万(甚至数亿)目标用户发布广告信息,营销范围可以是中国全境乃至全球。

（2）操作简单且效率高。电子邮件操作非常简单,不需要懂得高深的计算机知识,只需要会简单的计算机文字输入及信件写作技巧就可完成电子邮件的制作与发送,如果操作熟练可每天发送数百万封电子邮件。

（3）成本低廉。电子邮件营销是一种低成本的营销方式,仅需要支付网络服务费,成本比传统广告形式低很多。

（4）应用范围广。电子邮件广告的内容不受限制,适合各行各业。广告的载体就是电子邮件,具有信息量大、保存期长的特点。具有长期的宣传效果,而且收藏和传阅非常简单方便。

（5）精准度高。由于电子邮件是点对点传播,可以实现非常有针对性的传播,如针对某一特点的人群发送邮件,或根据需要按行业、地域等进行分类,针对目标客户进行邮件群发。

2. 电子邮件营销的基础条件

（1）邮件列表的技术基础（how）。从技术上保证用户加入、退出邮件列表，实现对用户资料的管理，以及邮件发送和效果跟踪等功能。

（2）用户电子邮件地址资源的获取（who）。在用户自愿加入邮件列表的前提下，获得足够多的用户电子邮件地址资源。

（3）邮件列表的内容（what）。营销信息是通过电子邮件向用户发送的，邮件的内容对用户有价值才能引起用户的关注，有效的内容设计是电子邮件营销发挥作用的基本前提。

3. 电子邮件营销要点

（1）邮件未经检测不可发出。在邮件正式发送之前一定要进行检测，包括邮件的内容是否完善、信息内容是否正确、格式是否正确、所插入链接是否可以正常打开、插入的图像是否能够正常显示、邮件是否会被电子邮件软件系统拦截等多个方面，待一切检测通过后才可以正式发送，否则会给客户留下邮件质量不高的印象，很难取得客户的青睐与关注。

（2）设计有吸引力的邮件内容。要想让电子邮件取得良好的营销效果，便应使电子邮件的内容对收件人有吸引力，这样才会让收件人去认真、详细地阅读邮件，进而引导收件人详细了解商品的信息并产生购买的行动。有吸引力的内容需要做到：标题有趣味，直接关联到邮件的核心内容；内容简洁，编写清晰明确、紧扣主题；内容的开端与结尾能够紧扣读者的心理，开端引导读者详细阅读邮件内容，结尾要引导用户详细了解产品信息并产生购买意愿。

（3）附上联系方式。在信件内容后面一定要附上邮件的发送人名称、联系方式（包括电话号码与邮箱号码）及地址，保证邮件收件人若有相关疑问、购买兴趣能够及时联系到自己。

（4）及时回复邮件。在收到客户电子邮件时，一定要及时进行回复，即使是"谢谢，来信已经收到"等简单的礼节性回复语，也能够显示出自己对客户的尊重和重视，使客户感受到企业及工作人员的用心与耐心，这会起到良好的沟通效果。通常应该在一个工作日之内回复客户的电子邮件，如果遇到比较复杂的问题，需要过一段时间才能准确答复客户，也要简单回复、说明情况。实在没有时间回复，可以采用自动回复电子邮件的方式。

（5）避免无目标投递。在电子邮件投递时，不可采用漫无目的的形式向大量陌生电子邮件地址投递邮件，这样做不但收效甚微，而且会将邮件变为垃圾邮件，损害公司的形象。

在邮件投递之前，首先要收集、整理精准的邮件地址，然后将这些邮件地址进行分类，将营销邮件投递给合适的邮件地址，达到精准化营销的效果，争取获得最大的交易转化率。虽然理论上对收件群体分类越细，邮件营销的效果就越好，但分类越细，所需付出的精力和营销成本就更大。其实邮件营销也有"二八定律"，即20%的收件人会产生80%的营销转化，因此在电子邮件营销时应主要关注这20%的核心客户，为他们发送精心制作的邮件内容，提供精细的服务，而不需要为所有的收件人提供。

（6）尊重客户隐私。在获得客户许可前，不得转发或出售收件人的邮件地址及相关信息，这是对客户隐私的尊重，也是遵纪守法的表现。

电子邮件营销只有在不断的实践与优化中才能够做得更好，要不断积累经验，积极分析营销效果，及时总结与调整，逐步提升电子邮件营销效果。

9.5.3 论坛营销

论坛营销是指企业利用论坛这种网络交流的平台,通过文字、图片、视频等方式发布企业的产品和服务的信息,从而让目标客户更加深刻地了解企业的产品和服务,最终达到企业宣传企业的品牌、加深市场认知度的网络营销活动。

1. 论坛营销的实施步骤

(1) 收集整理论坛信息及选择意向运营论坛。首先收集整理尽可能多的论坛信息,然后对所收集到的论坛进行分类(如娱乐、地区、女性、财经、综合等)及属性标注(如人气、严肃程度、是否支持可链接 URL),最后选择出意向运营论坛。

(2) 注册账号并完善账号资料。在意向运营论坛注册账号,注册账号要求所有账号资料必须填写完整,并上传头像,用户名也必须使用中文,这样可以使账号显得更加正式,增强账号的可信度。为了制造气氛,可以注册"马甲号"进行适度炒作,目的在于引起用户的自发讨论。

(3) 发布营销信息。将事先撰写好的文章发布到论坛相应的板块,应分析板块内容及气氛,防止文章主题与板块内容偏差太大,导致被删帖。必要时可根据板块风格调整文章标题或内容,使文章最大限度地贴近板块主题。

(4) 跟踪及维护。主题发布后,将主题 URL 整理成文档存放,以便后续效果分析及维护。主题发布后,应定期回访主题,回访项目包括检查主题是否被删除、是否被执行管理操作、是否有人回复或提出问题。对热门论坛,需要自主培养高级账号,并使用该高级账号与论坛成员建立互动关系,提高账号知名度、美誉度、权威性,使该账号成为该社区的舆论领袖,从而使由该账号发布的主题更具说服力。

(5) 效果评估。效果评估参数包括发布论坛数、发布主题数、帖子浏览量、帖子回复量、帖子置顶情况、删帖率等。通过这些方面的数据参数,能够评估出论坛营销的效果,以便后期安排与调整论坛营销工作。

2. 论坛营销实施方法

(1) 寻找目标市场高度集中的行业论坛。在进行论坛营销时,首先要对自身所在的行业进行分析,寻找所在行业的著名论坛和主题论坛,然后在论坛中实施论坛营销,这样往往会起到事半功倍的效果。

(2) 参与论坛,建立权威。在论坛营销的前期,为了打响企业及产品的知名度,建立权威性,论坛营销的实施者要积极地在论坛上参与讨论、发表意见和看法。同时也要时刻留意其他成员的动态,当发现其他的成员有相关问题或困难的时候,应主动出击,积极帮忙。久而久之,论坛营销实施者会在论坛成员的心目中建立起一个乐于助人且有权威的形象,这时再推广产品和服务,其可信度便会大大提高,成员的接受度和积极性也比较高。

(3) 不要发广告。不要在论坛上发广告,尤其是硬性广告。大多数网民都比较排斥论坛上的广告,而且会对发广告的人产生抵触心理,为了避免被论坛成员排斥,切勿在论坛上发广告,可以通过发布软文的形式达到推广企业及产品的目的。

(4) 在论坛签名中促销。论坛签名是一个比较好的促销方式,促销的效果与签名的吸引力密切相关。打造一个个性化的签名,能够吸引论坛成员的注意力,在论坛签名中插进产品和服务的介绍,并留下签名链接,便可以让有购买意愿的人看到所推广的农产品后主动联系经营者。

(5) 个人图像和免费推广位。在论坛注册后,可制作一张尺寸适中的企业或产品图片作为个人图像,一方面可以加大企业及产品的曝光率,另一方面也方便看帖的朋友了解企业及产品的信息,达到广告宣传的效果。有些论坛会有一个免费的广告位,可以利用这个广告位刊登农产品信息,充分达到推广营销的目的。

9.5.4　PC端其他网络营销形式

除官网营销、电子邮件营销及论坛营销方式外,还有一些其他形式的PC端网络营销,如搜索引擎营销、博客营销等。

1. 搜索引擎营销

搜索引擎营销(search engine marketing,SEM)是基于搜索引擎平台的网络营销,它利用人们对搜索引擎的依赖和使用习惯,在人们检索信息的时候将信息传递给目标用户。搜索引擎营销的基本思想是让用户发现信息,并通过点击进入网页,进一步了解所需要的信息。企业通过搜索引擎付费推广,让用户可以直接与公司客服进行交流,实现交易。

搜索引擎营销的价值主要体现在以下方面:带来更多的点击率与关注度;带来更多的商业机会;树立行业品牌;增加网站广度;提升品牌知名度;增加网站曝光度;根据关键词,通过创意和描述提供相关介绍。

2. 博客营销

博客营销是一种基于个人思想、体验等表现形式的知识资源而进行的一种网络营销手段,是通过博客网站或博客论坛接触博客作者和浏览者,利用博客作者个人的知识、兴趣和生活体验等传播商品信息的营销活动。

博客营销包括六种常见形式:企业网站博客频道模式;第三方BSP公开平台模式;建立在第三方企业博客平台的博客营销模式;个人独立博客网站模式;博客营销外包模式;博客广告模式。

博客营销的优势体现在:增加搜索引擎可见性,为网站免费带来访问量;以低成本对读者行为进行研究;建立网站品牌效应,且成本低;个人博客可以部分替代广告投入,减少直接广告费用;节省维护用户的费用;减少了被竞争者超越的潜在损失。

【知识盘点】----------------------------------■

本章主要阐述农产品网络营销的相关策略,从网络营销的基本含义和优势切入,对农产品短视频营销、网络直播营销、微信营销及PC端网络营销进行了详细阐述,帮助学生掌握农产品网络营销的具体实施方法与技巧,帮助农产品电子商务经营者做好农产品网络营销活动。

【深度思考】----------------------------------■

1. 你认为哪种网络营销模式对农产品的销售有着更大的价值或作用,为什么?

2. 在本章的农产品网络营销模式中,哪种模式的实际操作难度较大,为什么?

3. 你认为本章所阐述的农产品网络营销模式中,哪种模式发展前景较大,为什么?

4. 你还知道哪些农产品网络营销模式,它们有什么优势或独特之处?

【项目实训】

1. 实训名称:农产品网络营销方案策划。

2. 实训目标:熟练掌握农产品电子商务网络营销方法。

3. 实训要求:

(1) 组建实训项目小组(建议 4～5 人一组,教师根据班级实际人数情况确定)。

(2) 小组选择至少一款农产品,为其策划网络营销方案。

(3) 小组编写策划方案书,内容包括网络营销模式及具体实施策略。

(4) 各个项目小组在班级内进行演讲,陈述农产品网络营销方案。

(5) 教师及其他小组同学对报告进行点评。

农产品电子商务基础条件建设

【导入案例】

京东物流

京东集团 2007 年开始自建物流,2012 年注册物流公司,2017 年 4 月 25 日正式成立京东物流集团。京东物流以降低社会物流成本为使命,致力于将过去十余年积累的基础设施、管理经验、专业技术向社会全面开放,成为全球供应链基础设施服务商。

京东物流是全球唯一拥有中小件、大件、冷链、B2B、跨境和众包(达达)六大物流网络的企业,凭借这六张大网在全球范围内的覆盖以及大数据、云计算、智能设备的应用,京东物流打造了一个从产品销量分析预测,到入库出库、再到运输配送各个环节无所不包,综合效率最优、算法最科学的智能供应链服务系统。

截至 2022 年 3 月,京东物流已在全国运营约 1400 个仓库,建设了大型智能化物流中心"亚洲一号",投用了全国首个 5G 智能物流园区。包含云仓在内,京东物流运营管理的仓储总面积达到 2500 万平方米。京东物流大件和中小件网络已实现大陆行政区县几乎 100%覆盖,自营配送服务覆盖了全国 99%的人口,约 90%的自营订单可以在 24 小时内送达,90%区县可以实现 24 小时达。

围绕"短链、智能、共生",京东物流坚持"体验为本、技术驱动、效率制胜",携手社会各界共建全球智能供应链基础网络(GSSC),打造供应链产业平台,为客户提供全供应链服务和技术解决方案,为消费者提供"有速度更有温度"的高品质物流服务。

京东的服务产品主要包括以下几个方面。

1. 供应链产业平台

供应链产业平台聚焦两大方向,一是提供全供应链服务,二是搭建供应链技术平台。围绕全供应链服务,京东物流以"双 24 小时"和"双 48 小时"实现产销全链打通和国内国际双通。在产地上行的"最先一公里",打造以产地为核心、辐射全国的高效网络,实现"产地到全国 24 小时达"。在销地下沉的"最后一公里",推进"千县万镇 24 小时达",让 24 小时甚至半日达成为更多地区的物流标配。

依托在智能技术创新和全场景应用的能力积累,京东物流已经打造了涵盖底层技术、软硬件系统及智能供应链三个层面的立体化供应链技术平台,可以模块化对外输出。

2. 一体化供应链服务

随着服务客户的能力和场景不断丰富,京东物流不仅提供标准化供应链服务产品,同时针对家电、服饰、消费品、家居、3C、生鲜、汽车后市场等不同行业的不同特点,打造了定制化的解决方案,全面满足客户多样化需求。另外,京东物流孵化了"京东服务＋"平台,深耕3C、家电、家居领域,让消费者在京东能实现从产品到服务的一站式购买、享受售后安装、维修、清洗保养等一体化服务。

3. 供应链技术

以物联网、大数据、机器人和 AI 等技术为基础,面向产业链上下游提供涵盖智能供应链系统、无人科技和价值供应链等全方位的供应链智能化、数字化解决方案。

4. 京东快递

京东物流从 2016 年起开始面向商家推出快递业务,2018 年 10 月正式推出个人快递业务,提供同城最快半小时达、异地次晨送达、当日达及次日达等快时效服务,同时提供其他经济型服务,全方位满足客户多样化需求。客户还可以选择门店代寄服务,在就近已开通代寄服务的京东物流营业部、便利店、超市、便民点等,选择寄件。

5. 国际供应链

京东物流国际供应链包含十余个跨境口岸、110 多个海外仓,近千条全球运输链路以及中国全境的配送网络,覆盖全球 224 个国家和地区。基于全球智能供应链基础网络(GSSC),京东物流面向客户提供包含跨境进出口、国际运输、海外仓配等在内的全球范围端到端一站式解决方案。

6. 京东冷链

京东物流早在 2014 年开始打造冷链物流体系,2018 年正式推出京东冷链(JD cold chain)。京东冷链专注于生鲜食品、医药物流,依托冷链仓储网、冷链运输网、冷链配送网"三位一体"的综合冷链服务能力,以产品为基础,以科技为核心,通过构建社会化冷链协同网络,打造全流程、全场景的 F2B2C 一站式冷链服务平台,实现对商家与消费终端的安心交付。

案例思考:

1. 如何定义物流?

2. 物流服务一般包括哪些方面?

3. 与当前市场中其他物流企业相比,京东物流的优势是什么?

4. 你认为物流对于农产品电子商务的作用或价值是什么?

【**知识目标**】--■

• 了解电子商务物流的基本概念和特征,掌握农产品电子商务物流建设策略。

• 掌握电子商务支付系统的基本含义、特征及农产品电子商务电子支付系统建设策略。

• 了解团队的概念、价值及意义,掌握农产品电子商务运营团队建设与管理的具体策略。

【**能力目标**】--■

通过本章的学习,能够掌握农产品电子商务基础条件的建设方法,包括农产品电子商务物流建设、支付系统建设及运营团队建设,进而保障农产品电子商务的良好经营。

第 10 章 农产品电子商务基础条件建设

【内容导图】

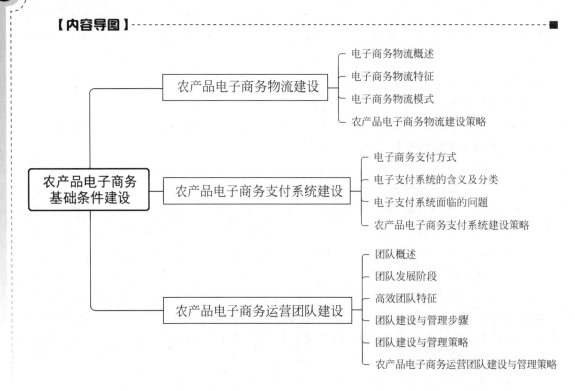

农产品电子商务基础条件建设
- 农产品电子商务物流建设
  - 电子商务物流概述
  - 电子商务物流特征
  - 电子商务物流模式
  - 农产品电子商务物流建设策略
- 农产品电子商务支付系统建设
  - 电子商务支付方式
  - 电子支付系统的含义及分类
  - 电子支付系统面临的问题
  - 农产品电子商务支付系统建设策略
- 农产品电子商务运营团队建设
  - 团队概述
  - 团队发展阶段
  - 高效团队特征
  - 团队建设与管理步骤
  - 团队建设与管理策略
  - 农产品电子商务运营团队建设与管理策略

10.1 农产品电子商务物流建设

农产品电子商务与传统商业模式的差异在于,订单成交通过网络完成,而实体商品的交付则必须依靠于线下货物邮递,即物流。只有具备一定的物流基础,才能完成整个交易过程。我国电子商务正在迅猛增长,对物流的需求大幅增加。据相关数据统计,与淘宝网合作密切的圆通、申通等快递企业,60％以上的快递业务都来自电子商务订单。

拓展阅读：什么是物流？

10.1.1 电子商务物流概述

物流是指物品从供应地向接收地的实体流动过程中,根据实际需要,将运输、储存、装卸搬运、包装、流通加工、配送、信息处理等功能有机结合起来实现用户要求的过程。电子商务物流的概念是基于电子商务技术和社会需求的发展而出现的,是电子商务真正的经济价值实现不可或缺的重要组成部分。

电子商务物流既可以理解为"电子商务时代的物流",即电子商务对物流管理提出的新要求,也可以理解为"物流管理电子化",即利用电子商务技术(主要是计算机技术和信息技术)对传统物流管理的改造。因此,有人称其为虚拟物流(virtual logistics),即以计算机网络技术进行物流运作与管理,实现企业间物流资源共享和优化配置的物流方式,使用一整套的电子物流解决方案,行业内也称 ERP 系统。

在电子商务环境下,物流业是介于供货方和购货方之间的第三方,是以服务作为第一宗旨。从当前物流的现状来看,物流企业不仅要为所在地区服务,而且要进行长距离的服务。配送中心离客户最近,联系最密切,商品都是通过它送到客户手中,如何提供高质量的配送服务是物流企业管理的中心课题,客户不但希望得到很好的服务,而且希望在多地得到服务。

10.1.2　电子商务物流特征

基于电子商务发展的物流,具有以下特点。

1. 信息化
物流信息化是电子商务的必然要求。物流信息化表现为物流信息的商品化、物流信息收集的数据库化和代码化、物流信息处理的电子化和计算机化、物流信息传递的标准化和实时化、物流信息存储的数字化等。因此,条码技术、数据库技术、电子订货系统、电子数据交换、快速反应、有效的客户反映、企业资源计划等技术与观念在物流中将会得到普遍的应用。

2. 自动化
自动化的基础是信息化,核心是机电一体化,外在表现是无人化,效果是省力化。通过物流自动化,可以扩大物流作业能力、提高劳动生产率、减少物流作业的差错等。物流自动化的设施非常多,如条码/语音/射频自动识别系统、自动分拣系统、自动存取系统、自动导向车、货物自动跟踪系统等。自动化技术的普及还需要一定的时间,当前也已有部分具有实力的物流企业开始了探索应用,如京东物流、顺丰速运等。

3. 网络化
物流领域网络化的基础也是信息化。物流网络化有两层含义:一是物流配送系统的计算机通信网络,包括物流配送中心与供应商或制造商的联系要通过计算机网络,与下游顾客之间的联系也要通过计算机网络通信,比如物流配送中心向供应商提出订单这个过程,就可以使用计算机通信方式,借助于增值网(value-added network,VAN)上的电子订货系统(EOS)和电子数据交换技术(EDI)来自动实现,物流配送中心通过计算机网络收集下游客户的订货的过程也可以自动完成;二是组织的网络化,即企业内部网(Intranet),如我国台湾的计算机业在 20 世纪 90 年代创造出了"全球运筹式产销模式",这种模式按照客户订单组织生产,生产采取分散形式,即将全世界的计算机资源都利用起来,采取外包的形式将一台计算机的所有零部件、元器件、芯片都外包给世界各地的制造商生产,然后通过全球的物流网络将这些零部件、元器件和芯片发往同一个物流配送中心进行组装,由该物流配送中心将组装的计算机迅速发给客户,这一过程需要高效的物流网络支持。当今世界 Internet 等全球网络资源的可用性及网络技术的普及为物流的网络化提供了良好的外部环境,物流网络化已成必然趋势。

10.1.3 电子商务物流模式

1. 自营物流

自营物流是指由企业自行经营的物流,即电子商务企业自行组建物流配送系统,经营管理整个物流运作过程。在这种模式下,企业也会向仓储企业购买仓储服务,向运输企业购买运输服务,但是这些服务都只限于分散的物流服务,是临时性的市场交易,物流公司不会按照企业独特的业务流程提供独特的服务,即物流服务与企业价值链的松散的联系。如果企业有较高顾客服务需求,物流成本占总成本的比重较大,且企业自身的物流管理能力较强时,则应采用自营方式。

国内采取自营模式的电子商务企业主要有两类:一类是资金实力雄厚且业务规模较大的电子商务企业,如京东,其自营物流业务主要是为消费者提供更好的服务体验;另一类是传统的大型制造企业或物流企业,它们紧随商业发展趋势积极转型开展线上电子商务业务,这类企业在长期的传统商务中已经建立起一定规模的营销网络和物流配送体系,在开展电子商务时只需要在原有基础之上加以改进、完善,就可以满足其电子商务经营对物流配送的要求,如国内实力雄厚的物流企业顺丰就在其快递物流网络的基础上推出了生鲜电子商务——顺丰优选。

选用自营物流,可以使企业对物流环节有较强的控制能力,易于与其他环节密切配合,更好地服务于企业的整体运营管理,使企业的供应链保持协调与稳定。此外,自营物流能够保证供货的准确和及时,保证顾客服务的质量,维护企业和顾客间的长期关系。但自营物流所需投入非常大,建成后对运输规模的要求也非常高,需要通过大规模运输才能降低运营成本,对于物流管理运营能力的要求也较高,需要专业化的物流运营管理人员。

2. 物流联盟

物流联盟是制造业、销售企业、物流企业基于正式协议而建立的一种物流合作关系,参加联盟的企业汇集、交换或统一物流资源以谋取共同利益,但各自保持独立性。物流联盟为了比单独从事物流活动获得更好的运营效果,在企业间形成了相互信任、共担风险、共享收益的物流伙伴关系,在物流方面通过契约形成优势互补、要素双向或多向流动的组织关系。

物流联盟不是固定不变的,只要合同结束,双方就又变成追求自身利益最大化的独立个体。选择物流联盟伙伴时,要注意物流服务供应商的种类及其经营策略。一般可以根据物流服务的范围和物流功能的整合程度这两个标准,确定物流企业的类型。物流服务的范围主要是指业务服务区域的大小、运送方式的多样性以及是否有保管和流通加工等附加服务;物流功能的整合程度是指企业自身与联盟企业在物流功能方面的融合能力,包括战略协同、信息融通、协作集配、联合集配等。

一般来说,组成物流联盟的企业之间具有很强的依赖性,物流联盟的各个组成企业明确自身在整个物流联盟中的优势及担当的角色,分工明晰,能够使供应商把注意力集中在提供客户指定的服务上,进而提高联盟企业的竞争能力和竞争效率,满足企业跨地区、全方位物流服务的要求。

3. 第三方物流

第三方物流(third-party logistics,简称 3PL 或 TPL)是指独立于买卖双方之外的专业化物流公司,长期以合同或契约的形式承接供应链上相邻组织委托的部分或全部物流功能,因地制宜地为特定企业提供个性化的全方位物流解决方案,实现特定企业的产品或劳务快捷地向市场流动,在信息共享的基础上,实现优势互补,从而降低物流成本,提高经济效益。它是由相对"第一方"发货人和"第二方"收货人而言的由第三方专业企业来承担物流活动的一种物流形态。

第三方物流公司通过与第一方或第二方的合作来提供专业化的物流服务,它不拥有商品、不参与商品买卖,而是为顾客提供以合同约束、以结盟为基础的、系列化、个性化、信息化的物流代理服务。服务内容包括设计物流系统、电子数据交换(EDI)、报表管理、货物集运、选择承运人或货代人、海关代理、信息管理、仓储、咨询、运费支付、谈判等。常见的物流企业多属于这一类型,如圆通、申通、汇通、韵达等。

第三方物流企业一般都具有一定规模的物流设施设备(库房、站台、车辆等)及专业技能,企业采用第三方物流模式对于提高企业经营效率、缩减成本等具有重要作用。首先,企业将自己的非核心业务外包给从事该业务的专业公司,可以将精力和资源专注于自身生产和经营方面;其次,第三方物流企业作为专门从事物流工作的企业,拥有专门从事物流运作的专家,可以提供良好的物流服务,及时、安全、快速地将货物送至目的地,协助企业提高其物流水平;最后,采用第三方物流模式还可以节省企业在物流方面的投入,虽然购买物流服务也需要一定的费用,但与自建物流所需投入的成本、费用相比仍低廉许多。

4. 第四方物流

第四方物流主要是指由咨询公司提供的物流咨询服务,但咨询公司并不是第四方物流公司。第四方物流公司应物流公司的要求为其提供物流系统的分析和诊断,或提供物流系统优化和设计方案等,以其知识、智力、信息和经验为资本,为物流客户提供一整套的物流系统咨询服务。第四方物流公司必须具备良好的物流行业背景和相关经验,但不需要从事具体的物流活动,不需要建设物流基础设施,只是对整个供应链提供整合方案。第四方物流的关键在于为顾客提供迅速、高效、低成本和个性化的增值服务。

第四方物流具有以下优势。

(1) 能够对整个供应链及物流系统进行整合规划。第三方物流的优势在于具备实际物流业务操作能力,但在综合技能、集成技术、战略规划、区域及全球拓展能力等方面存在明显的局限性,缺乏对整个供应链及物流系统进行整合规划的能力。而第四方物流的核心竞争力就在于它能够对整个供应链及物流系统进行整合规划,降低客户企业物流成本。

(2) 能够对供应链服务商进行资源整合。第四方物流作为有领导力量的物流服务提供商,可以整合优秀的第三方物流服务商、管理咨询服务商、信息技术服务商和电子商务服务商,为客户企业提供个性化、多样化的供应链解决方案。

(3) 具有信息及服务网络优势。第四方物流公司的运作主要依靠信息与服务网络,其强大的信息技术支持能力和广泛的服务网络覆盖支持能力是客户企业开拓国内外市场、降低物流成本所必需的,也是取得客户的信赖,获得大额长期订单的优势所在。

(4) 具有人才优势。第四方物流公司拥有大量高素质国际化和专业化的物流和供应链管理人才,可以为客户企业提供全面的供应链管理与运作。

通过第四方物流,企业可以大幅减少在物流设施方面的投入,降低库存管理及仓储成本,降低资金占用,提高资金周转速度,减少投资风险。第四方物流公司还可以通过其卓越的供应链管理和运作能力实现供应链"零库存"的目标,提高客户企业的库存管理水平。发展第四方物流还可以改善物流服务质量,提升企业形象。

10.1.4　农产品电子商务物流建设策略

1. 轻公司、轻资产化策略

轻公司、轻资产化策略是指电子商务经营者着重管理其业务运营和物流信息,而把仓储、配送等环节全部外包于第三方或第四方物流。这是传统电子商务企业的常用的策略,即电子商务企业真正实现"归核化"和"服务外包"。轻公司、轻资产化策略能够极大地降低电子商务企业在物流体系建设方面的资金压力,但对其合作的第三方或第四方物流依赖度很高,如果第三方或第四方物流服务出现问题,也会影响电子商务经营者自身。有数据显示,第三方和第四方物流的投诉率是电子商务经营者自建物流的12倍。

农产品电子商务物流建设选择轻公司、轻资产化策略,可以将农产品电子商务经营者的精力、资源及资金集中于农产品电子商务经营业务,充分发挥其在农产品电子商务业务领域中产品供应链管控、市场经营等优势,提升市场竞争优势和主导性,当前市场中绝大多数的农产品电子商务物流建设者都使用了该策略。该策略的不足主要是农产品电子商务经营者几乎丧失了对物流的掌控能力,包括物流在消费者端的服务和农产品在运输、配送过程中的损耗管控等。

2. 垂直一体化策略

垂直一体化策略又称纵向一体化策略,是指从配送中心到运输队伍,全部由电子商务企业进行整体建设,完全相反于轻公司、轻资产化策略,需要将大量的资金用于物流队伍、运输车队、仓储体系建设,典型企业有京东商城、苏宁易购等。垂直一体化策略改变了传统电子商务企业过于注重平台运营而轻视物流服务的状况,将较多的资金和精力转投至物流体系建设,通过在物流服务方面的优势增加其在电子商务业务上的竞争力。

农产品电子商务物流建设选择垂直一体化策略,一方面可以为农产品电子商务消费者提供深度、高质量的服务,提升消费者满意度;另一方面可以提升农产品电子商务经营者对农产品在物流运输过程中的管控能力,降低农产品在物流运输、周转过程中的损耗,提升农产品在物流运输、周转过程中的效率。当前市场中使用此策略的农产品电子商务物流建设者较少,只有少数头部企业,如多多买菜、京东、美团等。使用垂直一体化策略的首要条件是需要农产品电子商务经营者具有较强的资金实力,门槛较高,一般经营者很难达到。

3. 半外包化策略

半外包化策略又称半一体化策略,是融合轻公司、轻资产化策略与垂直一体化策略的综合策略,既具有一定物流掌控性,又避免体量过于复杂且庞大。半外包化策略只是将非核心区物流业务进行了外包,核心区域物流业务还是需要电子商务经营者自身负责,仍然需要电子商务经营者投入大量资金进行物流体系建设,需要具备较强的物流管理能力,具有较高门槛和难度。

农产品电子商务物流建设选择半外包化策略,可以弥补轻公司、轻资产化策略与垂直一体化两种策略的不足,发挥两种策略的优势,实现在核心业务区域通过自建物流提升消费者服务满意度和降低农产品损耗,在非核心业务区域通过外包物流降低物流成本的目的。但是该策略对经营者自身的资金和物流管理能力等都具有较高的要求,仍然不能为众多农产品电子商务经营者所采用,当前采用该策略的企业有盒马鲜生。

4. 云物流策略

云物流策略是以云计算、云制造等概念为基础的新生物流模式,是指通过某种体系、标准或平台整合利用分散、不均的物流资源,达到物流资源高效利用的物流新模式,如云快递、云仓储。从理论上讲,云物流实现了"三化":一是社会化,各物流公司、派送点、代送点等物流终端都可利用;二是集约化,众多社会物流资源集中共享一个云物流平台,能够实现规模化效应;三是标准化,建立统一规范的物流管理平台,使物流服务的各个环节形成统一标准。

云物流策略是通过利用订单聚合的方式来推动物流体系的整合,包括信息整合、物流资源整合、服务订单整合等,为物流需求方提供及时、高效及精准的物流服务。但是,目前云物流只是提供了一个物流信息交换的平台,解决了物流供给的调配问题,不能从根本上改变物流行业配送能力的整合问题、服务质量问题、物流成本及物流效率的控制问题。如何整合和管理好云物流资源,是云物流目前面临的最紧迫的问题。

农产品电子商务物流建设选择云物流策略,可以充分调动社会物流资源,获得及时、高效、精准且低成本的物流服务,典型代表为阿里巴巴打造的菜鸟网络物流。

农产品电子商务物流建设具体选择哪种策略,需要根据农产品电子商务经营者的具体情况决定。选择物流建设策略的准则是适合经营者的资金能力、管理能力、服务需求等,切记不可盲目追随、效仿。

10.2 农产品电子商务支付系统建设

无论是传统线下交易,还是基于网络的线上交易,要进行交易就必须完成货币支付,这样才能形成一个完整的商品交易活动。在传统的线下交易中,货币支付多以现金形式完成;而电子商务交易则需要依靠电子支付系统。

10.2.1 电子商务支付方式

根据支付活动运作模式的不同,可将电子商务领域中现有的支付方式分为三大类:依靠传统支付体系实现的传统支付方式;依靠 Internet 网络完成的网上支付方式和依靠通信网络完成的移动支付方式。其中,网上支付方式和移动支付方式因为都具有区别于传统支付方式的利用信息化技术手段(Internet 网络/通信网络)驱动电子资金流动的特征,通常也被称为在线支付或电子支付。

1. 传统支付方式

传统支付方式的共同特征是"网上交易、网下结算",即消费者和商家之间只利用网络完成信息检索、订单处理、合同草拟等信息流的传递,而资金流的传递则是通过现金、票据等传统金融工具实现。传统支付方式在电子商务发展的初期阶段和在线支付环境还不成熟的时候,是完成电子商务交易结算的主要途径。

目前,在电子商务领域中常见的传统支付方式包括以下三种。

1) 货到付款

货到付款即人们俗称的"一手交钱、一手交货"。买家在网络上选定要购买的商品后,在支付方式中选择"货到付款",待所购商品实际送达并验证质量无误后,把货款当面交付给送货人(收款人)。这是目前国内电子商务活动中最为传统的一种货币支付方式,可算作最具中国特色的一种电子商务支付方式。

货到付款最大的优点在于货物和资金的交割发生在同一时点上,因而可以尽可能地保持交易双方权利和义务的对等,保护商家货物和消费者资金,因此货到付款也被一些电子商务网站称为"零风险支付"。

相比网络付款的优点,这种支付方式也存在一些明显的缺点,主要有以下几点。

(1) 消费者需要额外支付相关手续费用,增加了购买成本。

(2) 商家需要面对由于送货员(收款员)个人信誉缺失所造成的风险。特别是在一些小型物流公司,由于整体管理制度的不完善,经常发生送货员(收款员)携款潜逃事件,这给商家造成了一定的风险和损失。

(3) 受地域限制,目前大多数电子商务交易都只能支持同城范围内的货到付款方式,无法充分体现电子商务本身所应具有的跨地域交易优势。

(4) 由于货到付款中收取的一般为现金,容易带来伪钞风险和现金运输、存储过程中安全性风险,这些风险成本需要由商家承担,无形中增加了电子商务活动的总成本。

2) 邮局汇款

邮局汇款是电子商务发展初期所采用的一种货币支付方式,当前这种方式已逐渐消失。邮局汇款需要消费者先通过邮局向商家指定的地址汇款,商家在收到汇款或通过传真等方式确认了消费者的汇款信息后,再按照消费者订单的信息进行发货。

邮局汇款的优点在于我国邮政网络发达,遍及全国大小城镇,特别是在经济和金融还不发达的小城镇,使用邮局汇款可以帮助消费者轻易跨越地域限制,购买到自己需要的商品。此外,我国邮政系统在公众心目中的信任程度较高,对于一些注重交易安全的传统交易者来说,更愿意使用邮局汇款。

邮局汇款有以下两个缺点。

(1) 交易双方地位不平等。在这种支付方式中,交易的主动权掌握在商家手中,商家可以控制发货时间甚至决定是否发货。消费者的汇款一旦发出,就不再拥有该交易的控制权,因此无法对消费者的权益实施有效的保护。2004 年,国内一家著名的电子商务网站就曾发生过商户要求消费者必须采用邮局汇款的方式进行支付,从而进行恶意欺诈的事件,使该网站不得不专门刊登公告提醒消费者谨慎支付。

(2) 速度比较慢。邮局普通汇款一般需要 5~7 天才能到账,且收款方难以查询,其交易周期可达 12~15 天。一旦发生退换货等情况,便会加剧这一问题。这与电子商务的便捷性是相悖的。

3) 银行汇款(转账)

银行汇款(转账)是消费者通过金融机构网点向商家指定的银行账户汇款(转账),从而完成电子商务资金结算的一种支付方式。在电子商务发展初期,这是最为常用的一种货币支付方式,阿里巴巴起初便是采用这种方式。

银行汇款的优点是速度比较快(特别是同一银行的系统内汇款)、资金比较安全(由于指定了支付账户,可防止使用邮局汇款单冒领汇款的欺诈现象),而且具有交易的可跟踪性,一旦发生交易纠纷或欺诈行为,买家可以通过法律途径从银行获取相应的账户信息和交易细节证据。

银行汇款主要有以下四个缺点。

(1) 跨行转账手续烦琐,消费者为加快汇款速度不得不选择商家指定账号的银行网点。

(2) 小城市和偏远地区的银行网点较少,消费者很难及时找到对应的银行网点。

(3) 各行的手续费标准不完全统一,买家可能会因为选择了手续费较高的汇款银行而支付更多费用,增加购买成本。

(4) 很多银行网点(特别是大型银行网点)普遍存在业务繁忙、等待时间长的问题,从而增加了买家的时间成本。

2. 网上支付方式

和传统支付方式相比,网上支付方式的共同特征是"网上交易、网上结算",其本质是在Internet 网络中实现传统支付方式的电子化,是传统支付体系向网络的延伸。这是最能体现电子商务优势、代表电子商务领域支付发展方向的支付方式之一。

目前,在电子商务领域中常见的网上支付方式包括以下几种。

1) 网上银行卡

银行卡是由银行发行的具有存取现金、转账、消费、信用等功能的结算方式。使用银行卡进行网上支付应用非常普遍,如京东商城中的网上银行卡支付(见图 10-1)。

图 10-1 京东商城支付页面

使用银行卡进行网上支付具有以下优势。

(1) 交易实时性。银行在接受支付指令时会实时验证账户余额和透支限额,并进行即时扣款,降低了盗用和拒付的风险。

(2) 高安全性。目前银行卡网上支付普遍采用的 SSL安全认证协议符合国际通用标准,而且买家是在银行提供的支付网关中填写金融信息,保障了买家账户的安全。

(3) 强制记录性。买家在使用银行卡支付前必须在相应开户行开通网上银行服务,获取数字证书,在网上进行的所有支付交易也将被严格记录,方便在出现问题时跟踪追查和获取证据。

不过,我国目前的银行卡网上支付方式也存在一些缺陷。其中,最主要的问题就是各家银行甚至同一家银行的不同分行、不同卡种所提供的支付网关、服务标准、地域范围各不相同,给买家和商家利用银行卡网上支付开展电子商务活动造成了很大障碍。目前国内主要的电子商务交易网站基本都提供七种以上的银行卡网上支付方式,其中既有各家银行提供的独立性支付网关,也有第三方授权机构提供的综合性支付网关,这给交易者的选择和网站的维护都带来了一定的困难。

2）电子现金

电子现金是一种以数据形式流通的货币，它把现金数值转换成一系列的加密序列数，通过这些系列数来表示现实中各种金额的币值。使用电子现金要求电子现金发行者（银行或商家）与电子现金接收者之间预先建立协议授权关系，通过专门的软件建立电子现金的完全认证，由发行者负责完成买家和商家之间实际资金的转移，如支付宝花呗支付。

电子现金的优势在于完全脱离了实物载体，使用户的支付更为方便，此外电子现金采取的是匿名发行，具有不可跟踪性，保护了买家的隐私；由于电子现金一般采取软硬件相结合的加密算法，每一组序列数都具有随机性和唯一性，因而可以更好地防伪造；此外，电子现金和实物现金一样具备可转让性、可分割性（大面值的电子现金可以分割成小面值电子现金进行准确支付）、离线可用性（不需要每次支付都必须经过发行机构的认证），因此在网上支付，特别是小额支付的电子商务应用中具有很广阔的发展前景。

虽然将电子现金应用于网上支付具有很多非常明显的优势，但从国际范围内的电子现金应用现状来看，还有许多问题在阻碍着电子现金的进一步发展。例如，支持电子现金的银行和商户数量较少、对软硬件技术要求较高、跨国使用电子现金时存在货币兑换问题、国际税收问题、"洗钱"问题及对现有金融秩序、货币供应、汇率稳定的冲击问题等。

3）电子钱包

电子钱包是以智能卡为载体的电子现金支付系统，可应用于多种用途，具有信息存储、电子钱包、安全密码锁等多种功能，如微信支付钱包。在电子钱包中可以装入电子现金、电子银行卡、所有者的地址信息、身份认证信息等多种信息。

电子钱包的最大优点就是一"卡"多用途，特别是在网上支付的过程中，可以通过单一点击完成购物支付过程，不必重复填写收货地址、账户信息、认证信息等内容，提高了支付效率。

电子钱包的缺点是需要在商家认证的电子钱包服务系统中运行，商家为了支持电子钱包，需要支付额外的维护和硬件成本，由于电子钱包的发行者和发行标准不统一而限制了电子钱包的推广使用。

4）电子支票（转账）

电子支票是客户向收款人签发的数字化支付指令，它通过互联网或无线接入设备完成传统纸质支票的所有功能。电子支票实质为数字化信息，从签发出票到最终清算完成的整个过程均为无纸化操作，其载体为智能卡与利用密钥进行的电子签名，与基于纸质支票的电子提示支票有明显区别，如通汇电子旅行支票卡（见图10-2）。

图 10-2　通汇电子旅行支票卡

与传统支票相比,电子支票具有节省时间、减少纸张传递费用、没有退票、灵活性强、易于保存和检索等优势。但是,电子支票的整个事务处理过程要经过银行系统,而银行系统又有义务出文证明每一笔经它处理的业务的细节,因此对于一些非常重视隐私的群体来说,电子支票并不是一个很好的选择。

3. 移动支付方式

移动支付方式是随着通信技术的发展和手机在国内的普及而产生的一种支付方式,其主要特征是"网上交易、掌上结算",如当前比较受欢迎的微信支付、支付宝、云闪付等。移动支付方式为每个移动用户建立一个与其手机号码关联的支付账户,其功能相当于电子钱包,为移动用户提供了一个通过手机进行交易支付和身份认证的途径。目前移动支付的应用(特别是在小额支付领域中的应用)正在快速增长,已经被越来越多的人所接受。

移动支付作为一种新型支付方式,具有以下优点。

(1) 速度快。移动支付是目前为止速度最快的一种支付方式,买家可以利用手机随时随地完成支付。

(2) 安全程度高。在整个移动支付过程中,从手机终端到银行端采用的是全程加密,特别是手机与卡、卡与账户的绑定机制,能够保障客户账户资金的安全。

(3) 操作简便。目前移动支付方式在手机端可以采用人性化操作界面,用户只需要按界面提示步骤完成操作过程即可。

虽然发展前景广阔,但是作为一种新生事物,移动支付还存在一些不完善之处,其缺点主要包括以下方面。

(1) 技术不完全成熟。国内目前主要的移动支付方式是通过短信技术实现的,由于这种技术使用的是非常低速的信令信道,因此有时无法保证交易的实时性。最近也有几家国内商业银行同时提供了基于 WAP、BREW 等技术手段的移动支付服务,但因受限于手机型号,使用范围有限。

(2) 服务兼容性差。现有的移动支付方式是由各家银行分别和运营商联系推出的,提供的服务内容、资费标准、操作方式都各不相同,容易给用户造成额外的费用和认知的混淆。

10.2.2 电子支付系统的含义及分类

电子支付系统是实现网络支付的基础,它是指由提供支付服务的中介机构、管理货币转移的法规以及实现支付的技术手段共同组成的,用来清偿经济活动参加者在获取实物资产或金融资产时所承担债务的一种特定方式与安排。电子支付系统的发展方向是兼容多种支付工具,但目前各种支付工具之间存在着较大的差异性,有各自的特点和运作模式,适用于不同的交易过程,因此当前的多种电子支付系统通常只是针对某一种支付工具而设计。

根据电子支付系统归属权限的不同,可将其划分为自营系统和第三方系统。

1. 自营电子支付系统

自营电子支付系统是指网络支付系统完全由电子商务商家自己开发、搭建及运营,所有权归电子商务商家自己所有的电子支付系统,如阿里巴巴的支付宝、京东的京东支付。由于自营电子支付系统所有权归企业自身所有,企业能够更好地掌控支付服务和管理资金,也能够更好地保障自身的资金安全,提高消费者体验。但是,自营电子支付系统前期开发、搭建的投入较大,后期运营维护的成本也是一笔不小的支出,且需要有专业化、规模化的运营团队,一般企业无法承担这些投入。

2. 第三方电子支付系统

第三方电子支付系统是指由电子商务经营商家(第一方)和消费者(第二方)之外的第三方所开发、搭建及运营的电子支付系统,如当当网使用的微信支付、支付宝对于当当网来说就是第三方电子支付系统。使用第三方电子支付系统,需要商家和消费者各自在第三方电子支付系统开设账户,并绑定各自的银行账户信息,消费者先将货款转账至第三方支付系统中,第三方支付系统通知商家已收到货款后,由商家发货,消费者收到并检验货物后,再通知第三方支付平台付款给商家。

第三方电子支付系统是当前电子商务经营最常使用的一种支付方式,具有一定优势:一是功能完善、支付方便、安全性较好,运营多年、具有一定口碑的第三方支付系统的技术、管理能力、安全性良好,容易获得用户的认可和信任;二是商家无须任何投入,只要在第三方电子支付系统中填写资料申请注册账户并缴纳一定服务费就可以使用。

但是,不成熟的第三方电子支付系统容易造成交易双方信息的泄露,包括身份信息、银行账号信息及资金信息等,不利于企业的信息保护,且交易资金完全由第三方支付系统控制流转,资金安全性难以保障,容易发生延迟或无法提现的问题。

10.2.3 电子支付系统面临的问题

电子支付系统的核心是如何保障电子商务交易过程中的支付安全问题。人们通常把关注的焦点集中在从技术的角度保障和提高支付安全性,除此之外,管理问题才是我国目前支付环境中亟待解决的关键问题,主要包括以下两个方面。

1. 标准化问题

无论是传统支付、网上支付,还是移动支付,都不可避免地要面对整个支付环境的标准化问题。支付标准的不统一表现在企业、网站、金融机构之间相互独立、各行其是,数据内容、功能种类、技术平台、认证方式等涉及支付的各个环节都存在差异,而且彼此之间因为缺乏统一标准而无法实现共享和互连,导致整个支付环境混乱不堪,让交易者无所适从,同时也极大地浪费了社会资源。

2. 法律问题

随着电子商务应用的日益成熟,相关的法律规范也在逐步建立,特别是《中华人民共和国电子签名法》和《中华人民共和国电子商务法》的颁布与实施,为网络支付方式的发展提供了一定的法律基础。不过,迄今为止我国还没有专门针对网上支付、移动支付等新型支付方式的法律法规,在这些支付方式中可能存在的伪造、更改、注销、刑侦等问题仍存在无法可依的现象。这些现象不利于电子商务支付环境的改善,阻碍了电子商务应用的发展。

10.2.4 农产品电子商务支付系统建设策略

支付系统直接关系着交易成败和资金安全,因此经营者在选择农产品电子商务支付系统时必须要慎重。农产品电子商务支付系统的选择,可以通过如下几个策略进行。

1. 最好选择第三方支付系统

一是目前从事农产品电子商务的团体规模都较小,资金实力有限,不具备投资建设自营支付系统的条件和基础;二是新生电子支付系统信誉度低,一时难以获得用户的信任和认可,需要投入时间和精力培养用户的习惯;三是需要高度专业化的运营、管理团队进行支付系统维护;四是新开发的支付系统在功能、体验方面与成熟第三方支付系统存在差距,难以满足用户多元化和高标准的需求;五是新开发的支付系统在网络安全方面难以保障。

基于对以上五个方面的考量,对于当前农产品电子商务经营者来说,最佳的策略便是选择第三方支付系统,如微信支付、支付宝、银联支付等。经营者可借助于成熟的第三方支付系统,助力自身农产品电子商务业务的更好开展。

2. 充分考虑企业自身实际情况和消费者的支付习惯

企业自身的实际情况不同,所适用的第三方支付系统也是不同的。例如,围绕微信平台开展农产品电子商务经营的企业,只能选择微信支付;围绕阿里巴巴平台开展农产品电子商务经营的企业,只能选择支付宝支付。

另外,企业的一切经营行为要以消费者的良好体验为基础和目标,农产品电子商务支付系统的选择也是如此。企业要依据消费者的支付习惯去选择具体的支付系统。当企业自身实际情况和消费者的支付习惯不一致时,要综合全方位的因素进行考量,权衡利弊进行选择。

3. 全方位考量第三方支付系统

当前市场中运行的第三方支付系统较多,它们各有特色。在选择支付系统时,一定要对这些支付系统进行全方位考量,包括与交易平台的连接性、支付安全性、法律法规合规性、结算周期、功能健全性、使用体验度等。

10.3 农产品电子商务运营团队建设

农产品电子商务往往以企业组织的形式开展业务,而组织的基础便是团队。要做好农产品电子商务经营,必须构建一个强有力的团队。

10.3.1 团队概述

团队是指由两个或两个以上的相互作用、相互依赖的个体,为了特定目标而按照一定规则结合在一起的组织。

团队有 5 个重要的构成要素,总结为 5P。

1. 目标(purpose)

团队应该有一个既定的目标,为团队成员导航,驱动团队成员前行,是团队存在的基本价值。团队的目标应与组织的目标一致,应让团队成员都清楚目标,使成员能合力实现这个目标。

2. 人(people)

人是构成团队的最核心的力量,两个及两个以上的人就可以构成团队。目标是通过人员具体实现的,所以人员的选择是团队建设中非常重要的一个部分。在一个团队中需要有人出主意,有人制订计划,有人实施,有人协调不同的人一起工作,还有人监督团队工作的进展,评价团队最终的贡献。不同的人通过分工共同完成团队的目标,在人员选择方面要考虑人员的能力如何,技能是否互补,以及经验如何。

3. 定位(place)

团队的定位包含两层意思:一是团队的定位,即团队在企业中处于什么位置,由谁选择和决定团队的成员,团队最终应对谁负责,团队采取什么方式激励成员;二是个体的定位,即作为成员在团队中扮演什么角色,是制订计划、具体实施,还是评估。

4. 权限(power)

团队当中领导人的权力大小与团队的发展阶段有关。一般来说,团队越成熟领导者所拥有的权力越小,在团队发展的初期阶段,领导权相对比较集中。团队权限与两个方面有关:一是整个团队在组织中拥有什么样的决定权,如财务决定权、人事决定权、信息决定权等;二是组织的基本特征,如组织的规模、团队的数量、组织对于团队的授权、组织的业务类型等。

5. 计划(plan)

计划有两个层面的含义:一是目标最终的实现需要一系列具体的行动方案,可以把计划理解成目标的具体工作程序;二是按计划工作可以保证团队的工作进度,只有在完善计划的规划下团队才会一步一步贴近目标,最终实现目标。

拓展阅读:团队的类型及概念辨析

10.3.2 团队发展阶段

从团队创建和发展的过程来看,团队会经历成立、震荡、规范、高产和调整五个阶段。

1. 成立阶段

1)成立阶段的工作内容

在团队的成立阶段要完成团队方案制订及其他准备工作,一般要花费几个月的时间。在这个阶段,首先要考虑团队的定位问题,形成团队的内部结构框架,这就需要明确以下问题:①是否需要组建这支团队;②要组建一个什么样的团队;③团队的主要任务是什么;④团队中应该包括什么样的成员;⑤如何进行团队的角色分配;⑥团队的规模多大。对这些问题,创建者必须进行明确规划。其次,在这个阶段要建立起团队与外界的初步联系,这包括:①建立起团队与组织的联系;②确立团队的权限;③建立与团队运作相适应的制度体系,如人事制度、考评制度、奖惩制度等;④建立团队与组织外部的联系与协调的关系,如建立与企业顾客、企业协作者的联系等。这一阶段结束时,团队的每个成员都应该清楚本团队的愿景和目标。

2）成立阶段的团队领导工作

团队的成立必须得到上层领导的支持。在团队创建时，需要在整个组织内部挑选成员，这就涉及组织内部的协调和沟通问题，一定要明确本团队直接向谁负责，谁是团队的最终裁定者，并争取得到他的支持。

团队创建人需要花大量的时间和精力来带动自己的团队，责任重大。因此，创建人必须明确团队的目标、监控工作的进程并协调与外部的关系；要促进团队成员之间的信任与合作，鼓舞团队成员的士气，培养团队精神。

3）成立阶段的心理压力

由于在团队刚刚建立时，团队成员之间并不熟悉，交往会有紧张感或压力感，成员之间大多表现出一种礼貌性。但随着时间的变化和彼此之间了解的深入，团队成员之间变得熟悉，会意识到"团队"和"团队性"的存在意义。

2. 震荡阶段

团队成员在熟悉之后开始逐渐表现出自己的感受，会出现抗拒和不满情绪，从而给团队工作带来冲突。如果冲突不能够及时解决或冲突进一步扩散，那么可能造成整个团队的震荡。

1）震荡阶段的团队表现

震荡阶段的团队可能会有以下表现：①团队成员们的期望与现实产生脱节，出现不满情绪；②有挫折感和焦虑感，对团队目标能否完成失去信心；③团队中人际关系紧张，冲突加剧；④对领导权不满，当出现问题时，个别成员甚至会挑战领导者；⑤因冲突造成组织的生产力下降。

2）震荡阶段的解决措施

在震荡阶段，团队管理者首先要安抚人心，识别并及时处理冲突、平衡关系；其次，管理者可以鼓励团队成员对有争议的问题发表自己的看法，并在团队间进行积极有效的沟通；再次，管理者应建立团队的工作规范，并以身作则；最后，管理者要适时调整角色，适度对团队成员进行授权，鼓励团队成员参与决策，提高成员的自主性和积极性。

3. 规范阶段

经过一段时间的震荡，团队开始逐渐走向稳定和成熟。在这个阶段，团队成员产生了强烈的团队认同感和归属感，团队表现出一定的凝聚力。团队成员的人际关系由分散逐步变为团结一致，彼此之间表现出理解、关心和友爱，并再次把注意力转移到工作任务和团队目标上，关心彼此的合作和团队的发展，并初步形成工作规范和流程，团队的工作特色逐渐形成，成员们的工作技能也有所提高。

规范阶段的团队特征体现在以下几点。

（1）整体性。成员的团队感增加，形成一定的团队认同。

（2）稳定性。成员积极参加团队活动，对团队活动的投入性增加。

（3）满意度。成员对团队生活感到愉快，自尊感和安全感增加，焦虑感和紧张感减少。

（4）动力性。团队影响力增强，团队成员对团队目标、团队决策和团队规范的接受程度增加，团队一致性行为增加。

这一阶段是团队文化建设最有利的时期,团队管理者可进一步培养成员互助合作、敬业奉献的精神,增强成员对团队的归属感,促进团队形成共同价值观,并鼓励团队成员为共同承诺的团队目标尽责。这一阶段团队面临的最大问题是团队成员害怕遇到更多冲突而不愿正面提出自己的建议,这时就应通过提高团队成员的责任心和建立成员之间的信任感,营造自由平等的氛围。

4. 高产阶段

1)高产阶段的团队表现

团队在高产阶段的表现包括:①团队成员具有一定的决策权,自由分享组织的信息;②团队成员信心强,具备多种技巧,能协力解决各种问题;③团队内部采用民主的、全通道的方式进行平等沟通,化解冲突,分配资源;④团队成员有成就事业的体验,有完成任务的使命感和荣誉感。

2)高产阶段的团队领导工作

在此阶段,团队管理者应考虑以下工作:①思考和推动变革,更新业务流程与工作方法;②提出更具挑战性的团队目标,鼓励和推动员工不断成长;③监控工作的进展,通过承诺而非管理达到更佳效果;④肯定团队的整体成就,承认团队成员的个人贡献。

5. 调整阶段

随着工作任务的完成,很多团队都会进入调整阶段。对团队而言,可能有以下几种结局。

1)团队解散

为完成某项特定任务而组建的任务型团队会随着任务的完成而解散。在这一阶段,团队成员的反应差异很大,有的很乐观,沉浸于团队的成就中;有的则很伤感,惋惜在团队中建立的合作关系不能再继续。

2)团队休整

一些团队,如大公司的执行委员会在完成阶段性工作任务之后,会开始调整并准备下一个工作周期,期间可能会有团队成员的更替。

3)团队整顿

表现差强人意的团队进入休整期后可能会被勒令整顿,整顿的一个重要内容就是优化团队规范。

10.3.3 高效团队特征

一个高效的团队,通常具有以下八个方面的特征。

1. 团队目标清晰

高效的团队对所要达到的目标有清楚的认识,并坚信这一目标包含重大的意义和价值。而且,这种目标的重要性还激励着团队成员把个人目标升华到团队目标中。在高效团队中,成员愿意为团队目标做出承诺,知道团队希望他们做什么工作,以及他们怎样共同工作以致最后完成任务。

2. 团队成员技术精湛且善于合作

高效团队由一群有能力的成员组成,他们具备实现理想目标所必需的技术和能力,而且相互之间有能够良好合作的个性品质,从而可以出色地完成任务。合作能力尤其重要,但却常常被人们忽视。具有精湛技术的人并不一定具有处理团队内关系的高超技巧,高效团队的成员通常兼而有之。

3. 团队成员相互信任

成员相互信任是高效团队的显著特征,也就是说,每个成员对其他人的品行和能力都确信不疑。在日常的人际交往中都能体会到,信任是相当脆弱的,它需要花费大量的时间培养而又很容易被破坏。而且,只有信任他人才能换来他人的信任。所以,维持团队内的相互信任,需要引起管理层足够的重视。组织文化和管理层的行为对形成相互信任的团队氛围有很大影响。如果组织崇尚开放、诚实、协作的办事原则,同时鼓励员工的参与和自主性,则比较容易形成信任的环境。

4. 团队成员对于团队的忠诚度较高

高效团队的成员对团队表现出高度的忠诚,为了能使团队获得成功,他们愿意做任何事情。通过对成功团队的研究发现,团队成员对他们的团队具有认同感,他们把自己属于该团队的身份看作是自我的一个重要方面,愿意为实现团队目标而调动和发挥自己的最大潜能。

5. 团队成员间具有良好的沟通

良好的沟通是高效团队必不可少的特点。团队成员通过畅通的渠道交流信息,包括各种言语和非言语信息。此外,管理层与团队成员之间健康的信息反馈也是良好沟通的重要特征,它有助于管理者指导团队成员的行动,消除误解。就像一对已经共同生活多年、感情深厚的夫妇那样,高效团队中的成员能迅速而准确地了解彼此的想法和情感。

6. 团队成员具有良好的谈判技能

以个体为基础进行工作设计时,成员的角色由工作说明、工作纪律、工作程序及其他一些正式文件明确规定。但对于高效团队来说,其成员角色具有灵活多变性,总是在不断进行调整,这就需要团队成员具备充分的谈判技能。由于团队中的问题和关系时常变换,成员必须能面对和应付各种情况。

7. 团队领导善于引导、支持团队发展

高效团队的领导者能够让团队跟随自己共同渡过最艰难的时期,因为他能为团队指明前途所在,并能够向成员阐明变革的可能性,鼓舞团队成员的自信心,帮助他们更充分地了解自己的潜力。高效团队的领导者通常担任的是教练和后盾的角色,对团队提供指导和支持,但并不试图去控制它。

这不仅适用于自我管理团队,当授权给小组成员时,它也适用于任务小组和交叉职能型的团队。对于那些习惯于传统方式的管理者来说,这种从领导者到后盾的角色变换,即从发号施令到为团队服务,实在是一种困难的转变。当前很多管理者已开始发现这种新型的权力共享方式的好处,或通过领导培训逐渐意识到它的益处。

8. 团队支持环境完善

高效团队的最后一个必需条件就是它的支持环境,从内部条件来看,团队应拥有一个合理的基础结构,包括适当的培训,一套易于理解的用于评估成员总体绩效的测量系统,以及一个起支持作用的人力资源系统,恰当的基础结构应能支持并强化成员行为,促进其取得高

绩效水平。从外部条件来看,管理层应给团队提供完成工作所必需的各种资源。

10.3.4 团队建设与管理步骤

1. 评估团队现况

团队现况又称团队成熟度。根据不同的成熟度,要运用不同的对策,因此在团队管理时首先要全面评估团队的成熟度,只有这样才能够清楚应该采取什么对策进行团队建设。

2. 采取对策

根据团队成熟度,采取具体策略进行团队管理,如团队处于发展期要进行团队鼓励,震荡期要稳定团队关系。只有这样才能够促使团队向着既定目标成长,最终塑造出一个高效的团队。

3. 观察结果

初步采取对策后,要对团队进行实时观察,了解对策与团队现况的适配性,及时调整对策。

4. 采取进一步对策

依据观察结果,采取进一步的对策,以保障团队向着既定的方向发展。若初步采取的对策与团队现况不适应,就要进行对策调整,重新采取对策;若与团队现况适应,则加大实施力度和资源投入,使对策取得更大成效。

10.3.5 团队建设与管理策略

管理学家彼得·德鲁克说过:"现代企业不仅仅是老板和下属的企业,而应该是一个团队。"企业要向前发展,必须采取切实有效的措施,做好团队建设和管理,凝聚团队的力量。没有好的团队建设与管理,企业就会成为一盘散沙,更谈不上企业的发展与员工的进步。团队建设与管理可以通过以下方式展开。

1. 选对人,搭好班子

人是企业组织的基础,企业要获得好的发展必须要选对人,找到符合企业自身实际需求的人才,借助于这些人才的力量夯实企业发展的基础。人才不仅个人性格、价值观等应与企业一致,而且个人专业能力也要精湛。

在人的基础上,还要规划好组织架构,即俗称的"搭班子",这是支撑人才施展才华、完成企业既定目标的基础。搭班子需要从两个方面着手:一是组织结构,包括组织的管理领导者、组织的层次、组织部门的划分等;二是组织人才结构,包括专业人才的类别、数量等。

2. 团队领导者注重自身素养的提升

团队领导者既是团队的管理者,又是执行者;既是工作计划的制订者,又是实施计划的领头人。领导者的个人素质对于团队的发展起着至关重要的作用。要做好团队的领头羊,不仅要用平和、客观、公正的态度对待每件事和每个人,而且要具有良好的自身素质。团队领导人要时刻注重提升自身的修养,为团队树立一个良好的标杆,真正发挥好带头作用。

3. 建立明确的共同目标

要想打造一支优秀的团队,必须建立明确的共同目标。没有目标,团队就会失去方向。

建立一个明确的目标并对目标进行分解,同时通过组织讨论、学习,使每个单位、每个人都知道自己所应承担的责任、应该努力的方向,是团队形成合力、团结共进的前提。

4. 制定工作规范,营造工作氛围

团队成员有各自不同的经历和背景,如何规范他们的工作行为,使他们步调一致是一项重要工作。衡量一个企业的管理是否走上正轨的一个重要标志就是制度是否被公司了解、熟悉、掌握和执行,是否有监督和保障措施。让员工熟悉、掌握各类制度,不仅是保障工作质量的需要,也是满足公司长远发展和员工快速成长的需要。团队管理实践表明,没有一套科学完整、切合实际的制度体系,管理工作和员工的行为就不能做到制度化、规范化、程序化,就会出现无序和混乱,就不会产生井然有序、纪律严明的团队。有了制度化、规范化的制度,团队就会营造出积极进取、团结向上的工作氛围。

5. 通过考核和激励机制激励员工

绩效考核是一种激励和检验,它不仅检验每个团队成员的工作成果,也是向团队成员宣示团队的价值取向,即团队中倡导什么、反对什么,同样关系到团队的生存和发展。在绩效考核过程中,要坚持公平公正的原则,把年度考核和日常考核结合起来。根据考核结果,要对员工及时进行激励,包括正向激励(即奖励)和负向激励(即惩罚)。考核评估的结果要及时向员工进行反馈,帮助他们寻找自身的不足和与团队目标的差距,从而激发员工不断改进工作质量,提高专业能力,达到最终团结进步的目的。

当前企业常用的绩效考核方式是 KPI(key performance indicator),即关键绩效指标,是通过对组织内部流程的输入端、输出端的关键参数进行设置、取样、计算、分析,衡量流程绩效的一种目标式量化管理指标,是把企业的战略目标分解为可操作的工具,是企业绩效管理的基础。关键绩效指标用于衡量工作人员工作绩效表现的量化指标,是绩效计划的重要组成部分。

10.3.6 农产品电子商务运营团队建设与管理策略

常规的团队建设与管理策略,在所有团队中都是通用的,不同点在于团队的具体建设与管理细则需要根据团队所承载的目标和使命以及组织本身的文化、价值等属性决定。因此,农产品电子商务运营团队建设与管理策略,除了上文中所阐述到的常规团队建设与管理策略之外,还要根据其业务、行业及企业的属性采用其他相关策略,具体有以下三点。

1. 注重复合型人才的引进与培育

由于农产品电子商务是由农业与电子商务行业结合形成,需要团队运营人员具有更强的专业能力,尤其是复合专业能力,既要懂得电子商务运营管理技巧,又要对于农产品行业有一定认识。若只掌握一个方面的知识与技能,将难以支撑农产品电子商务业务的运转。

当前这一复合型的人才非常稀缺,尤其是高级管理人员。人才的获得可以通过两个渠道:一是高薪外聘,二是团队深度培育。高薪外聘重点是高级管理人员和核心技术岗位(如选品员、推广员等),如若聘请不到,可聘请行业专家担任顾问,借助专家的专业经验指导团队运作。团队深度培育针对团队所有岗位,有利于全面提升团队的复合型专业能力,为业务运作奠定基础。

2. 合理设置团队组织结构

团队组织结构是支撑团队运作的基础,一定要进行合理设置,并且团队目标、工作任务是发展变化的,一成不变的组织结构也难以适应团队目标与任务的要求,因此团队组织结构设置也要及时调整。团队组织机构设置包括在企业创始前期大体划分产品、运营推广、行政财务、服务售后等部门;随着业务规模的逐步扩大,可随时进行团队的扩建和改组,例如增设物流部,将行政财务部精细分为行政部、人事部、财务部等。

3. 塑造团队的农业情怀,建设"新农人"团队

要做好、做深、做精、做久农产品电子商务,仅是靠着商业的逐利心态是远远不够的,还必须要有较高的农业情怀,即将促进农业发展视作有价值的事业和使命。这需要运营团队不断培养团队精神,可以从团队每一位成员争做一名"新农人"开始,与农业进行深度接触,逐渐塑造团队成员的农业情怀。

【知识盘点】

本章主要阐述农产品电子商务经营基础条件建设策略,分别为物流建设策略、支付系统建设策略及运营团队建设策略,从相关基础的基本概念、特征入手,论述了具体的实施策略,帮助农产品电子商务经营者形成对基础建设的重视,掌握物流、支付系统、运营团队的建设方法。

【深度思考】

1. 你认为我国当前物流行业整体发展状况如何?

2. 你认为我国当前电子支付系统存在哪些不足?

3. 你认为我国当前农产品电子商务运营团队存有哪些优劣势?

【项目实训】

1. 实训名称:农产品电子商务基础运营条件建设方案策划。

2. 实训目标:熟悉农产品电子商务基础运营条件建设。

3. 实训要求。

(1) 组建实训项目小组(建议4~5人一组,教师根据班级实际人数情况确定)。

(2) 小组根据前面章节所做农产品电子商务项目方案情况,为本小组的农产品电子商务项目运营基础条件建设策划一个方案,内容包括物流、支付系统及运营团队三个方面的具体建设措施。

(3) 小组编写策划方案。

(4) 各个项目小组在班级内进行演讲,陈述策划方案。

(5) 教师及其他小组同学对报告进行点评。

◆ 第3部分 ◆

农资、农旅及农村消费品电子商务

第 11 章

农资电子商务

【导入案例】

四个农资店的转型故事

受市场竞争和管理政策的影响,许多农资店都在进行转型、改行、升级,通过以下四个农资店的转型故事,我们可以探寻农资行业的发展趋势与方向。

1. 直接改行,农资店老板转型成农场主

2017 年,浦某返乡开了一家农资店,因为需求量大,生意非常好,年均收入 8 万元以上。但随着市场环境的变化,农资店的效益大幅减少,生意一年不如一年。导致这一结果的原因,除了同行竞争外是种粮大户、家庭农场和合作社都同农资厂家直接联系,厂家以出厂价送货上门,农资店的销量就越来越小。

于是,浦某直接关掉农资店,流转了 40 多亩土地开始试种再生稻,通过学习掌握了再生稻的种植方法,他获得了很好的收益。随着种植规模不断扩大,他流转了 400 多亩土地,注册成立了"临澧县艺龙家庭农场"。浦某坚持科学、绿色、生态式种植再生稻,并借助物联网技术开展可溯源农产品销售,大幅提高了消费者的认可度。他的种植规模从第一年的 40 亩、第二年的 400 亩,扩大到后面的 518 亩,并辐射带动周边乡镇 100 多农户种植再生稻 1500 多亩。

同时,浦某还涉足水稻加工产业,其加工生产的"艺龙稻米",晶莹剔透,香润可口,远销长沙、深圳等多个一二线城市,年利润达 30 多万元,远远超过过去农资店的盈利。

2. 与电子商务平台合作,转型成为电子商务平台的农村合作点

邢某在河北省廊坊市固安县经营着一家自营的农资店。2015 年,邢某尝试了"网购",这种在村里还十分新鲜的购物方式给他带来了良好的体验,认为这种购物方式能够帮助自己改善农资店的经营情况,于是他决定成为一名农村电子商务推广员。邢某在自己的农资店里安装了计算机,从亲戚朋友,到街坊四邻,再到原来的客户,越来越多的不了解互联网的村民在他的帮助下体验了网购,他的小店也和一些电子商务平台建立了联系,最终转型成为电子商务平台的农村合作点,获得了更为广阔的市场前景。

3. 向行业深处升级,农资店从卖产品到卖服务

"卖商品不如卖服务",这在任何行业都适用,农资行业也不例外。借助于农资店自身的专业技能做农户的农技帮手,帮助农户解决农技问题,将产品的售卖置于次要位置。全国供销总社在南京市溧水区试点推行的"庄稼医院",就是由现有农资店升级而成的,采用"店院合体"模式经营,即店门面除了为农民提供化肥、农药、种子、农机具等农资外,还专门聘请农业技术人员提供开展坐堂问诊、测土施肥、开方配药、虫情测报、指导防病等服务。农户前来询问有关作物病虫害的问题,既不需要挂号,也不收取任何"看诊"费用,而是在了解清楚情况后有选择性地购买店内的农资物品,服务与产品打包销售。

4. 投靠有实力的农资企业,农资"夫妻店"转型为直营店

自营农资店无论是资金、人力,还是专业能力都非常弱小,难以获得竞争优势,要想在行业内存续下去,并进一步发展壮大,最佳的路径就是投靠有实力的农资企业,由自营店变成品牌直营店。

杨氏夫妇自1997年就开始从事农资产品销售,凭借着良好的信誉和口碑,夫妻俩的农资店经营得很红火,但农资销售中存在的赊销问题一直让他犯难。后来在整体市场环境的影响下,赊销困局更让他们的农资店陷入困境。在机缘巧合之下,他们将经营了16年的农资店转手至烟台某农资企业承包租用,设为该企业下属的直营门店,店面交给总公司经营,并派来专业团队进店管理,每年除了付给夫妻俩一部分租金之外,还聘请他们做直营店的顾问,彻底将杨海涛从农资店的经营困局中解救出来。

转型之后,杨氏夫妇的农资店采用会员制,根据农户个人意愿,对进店购肥的农户免费办理会员手续,成为门店会员,不仅可以免费使用由公司统一配送进店的拌肥机、电动喷雾机、弥雾机等农机具,还可以参加店内组织的专家技术讲座。同时,会员花钱买肥时实行积分累计管理制度,按照会员不同额度的积分,购肥时给予一定的优惠政策。于是,该店会员花钱买农资产品的积极性提高了,店铺的资金回流速度也增加了。

案例思考:

1. 阅读了以上四个农资店的转型案例,你有什么体会?

2. 你认为农资经营的发展趋势是什么?

3. 你如何看待农资电子商务?

【知识目标】

- 了解农资与农资电子商务的含义与类型。
- 掌握农资电子商务发展现状。
- 掌握农资电子商务经营思维与模式。
- 掌握农资电子商务发展策略。

【能力目标】

在掌握农资电子商务相关含义和发展现状的基础上,能够根据农资电子商务经营思维、模式及发展策略策划出农资电子商务经营方案,或对相关农资电子商务项目给出改进方案,掌握农资电子商务的经营方法。

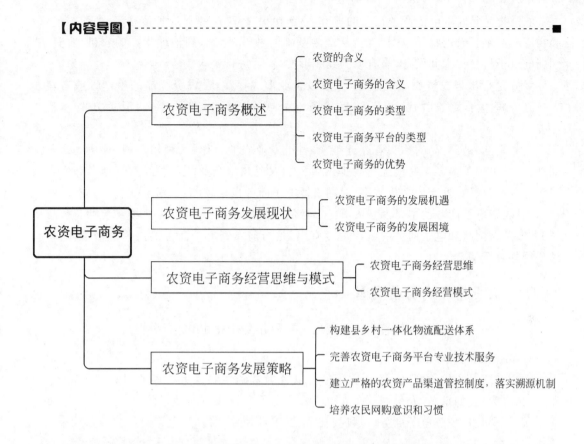

11.1 农资电子商务概述

11.1.1 农资的含义

农资是农用物资的简称,一般是指在农业生产过程中用于改变和影响劳动对象(如土地等)的物质资料,如农业运输机械、生产及加工机械、农药、种子、化肥、地膜等。随着农业生产水平的不断发展,农用物资的概念也在不断延伸,现代科技方法也可称为农用物资,如应用人工智能技术、计算机智能软件的农业专家系统在农业生产中的应用,使微型电子计算机也成为农业生产中的一部分。

11.1.2 农资电子商务的含义

农资电子商务是指借助于电子科技技术(尤其是网络技术和电子技术)而开展的,以农用物资为交易对象的商业活动。农资电子商务与传统的工业消费品电子商务模式非常相近,只不过交易对象是农用物资。农资电子商务主要由四个方面的要素构成:电子商务平台、农资物品、卖方与买方。

农资电子商务平台为农资交易提供场所和工具。农资电子商务平台主要解决三个方面的问题:信息服务、交易和支付,即利用互联网进行全程的贸易活动,将信息流、商流、资金流和部分物流实现融合。

农资物品是农资电子商务运营的核心,它连接买卖双方,并促成了信息流、商流、资金流和物流的产生。农资物品范围广泛,从最为基础的种子、化肥,到辅助生产的农机、农具,再到新的电子科技技术和设备,从有形的到无形的,皆可进行销售。

卖方是指出售农资物品的主体,一般以企业形式存在,是农资物品的生产方或者售卖方。在农资电子商务时代,线下销售业务部分或全部转移到了线上,但卖方群体基本不变。

买方是指农资物品的购买者。近年来,各类专业农业合作社、种植基地、种植大户不断涌现,更是出现了很多为这些经营者提供服务的农业技术企业。这些经营管理者和农业技术服务者通常具有较高的文化水平,对网络及电子商务也比较熟悉,对农资物品具有较高的认识,是农资电子商务的主要消费人群。零散的小农户,由于自身种植规模和专业化程度的限制,以及对网络和电子商务的认识程度有限,是当前农资电子商务的次要消费群体,但他们同样具有消费潜力。

11.1.3　农资电子商务的类型

为了进一步了解农资电子商务,可用以下三种分类方法对其进行分类。

1. 农资品类分类法

根据农资品类的不同,农资电子商务可以分为基础性农资电子商务(以种子、苗木、化肥、农药等为主,如京东、农一网等)、农机具农资电子商务(以农业作业机器、工具为主,如益农宝等)和科技性农资电子商务(以科技技术、微工具为主,如农医生等)。

2. 农资电子商务平台属性分类法

根据农资电子商务平台归属权的不同,可以将农资电子商务分为自营性农资电子商务(如京东、买肥网等)和第三方农资电子商务(如淘宝、云农场等);根据农资电子商务平台经营范围的不同,可以将农资电子商务分为综合型农资电子商务(如京东、淘宝等)和垂直型农资电子商务(如农一网、云农场等)。

3. 农资电子商务模式分类法

根据农资电子商务模式的不同,可以将农资电子商务分为 B2B 型农资电子商务(如买肥网等)和 B2C 型农资电子商务(如京东、云农场等)。

11.1.4　农资电子商务平台的类型

根据农资电子商务平台的产生方式与功能,主要有以下五类农资电子商务平台。

1. 综合型农资电子商务平台

综合型农资电子商务平台主要是以工业消费品综合性电子商务平台为基础,凭借其自身的超级互联网消费入口和海量的用户数据资源,延伸扩展涉足农资电子商务业务,以淘宝网和京东商城为典型代表。这类农资电子商务平台最大的优势在于其原有一定的运营基础,包括平台运营管理经验、用户规模及知名度与影响力等,借助于这些基础能够实现快速拓展农资电子商务业务;劣势在于这类农资电子商务平台商品品类繁多,无法实现对农资物品的精细化运营。

（1）淘宝网。目前中国蓝星集团股份有限公司、中国昊华化工集团股份有限公司、中国化工农化总公司等多家企业已成功与淘宝网开展合作，经营农用物资。淘宝网通过建设农资频道，打造农资全产业链服务平台，让农民可以"一站式"在农资频道购买种苗、化肥、农用器械，并获得科学的农业生产技术指导，改变了农资行业经销商层层加价的模式，实现了农资物品从厂商直接供货至农民，全面降低了农资物品的售价，同时从准入机制、店铺保障金、售后周期等方面提高保障能力，全面保障农户的权益。

（2）京东商城。2015 年 7 月 17 日，京东商城正式宣布涉足农村电子商务领域，农用物资是第一步。京东农资品类以种子为主，且所售种子均为京东入仓式自营，同时还支持商家一起做协同仓储。在农药和化肥领域，京东还处于探索期，现主要通过商家入驻形式经营，如与金正大合作构建"农商 1 号"农资平台，覆盖农药、化肥、种子等农资品，由生产企业直接供货。此外，京东计划推出厢式、货车式移动仓进村镇，以线下"赶大集"的活动为载体，吸引线下消费者。

2. 垂直型农资电子商务平台

垂直型农资电子商务平台只专注于农资领域，优势在于能够更好地做到商品品类集中和目标客户集中。商品品类集中能够实现同类商品之间的比价、比货功能，让消费者更快、更精准、更实惠地选取到适合自己的农资产品；目标客户集中能够更全方位提供精细化的客户服务与运营策略，有利于满足客户的需求，最终提升客户的满意度。这类农资电子商务平台以云农场和农一网为代表。其不足之处在于，这类平台几乎都是新生性平台，它们的运营与管理仍处于探索阶段，没有形成完善的体系。

（1）云农场。云农场旨在运用电子商务让农民直接从厂家采购农资，并提供农技服务。自 2014 年 2 月上线以来，自营与商户入驻各占半壁江山，已有 400 家农资企业入驻，市场范围遍及全国。该平台还采用村站模式发展用户，在基层设立服务站帮助农民下单。目前云农场已成为集农村电子商务、农村物流、农技服务、农村金融、农民社交等多个领域于一体的农资服务平台。

（2）农一网。农一网是由中国农药发展与应用协会发起的以农药为主的农资电子商务平台。该平台于 2014 年 11 月上线，已经有 40 多个品牌入驻。农一网的服务方式为在基层派遣服务人员帮助农民下单，而传统经销商成为农一网会员后只负责配送和售后服务。

此外，还有易农优选、农资大市场、拜农网、龙灯电子商务等众多平台，各具特色。易农优选、农资大市场选择种田大户为客户群，以批量销售为主，只有订购的数量达到物流标准才可以派送；拜农网采取"电子商务平台＋经销商＋农户"模式，通过在县域设立线下分中心，协助农资生产厂家直接服务于农资经销商，乡镇设办事处服务于当地农场主、合作社等新型主体并和分中心共同服务于农资经销商。

3. 农村市场集中型农资电子商务平台

随着农村地域电子商务消费需求的产生，近年来诞生了一批专注于农村市场的电子商务平台，它们以农村地域为目标进行深耕精作，实行双向产品经营策略，向下将城镇的工业消费品销售至农村（即工业品下乡），向上将农村地域的农产品销售至城镇（即农产品进城）。这些电子商务平台在进行城市工业品和农村农产品双向流通销售过程中，附带以农资产品，从而又形成了一类新的农资电子商务平台——农村市场集中型农资电子商务平台。此类农资电子商务平台以点豆网和农资哈哈哈送为代表,它们的优势在于规避了目标客户群体太小(如垂直型农资电子商务平台)和太大(如综合型电子商务平台)的弊端,一方面能够吸引足量的目标客户,另一方面扩展了用户需求商品的范围,在用户需求满足方面和企业盈利方面都得到了提升;而且,此类型农资电子商务平台原来的消费群体就是农户,在用户体验及需求把握上更能做到精准化。此类农资电子商务平台的劣势在于产品品类比较有限,难以满足当下消费者多元化、定制化及多品类化的消费需求;运营与管理模式等方面不成熟,经营时间较短,没有相关经验积累。

(1)点豆网。点豆网于2015年5月21日正式上线,覆盖山东、海南、新疆等地的100多个县。其平台主要整合农资输入、农产品输出、农村物流、农村金融等农业产业链,其服务方式为设立"一村一站"进行扁平化销售,商品直销至农户。

(2)农资哈哈送。农资哈哈送于2014年上线,是针对河南、河北、安徽、山东等省份农村地域的大型农资、日用品购物平台,运营模式为在县级设立代购店、在村级设置代购员,以村级的代购员支撑县城的代购店,实现"一店带多点、多点托一店"的经营模式。

此外,还有好汇购主要针对吉林省进行农资、日用品及医药下乡;星润农资等平台采用O2O模式整合原有线下农资店、乡镇日用品超市进行网络销售并提供物流配送服务。

4. 老牌农资企业自营型电子商务平台

随着电子商务的发展,传统农资企业也纷纷采取了积极策略,开拓电子商务业务。传统农资企业开展农资电子商务经营具有得天独厚的优势,其成熟的物流与营销系统、品牌口碑、服务体系以及长期扎根基层对于消费者需求的了解等,都是其他电子商务平台无法比拟的,这类企业只需要开发一个电子商务平台,然后借助于原有经营基础开拓电子商务经营,如中国购肥网和买肥网。其不足在于,这类电子商务平台对线上经营缺乏经验,这会为其带来一定的经营难度。

(1)中国购肥网。中国购肥网由鲁西集团搭建运营,于2013年上线,为其传统渠道增加了产品直销的方式。电子商务渠道的产品、物流、服务仍由鲁西集团原有的经销商网络负责,传统的销售渠道并未改变。目前,其网上的销量只占到总销量的很小一部分,大部分农户购肥还是通过传统渠道。

(2)买肥网。买肥网由中化集团下属中化化肥有限公司搭建运营,于2014年7月上线,主要为其原有的核心经销商提供在线的B2B电子商务交易,实现经销订单在线化和数据化。此电子商务平台主要是为了满足提高经营效率的需求,实现公司与核心经销商在交易各环节中的业务信息透明和数据实时共享,使客户需求能够真实、直接、快速地反馈到工厂,缩短购货流程,提高供应链整体效率。

此外,还有大北农网上直营店农信商城,主营销售饲料、兽药、疫苗、种子、农化产品等;芭田股份、司尔特、史丹利、心连心、金正大、新希望、中农控股等老牌农资企业也纷纷推出了自己的电子商务平台、网站等。

5. 服务导向型农资电子商务平台

农资产品使用技术复杂、产品效果受环境因素及操作技术影响较大,产品的销售往往需要配套的售前售后服务与指导。因此,不同于以上以销售农资产品为主的电子商务平台,以信息资讯、问题咨询等信息服务为先导的农资电子商务平台应运而生,它们整合了技术服务、商务服务和平台服务,有的以论坛形式发起,有的提供免费移动信息服务终端。这类平台可以有效聚集客流,提高产品精准投放率,同时打造良好用户体验,满足农户对基础知识的需求,具有代表性的平台有农医生、益农宝等。

(1)农医生。农医生是一款使用方便的手机 App,于 2014 年 11 月上线,它既是免费信息咨询服务终端,也是移动互联网农业远程诊断的开创者,以解决农业种植、食品安全问题为根本使命。目前平台认证专家达到 10 万余人,整合了农机、植保、防疫等多个方面的专家,在线免费、快速、准确解决农民种植过程中的各类难题,注册用户约 1000 万人。平台产品不断更新迭代,不断推出病虫草害图谱、农资产品查真伪、查找附近农资店等功能,提升了农村用户的体验。

(2)益农宝。益农宝是浙江农资电子商务平台的移动客户端,是一个集信息整合、农机在线、庄稼医生、农资 4S 店于一体的多功能信息终端,在为农户提供农作物培育解决方案的同时,精准推荐农资物品销售。

此外,191 农资人、中国农资联盟等则以门户网站、论坛等形式提供农业资讯、技术服务、技术交流,同时兼营农资产品。

11.1.5 农资电子商务的优势

农资电子商务优势主要体现在以下几个方面。

(1)农资电子商务缩短了农资销售的链条,实现厂家—消费者、厂家—中间商—消费者的扁平化销售模式,降低了渠道成本,帮助农户减少了购买成本。

(2)电子商务平台宣传范围广,能够达到让消费者快速、全面了解农资产品的目的,降低了传统渠道中的宣传成本。

(3)农资电子商务突破了时间和空间的限制,能够满足不同地区的消费需求,提高了交易效率,扩大了销售范围。

(4)农资电子商务的互动性强,通过互联网,商家与消费者之间可以直接进行交流,消费者可以把自己的建议和意见直接反馈给商家,商家也可通过平台指导消费者使用农资产品,实现了实时交互,促进了双方的良好合作。

(5)农资电子商务能够顺应农业发展趋势,提供精准化的农资产品服务。随着信息技术的发展,网络正逐步成为农村人口获取信息的重要方式,农资电子商务可以方便他们选择农资产品和获取相关农业服务,并为他们提供精准化的农资产品服务。

11.2 农资电子商务发展现状

11.2.1 农资电子商务的发展机遇

1. 国家政策强势支持

2016 年 1 月,农业部办公厅发布《农业电子商务试点方案》的通知,指出要积极探索农资电子商务新模式,建立农资网上销售平台,构建农资电商服务体系、农资电商监督体系,加快推进农业电子商务健康发展。吉林、黑龙江、江苏、湖南四省重点开展试点。此后,政府部门虽然没有发布直接针对农资电子商务的专项支持政策,但在农村电子商务支持发展的系列政策中不断提及农资电子商务,指出要在发展农村电子商务整体中推动农资电子商务发展,为农资电子商务发展指明了方向,并提供了坚实的支持基础,包括资金、机会、物流、网络、技能等。

2. 基础设施不断完善

在农村电子商务快速发展的背景之下,农资电子商务所需的基础设施建设已趋于完善,农村互联网和农村物流已能够基本满足农资电子商务发展所需。2021年8月27日,中国互联网络信息中心(CNNIC)在京发布的第48次《中国互联网络发展状况统计报告》指出,截至2021年6月,我国农村地区互联网普及率为59.2%,较2020年12月提升3.3%;行政村通光纤和4G的比例均超过了99%,农村和城市"同网同速",城乡数字鸿沟明显缩小;全国乡镇快递网点覆盖率达到98%。

3. 消费群体快速壮大

在现代科技与互联网环境中成长起来的"新农人"和"新新农人"(指1995年后出生的更年轻的新农人)习惯并乐于通过互联网进行消费,这部分农业生产经营者是农资电子商务的主要消费群体。

2021年12月2日,拼多多发布的《2021新新农人成长报告》显示,截至2021年10月,拼多多平台的"新新农人"数量已超过12.6万人,其中"00后"占比超过16%,在涉农商家中的占比超过13%。过去两年,平台上"新新农人"的数量快速增长,2019年是29 700人,2020年是85 700人,2021年达到126 000人,显示了农资电子商务消费群体的快速壮大。

近年来,在农村电子商务政策影响下,传统农人的电子商务消费习惯和喜好发生转变,虽然主要消费物品还是生活消费品,但已逐渐产生农药、化肥及农业机械等农资商品的消费。未来,在电子商务下沉农村政策的持续推动下,传统农人的农资电子商务消费喜好和习惯将迎来大转变,传统农人也会成为农资电子商务消费的新力量。

4. 经营主体趋于多样化

当前农资电子商务经营主体较为多样化,根据其产生背景可以分为三类(见图11-1):一是延伸业务线的原农资厂商,代表为农药上市公司诺普信(田田圈)和辉丰(农一网)、种业公司圣丰种业(云农场)、化肥上市公司金正大(农商一号),分别于2014年和2015年涉足农资电子商务领域;二是拓展业务线的原综合电子商务企业,代表为农村淘宝和京东农商,均于2015年推展业务线至农资电子商务领域;三是转型农资电子商务领域的第三方互联网企业,代表为深圳市五谷网络科技有限公司(大丰收)、陕西奇志共利现代农业服务有限公司(七公里)和创乐网络技术(北京)有限公司(丰收侠)。

5. 农资电子商务交易服务规范趋于完善

2019年6月4日,国家标准《农业生产资料供应服务—农资电子商务交易服务规范》(GB/T 37675—2019)由中华人民共和国国家市场监督管理总局、中华人民共和国国家标准化管理委员会发布并推行实施。该标准规定了农资电子商务交易的基础保障要求以及交易服务要求,适用于农资电子商务交易服务,可以规范农资电子商务服务组织行为,提升服务质量,保护广大农民的合法权益。

项目对比	厂家背景农资电商				电商巨头背景农资电商		互联网背景农资电商		
	田田圈	云农场	农一网	农商一号	京东农资	农村淘宝	大丰收	七公里	丰收侠
平台背景	诺普信（农药上市公司）	圣丰种业	辉丰（农药上市公司）	金正大（化肥上市公司）	京东	阿里巴巴	第三方互联网	第三方互联网	第三方互联网
上线时间	2015年5月	2014年2月	2014年12月	2015年7月	2015年9月	2015年7月	2014年12月	2014年12月	2015年4月
投资方	自有资金	圣丰种业联想集团春晓资本	自有资金	社保基金+自有资金	自有资金	自有资金	经纬中国	真顺基金启明创投	红杉资本险峰长青德沃基金等
投资金额	不详	数千万美元级	不详	20亿	不详	不详	天使轮：800万元人民币 A轮：数千万元人民币	天使轮：700万元人民币 A轮：500万美金	天使轮：数百万元 A轮：数千万元
目标群体	农资零售商	农资零售商	农资零售商	农资零售商	农户	零售商/农户	种植大户	农资零售商	农资零售商
目标区域	26省	10+省	不详约5+省	不详约5+省	不详约10+省	网销全国	安徽、江西、湖南、湖北、江苏	陕西、河南、河北	山东、河南、河北等
业务模式	B2B	B2B	B2B	B2B	B2B2C	C2C/B2C	B2B2C	B2B+SAAS	SAAS+B2B
线下模式	连锁加盟	服务站+金融	连锁加盟	连锁+农民会员制	县级运营中心+推广员	县级运营中心+村级合伙人	服务站+代购员+金融	连锁加盟	服务站
盈利点	产品差额利润	产品差额利润	产品差额利润	产品差额利润	开店费+产品差价	产品差价	佣金+广告+加盟费	产品差额利润+服务费	SAAS服务，部分不详
主营产品	诺普信系列	单元素肥（测土配肥）	辉丰系列+飞防无人机	金正大、新农道为主，辅以小品类	主流品牌均有	主流品牌均有	主流品牌均有	不详	不详
是否补贴	是	是	是	是	不详	不详	否	不详	是
平台特色	自营+金融	化肥定制+金融+农产品	自营	自营	开放平台+部分自营+金融	商家众多+金融+农产品返销	开放平台+部分自营+金融	半封闭平台	全封闭平台
品类情况	农药为主	肥料为主	农药+无人机	肥料为主	种子、农药、化肥	种子、农药、化肥	农药+肥料+小型农机	农药、肥料、日用品	肥料
物流环节	厂家→县级田田圈→镇级田田圈→农户	厂家→云农场→农户	厂家→门店→农户	厂家→门店→农户	厂家→京东仓→县级运营中心→京东帮→农户	卖家→农户	厂家→大丰收服务站→农户	厂家→七公里→七公里服务站→农户	经销商→零售商 厂家→丰收侠→零售商→农户
主要不足	品牌受限环节多	品牌受限环节多	品牌受限环节多、无金融	品牌受限环节多、无金融	线下农技缺乏、配送成本高	商家层次不齐无线下支撑点	自营品牌不足	不详	系统封闭无厂家授权产品

图 11-1　各大农资电商平台情况对比

11.2.2　农资电子商务的发展困境

虽然我国电子商务整体发展迅猛，但农资电子商务仍处于探索阶段，仍然面临一些发展困境。

1. 农资电子商务模式不够成熟，行业主导者尚未出现

农资电子商务模式当前仍处于探索阶段，虽然已经出现多种经营平台，但总体来看主流模式依然没有出现，农资电子商务平台的盈利方式和盈利能力尚不明确，多数企业依然保持观望态度。已经上线的农资电子商务平台所占的市场份额也不高，尚未形成农资领域的电子商务巨头，难以撼动传统的农资销售模式。市场关于农资电子商务平台的发展应由谁来主导的争论仍在继续：一方面，传统农资企业普遍缺乏互联网思维，更倾向于把农资电子商

务平台作为招揽融资的一种工具,农资电子商务的发展很难由其主导;另一方面,互联网企业普遍缺乏农资运营经验,传统农资企业和电子商务平台之间的资源整合仍未取得良好效益。

2. 物流服务体系薄弱

由于农资产品和农村地域的特殊性,当前的物流服务体系仍难以满足农资电子商务的需求,主要体现在三个方面:一是农资产品作为重要的生产资料,季节性较为明显,对物流配送的时效性、灵活性要求较高;二是农资产品通常体积大、分量重,单位价值相对较低,而传统的物流配送多采用计重收费,使配送成本较高,而部分农药产品又具有高毒性,属于危险化学物品,在运送的过程中需要大量的专业运送设备,这些都对传统的物资配送方式提出了严峻的挑战;我国农村的居住模式分散,自然村多、住户少,农村地区特别是一些中西部农村地区,交通运输基础设施较差,投递里程较长,物流成本居高不下。

3. 农业技术配套服务缺乏

电子商务不是只通过互联网售卖产品,而是借助于互联网这一具有多种优势的渠道为消费者提供更好的服务,农资电子商务也不例外。农资产品是非常特殊的技术型产品,它服务于农业生产,对于技术服务的要求较高。以农药为例,农民希望解决虫害,但欠缺经验和专业知识,这便需要农资电子商务商家为农民提供各种用药建议和指导,保障用药的安全和效果,只有这样才能够真正服务好农民,让农民更加愿意通过电子商务渠道购买农资产品。但目前在农资电子商务经营中,技术指导服务是非常薄弱的环节,虽然各农资电子商务平台大多设置有农业技术指导中心,但仅提供一些农资资讯,真正能够提供农资技术指导服务的平台十分稀缺,降低了农民通过农资电子商务进行消费的积极性。

4. 假货问题频发

由于部分农资产品的生产门槛较低,加之农资市场监管松散和农民对于假货的辨别能力较低等因素,农资市场中经常出现假冒伪劣商品,农资电子商务中假货同样泛滥。例如2014年,在中国消费者协会开展了网络交易商品定向监测活动,并发布了2014年下半年网络交易商品定向监测结果,在农资领域抽检15个样品,其中杜邦康宽抽检样品10个,3个正品;史丹利抽检样品5个,全部是非正品。

5. 中老年农民网购意识较弱

尽管目前农村电子商务发展迅速,但仍和城市地区有巨大的差距,只有经济发达的东南沿海一带的农民对网购的认知度较高,中西部地区的大部分农民对网购依然很陌生。另外,当前农村大部分青壮年以外出打工为主,不从事农业的生产与经营,真正从事农业生产的多是中老年人,而他们深受传统消费模式的影响,且不擅长操作电子设备,习惯于传统的线下店铺消费方式,这使农资电子商务难以推行。

11.3　农资电子商务经营思维与模式

针对当前农资电子商务发展的实际情况,要做好农资电子商务经营必须具备良好的经营思维,选择恰当的经营模式,以提高农资电子商务的经营效率。

11.3.1　农资电子商务经营思维

要想农资电子商务经营达到既定的目标,必须要有正确的思维方式作为指导。农资电子商务经营的经营思维主要包括服务化思维、社群化思维、品牌化思维和移动化思维。

1. 服务化思维

消费者购买、消费相关产品,表象是产品,深层次是产品所携带的问题解决方案,即消费者购买的是商家提供的能够解决自身相关问题的方案,如女士购买化妆品是借助于化妆品商家的专业服务让自己更漂亮,而不是化妆品本身。方案的本质是商家的服务,农资产品是更加特殊的一种产品,对于服务的要求更高。农资电子商务需要注重给消费者提供更好的服务,真正帮助农民解决所面临的农业生产问题。而要做好这些服务,商家必须要具备服务化的思维方式,将服务融入企业的每一个行为之中,即一切行为为服务化。

金丰公社是金正大集团投资并控股的一家农业服务平台,以全程托管方式为种植户提供更为集成、经济、高效、便捷的种植业整体解决方案。他们希望通过理念先进的服务来实现对种植户的增值,带来种植管理模式的改变。例如,该平台核心服务涉及测土配方,帮助种植户选种、选肥、选药,提供种肥同播和机械收获等专业农机服务,对种植户进行互联网培训和病情诊断;对接第三方金融平台机构,给予有资金困难的种植户贷款和其他金融服务;结合外部渠道和自有渠道,帮助农户建立品牌,解决农产品销售问题。在提供多元服务的基础上销售农资产品,为金丰公社带来上亿元的销售额。

2. 社群化思维

社群的价值是非常巨大的,一是能够增加与消费群体的黏性,二是能够积累良好消费口碑,三是能够形成用户裂变,这都是企业所需要的。农资电子商务在这些方面缺乏优势,借助于社群,能够更好提升经营能力,快速发展。社群化的思维方式是农资电子商务经营必不可少的思维方式。农村地区本身又具有强烈的社群文化,这对农资电子商务社群运营助力颇多。

河北石家庄一名姓万的农资店老板,在四年间,通过自己建的几个微信群,解决了许多农民生产中遇到的实际问题,也销售了许多农资产品。当农民遇到作物病虫害,就拍照片或视频发到群里,随时可以得到令人满意的解答。老万上午在门市坐诊,下午下乡转大棚,他每进一棚,农民都热情相迎,并且还都乐意买老万的产品,其他商家也有下乡服务的,但是农民并不买账。两者最大的区别就在于有无微信群。老万所去转的大棚,都是农民提前在微信群里预约的,老万下乡是有针对性的,他只给微信群里的农户服务,平时农户要什么农资产品,要解决什么问题,都是提前发到微信群里。这几年,老万的销售额节节攀升,他建的微信群发挥了很重要的作用。在老万的手机里,有"西红柿种植群""辣椒种植群""温室黄瓜群",各群的人数加起来超过 2000 人,这些人是他坚实的消费者基础。

3. 品牌化思维

品牌本身带有较高知名度和可信度,能够有效促进销售,这对于企业来说是非常具有价值的,发展农资电子商务必须具有品牌化思维。农资产品与其他类产品相比较具有许多差异,首先试错成本非常高,若买到了假冒伪劣产品可能会造成农作物的减产,甚至会直接毒害农作物或者人畜等;其次技术含量较高,如农药的使用要有合适的配比、正确的施撒过程及安全防范差错,任何方面的差错都会造成危害。因此,农民更愿意相信并选择品牌农资产品,这样不仅可以降低试错成本,而且可以获得良好的技术服务。打造农资品牌是发展农资电子商务的最佳途径,如农一网打造的服务于农资零售商和种植大户的垂直专业电子商务品牌形象,非常受种植大户的认可和信赖。

4. 移动化思维

随着移动网络的发展、移动网络终端的普及,以及用户网络使用习惯的改变,网络移动化成为必然趋势,当前移动网络的使用已远远超过传统 PC 网络,在农村这一现象更加明显。据相关数据显示,在农村 92.98% 的家庭拥有手机,而家庭计算机拥有率仅为 44.37%。因此,农资电子商务经营必须具备移动化思维,通过手机 App、小程序、微信群等为消费者提供便捷的服务。移动化思维包括小屏化、便捷化、碎片化的服务理念,告别了过去传统 PC 端的大屏化、固定式的经营方式。农业电子商务企业一亩田在移动化的方面做得非常好,目前一亩田手机 App 的用户数量在农资行业最为庞大。

11.3.2　农资电子商务经营模式

常见的农资电子商务经营模式有以下几种。

1. B2B 模式

农资电子商务的 B2B 模式是指农资产品生产(经销)企业通过电子商务平台将农资产品直接供应给下游企业(下级经销、零售企业或终端消费企业)的农资产品销售模式。B2B 模式根据电子商务平台的经营属性不同可分为第三方性 B2B 模式和自营性 B2B 模式。阿里巴巴批发网是运营较为成功的第三方性 B2B 模式平台,聚集了众多农资行业的上下游企业,也包含了复合肥、杀虫剂、蔬菜种子等多种农资产品。由鲁西化工集团运营的中国购肥网是自营性 B2B 模式的典型代表,它为全国的化肥经销商和零售商提供了一个快速获取其公司产品信息的平台,但是,中国购肥网更像是一个产品展示的平台,只是在网站中上传了产品信息,而无实际的交易服务功能,在线客服处于虚设状态,涉及产品交易的支付方式、售后服务、物流配送等相关问题未予以详细说明。

这种模式主要是帮助农资生产商或经销商解决产品渠道问题,将农资产品从上游端流通至下游端或零售终端。在农资电子商务发展初期,有一些农资企业开展运营了这一模式,但是很少有企业能维持长期运营,除了物流、供应链及电子商务服务问题之外,最重要的原因在于这些企业的电子商务平台大部分还是服务于自己,缺少开放包容的思维,没有整合足够的资源,也没有对外共享。

2. B2C 模式

农资电子商务的 B2C 模式一般是指农资产品生产商、经销商或终端零售商直接面向农资产品消费者进行产品销售的经营模式,这也是目前农资电子商务经营中使用最为广泛的模式之一,代表性平台有易农优选、云农场等。易农优选已逐步实现了对河南全省范围内和周边地区的农资配送,在销售农资产品的同时还开展了大量旨在帮助农民销售特色农副产品的营销活动;云农场在山东省重点县市逐步建立了云农场村级服务站,服务站多由当地较有影响力的人运营,通过熟人关系网络口口相传,逐渐得到农民消费者的认可。B2C 模式根据电子商务平台的经营属性不同同样可分为第三方性 B2C 模式和自营性 B2C 模式,第三方性 B2C 模式代表为大丰收农资商城,自营性 B2C 模式代表为京东。

农资电子商务 B2C 模式以种植户为目标群体,以农技服务为主要方法,借助互联网平台以讲座、直播、答疑等方式解决农户问题,为农民提供服务。B2C 模式最大的优势是不会与传统渠道产生较大的利益冲突,不会过多影响传统渠道利益,所以前期发展比较好,容易受到投资者青睐。但是此类模式的缺点也很明显,我国农业还是以小农户为主,这些农户对于农资产品缺乏了解,购买农药的方式基本上还是以从众和农资零售商推荐为主,缺乏自主性,且通过电子商务平台销售农资产品,农技服务的支持受到局限。

3. B2B2C 模式

B2B2C 模式中第一个 B 是指农资产品生产商,第二个 B 是指农资产品经销商,C 则是指农资产品消费者。B2B2C 模式能够有效地将农资产品生产商、经销商、消费者紧密结合在一起,形成生产、销售及消费的有序循环,典型代表为农一网。农一网是由辉丰股份和中国农药发展与应用协会主导投资组建的采用 B2B2C 模式的电子商务平台,主要通过服务工作站连接供应链资源。服务工作站主要由传统的农资经销商、植保合作社或植保服务公司合作组建,村级工作站主要提供农资产品代购和植保信息技术推广等服务,县级工作站和农村信息化服务站在农资仓储、农资配送、农业技术服务、代购等环节发挥重要的作用。县级工作站提前进行备货,农户在农一网上提交订单并预付货款后,由县级工作站直接发货到各村级服务站,再由村级服务站配送给农户。这种模式不仅可以提高农资产品配送时效,而且可以良好覆盖不同的作物种植区,解决农资产品区域性差异较强的问题。

4. O2O 模式

O2O 模式是将线下交易与互联网结合起来,目前已广泛应用于餐饮、酒店、美容等服务性行业,其特点是将产品发布、优惠折扣等信息及支付活动放在线上进行,而将服务、消费等活动放在线下进行,最终将线上线下有机结合在一起,以线上营销促进线下消费。目前,中国传统的农资生产企业都建立了比较完善的分销体系,保证了能够将产品快速高效地送到田间地头。相比其他运营模式,O2O 模式可以有效将农资企业的线下资源利用起来,不仅可以协调传统农资经销商与农资电子商务的利益冲突,减少农资企业运营电子商务平台的阻力,而且可以依托线下门店资源,为用户提供更好的农业技术服务,增强用户体验。例如,"农商 1 号"作为国内规模较大的 O2O 农资电子商务平台,整合了中国邮政的乡村网络及金正大 10 万名传统经销商,发展村级服务站,建设县级运营中心,发展农民会员。布局大量县级中心,不仅保障了农资产品配送效率,而且有效利用了金正大集团完善的分销体系,协调了经销商与电子商务平台的利益冲突,实现互利共赢。

11.4　农资电子商务发展策略

虽然当前农资电子商务整体发展较为缓慢,且取得的规模和成效有限,更有着一些经营困局,但农资电子商务的发展前景仍值得期待。针对农资电子商务当前所面临的困难,可以采取以下发展策略。

11.4.1　构建县乡村一体化物流配送体系

物流配送体系是农资电子商务经营的基础条件,直接决定着农资电子商务的成败。由于农资电子商务所面向的市场主要是农村地区,物流配送体系建设非常薄弱,限制了农资电子商务经营。因此,构建完善的物流配送体系是当前亟待解决的问题。农资电子商务物流配送体系最佳的模式是县乡村一体化,以县级为单位向上连接农资产品生产、经销商,融入城镇成熟的物流配送体系;向下连接乡镇、农村及消费终端,打通县乡村三级物流配送体系,实现农资产品的快速、畅通配送。

构建县乡村三级物流配送体系,需要从以下方面开展工作。

1. 建立以县城为中心的农资仓储中心

县城一般为县域地区的中心,有着较为完善的交通条件,且与终端消费者的距离较近,因此以县城为中心建立物资仓储中心,一是能够快速响应终端消费者的消费需求,二是能够实现即时物流配送,保障农资产品的供应效率。农资产品生产商或经销商先将农资产品运至县级仓储中心,待有消费订单后,利用县乡村三级物流配送体系将农资产品配送到村级中转站。县级仓储中心可以通过整合传统农资企业的线下资源,积极鼓励农资经销商、零售商加盟。农资经销商不仅熟悉农资行业,拥有大量的客户和社会资源,还比较了解农资产品的储藏和运输方式,这些都是县级仓储中心所必需的基础和条件。

2. 设置乡级中转中心

在县乡村三级物流配送体系中,乡级环节的作用是非常重要的,它是衔接县与村的中间节点,向上对接县级农资产品仓储中心,向下直接连接农村消费者。因此,可以在乡镇设置中转中心,衔接县级仓储中心和村级配送(服务)站点,快速将县级仓储中心转运来的本乡镇订单以村为单位进行分拣,然后精准转运至村级站点。

3. 设立村级配送(服务)站点

村级配送(服务)站点是县乡村三级物流配送体系的基础环节,直接面对终端消费者,负责农资产品的配送与交付,消费者对于农资电子商务消费的体验很大程度取决于此环节。可以在村级设立配送(服务)站点,为终端消费者提供农资产品的配送,并提供相关的服务。可以在较大的村设立固定的配送(服务)中心,在人口较少、交通条件较差的村庄则可以与当地的便民门店进行合作,由其提供相应的农资配送与服务。

4. 充分挖掘县乡村三级交通资源,夯实三级物流配送运输基础

在当前农村物流配送体系中,自营运输成本非常高,物流企业难以盈利,甚至亏损巨大,这也是影响农村物流发展的根本原因。对此,可以通过充分挖掘县、乡、村三级交通资源来完善运输环节,如当地的客运资源、货运资源、私家车资源等,它们在开展自身运输业务的同时可以兼顾运输农资产品。这样一方面可以提高这些运输资源的利用率,使它们提升了运输收益;另一方面可以降低运输成本,提升物流配送速度,以最短时间将农资产品配送并交付给消费者。

11.4.2　完善农资电子商务平台专业技术服务

农资产品的技术服务属性较强,农资电子商务要实现落地运营,必须要强化技术服务,夯实农资电子商务基础,具体可以通过以下方面进行完善。

1. 完善农业基础大数据

随着数据分析技术的不断成熟,数据已成为各行各业的基础生产资料,农业行业也不例外。大数据作为一种在体量和规模方面更大的数据形式,所拥有的信息量是非常全面的,对实际应用具有非凡价值。借助大数据可以更好地了解农业情况,并对农业发展做出预测。农资电子商务平台建立农业基础大数据可以从土壤环境、农作物种植、重大病虫害预警等方面进行,利用农业基础大数据为农业生产提供相应服务,助力农业发展。

2. 加强对农资代购员的培训

农资代购员是连接农资供应商与农资消费者之间的纽带,是农资电子商务顺利实行的基础,具有非常关键的作用。虽然农资代购员理论上是只为客户提供代购服务,但是在实际情况中,他们还需要向农民消费者提供相关专业化的农业技术服务,这就需要农资代购员必须掌握专业的农业技术知识。同时,农资代购员也是农资电子商务平台的推广者,他们的专业水平体现了农资电子商务平台的专业性。农资电子商务企业要加强农资代购员的专业知识培训,提升他们的服务能力。

3. 加快农业技术服务队伍建设

要全面保障农资电子商务专业化的服务,必须要有建设一支高度专业化的服务团队,确保农资消费者能够在第一时间得到优质、高效的农业专业技术服务。

11.4.3 建立严格的农资产品渠道管控制度,落实溯源机制

农资产品的优劣对农业生产的影响是非常巨大的,轻则影响农作物的产量、品质,重则会直接造成作物或从业人员的损伤甚至死亡。农资产品的安全可靠对终端食品消费者和农业从业者都是至关重要的。因此,必须加强对农资产品的管理与监督,全面保障农资产品的质量,最佳的策略是建立严格的农资产品渠道管控制度,落实追溯机制,主要包括以下内容。

1. 建立农资产品市场准入机制

要做好对农资产品质量的管控,最佳的策略便是从产品流通源头开始建立农资产品市场准入机制,决不允许任何一家生产或销售假冒伪劣农资产品的厂商、经销商入驻电子商务平台,坚决维护农资产品消费者的根本利益。

2. 建立农资产品二维码追溯系统

随着电子和网络技术的发展,产品追溯系统已趋于完善,对农资产品从生产、流通到最终的消费都能够进行详细记录,对产品进行追踪溯源。将此二维码追溯系统应用至农资产品中,能够有效保障农资产品的质量。

3. 建立产品质量问题的赔付机制

虽然建立了产品源头管控机制,但是也不能够保障进入流通渠道中的农资产品都完全没有问题,农资产品在流通中也会受到多种因素的影响而变质,难免会给农户消费者带来损失。应建立产品质量问题赔付机制,如假货优先赔付机制,一旦消费者从电子商务平台购买到假冒伪劣产品,平台应在第一时间对客户进行赔付,确保农户利益不受损害。

4. 建立严格的惩处机制

在农资产品流通与销售过程中，即使对农资产品进行了细致监管，但仍有假冒伪劣农资产品上架至农资电子商务平台并进入流通销售环节的可能性，要做好对农资产品品质的管控，必须建立严格、全面的惩处机制，如缴纳违约保证金、联合相关行政司法部门进行严格执法，以此来全面保障农资产品消费者的权益。

11.4.4 培养农民网购意识和习惯

虽然当前农村网民规模庞大，但是他们在网购方面的意识仍比较薄弱，要做好农资电子商务必须培养农民网购意识和习惯，让他们接受网购，可以从以下四个方面展开。

（1）积极开展各种促销、秒杀等活动，让农户得到真正实惠，进而驱动其网购动力和习惯。

（2）积极面向农村地区推广代购服务，鼓励大学生、农资零售商、超市经营者担任农资代购员，通过熟人关系网络进行网购意识培养，这样不仅可以帮助一些不方便或没有能力使用互联网的农民从农资电子商务平台上购买优质廉价的农资产品，而且能帮助他们处理相关售后问题。

（3）帮助农民销售特色农副产品，提高其对电子商务的认知度。农资电子商务平台可以利用其信息方面的优势，帮助农民销售一些滞销的农产品，改变农资电子商务平台在农民心中的印象，让农民真正体会到电子商务平台的便捷性和高效性。

（4）提供优质的售后服务，重视农民的购物体验。自身的感知和体验是最可靠的证据、最有力的语言，只有让农民有良好的购物体验，才能促成他们的后续消费。

【知识盘点】

本章的主要内容为农资电子商务，分别从农资电子商务相关概念、农资电子商务发展现状、农资电子商务经营思维及模式和农资电子商务发展策略四个方面进行了详细阐述，旨在帮助农资电子商务经营者在充分认识农资电子商务的基础上，能够顺利实施农资电子商务经营活动。

【深度思考】

1. 通过本章学习，你认为当前农资电子商务发展所面临的困难是什么，为什么？

2. 农资电子商务经营的关键是什么，为什么？

3. 你还知道哪些农资电子商务企业？它们是如何运营的？你最看好哪家企业，为什么？

【项目实训】

1. 实训名称：农资电子商务项目策划。

2. 实训目标：熟悉农资电子商务运营。

3. 实训要求：

（1）组建实训项目小组（建议 4～5 人一组，教师根据班级实际人数情况确定）。

（2）项目小组根据自身实际情况，选择至少一款农资产品。

（3）小组为此款农资产品策划一套农资电子商务运营方案，内容包括农资产品介绍、农资电子商务平台介绍、农资产品推广策略、农资产品物流及支付实施办法。

（4）各个项目小组在班级内进行演讲，陈述农资电子商务运营方案。

（5）教师及其他小组同学对报告进行点评。

第 12 章

农旅电子商务

【导入案例】

涞源电子商务新模式——"农旅电子商务+扶贫"

2018 年是涞源县脱贫攻坚的关键一年。涞源县作为国家级深度贫困县,围绕脱贫攻坚,制定了脱贫攻坚决战年的若干行动,电子商务扶贫正是重要内容之一。涞源县积极探索"农旅+电子商务+扶贫"的电子商务发展新模式,着力推进农业、旅游、电子商务的深度融合创新,借助"电子商务进农村综合示范项目"建设的契机,结合全域旅游和"三种两养"的顶层设计,走上农旅电子商务与三产融合共促扶贫的"农旅电子商务+扶贫"的新型产业扶贫快车道。

1. 创新思路、整合资源,搭建电子商务扶贫新平台

农旅电子商务加扶贫是涞源结合本地实际,不断更新理念,打造的促进经济发展,服务百姓生活的新模式。涞源县坚持把电子商务扶贫列入精准脱贫攻坚"十三五"规划和脱贫攻坚重点行动,不断更新理念,强化顶层设计,创新运营模式,将电子商务公共服务中心、邮政集团涞源分公司、县电子商务协会、县创业孵化基地、县农业协会、县内大中型农业产业园区、旅游协会、涞源县启航培训学校、各类农产品收购中心、优质农业体验园等优势资源进行整合,组建了涞源县农旅电子商务联盟,以资源共享、协同发展的合作机制,以电子商务为销售主力渠道,以农业产业与旅游产业协同发展,强力推动现代农业、生态旅游与脱贫攻坚深度融合、联动发展。

联盟开发了统一的"涞源县农旅电子商务网站"作为对外宣传的名片,并聘请了专业的第三方机构进行全网营销,借助互联网和电子商务的强大扩张力,将涞源"京西夏都,生态凉城"和"不呼吸雾霾的农产品"迅速在全网进行传播。打造出来了包括北石佛中草药种植基地的"万亩花海",南屯国家级示范大棚园区的"油桃草莓采摘节",上庄万亩油杏基地的"牧童湾"旅游区,金家井蒲公英种植基地的"农耕体验园"等一系列农旅融合精品。

农旅电子商务联盟还建立了统一的形象标识,注册了涞源县县域公共品牌"飞狐源",全面加强对外的营销展示,让加入联盟的农业园区和全域旅游业态使用统一品牌对外营销。同时,联盟还在涞源县电子商务公共服务中心设立了专门的农旅电子商务展示专区,在涞源县5A级景区"白石山"的游客中心设立了全县"农旅电子商务"体验馆,强化了线下营销。

加入联盟的园区又和贫困户签订入股协议和收购协议,并且与涞源本地的扶贫工作队和帮扶单位进行了深度合作,借助各单位的力量打造涞源"农旅电子商务扶贫"的产业形象,进一步延长了农旅扶贫产业链条,扩大了涞源绿色生态产业发展的知名度和影响力。

2. 对接消费、培育品牌,构筑产品上行新体系

涞源本身是一个旅游大县,年游客量超150万人,但是多年来,旅游产品单一,游客消费场景过少,体验不够。借助"电子商务进农村综合示范县"发展的契机,大力开发了一系列适合电子商务流通的农村优质产品。在全面做好产品梳理、安全追溯、产品认证的基础上,加大了对品牌的培育和工艺提升、包装设计、营销推广等工作,不断推动产品标准化、品牌化、规模化发展,也孵化了一大批带有浓郁地域特色的响亮品牌。"飞狐源"商标已通过专家评审,被确定为涞源县公共区域品牌。保涞福小驴肉、桃木疙瘩柴鸡蛋、嘴对嘴甜杏仁、大耳黑山猪、山杠爷肉包子都是享誉省市的优质农产品,"涞源核桃"品牌完成地标认证,"涞源豆腐"申请了非遗。全县农产品溯源系统全面建成,并确定了4家企业首批加入溯源系统,有力促进了产品上行对接,满足了消费升级需要。

3. 推动创业、促进就业,集聚助力脱贫新动能

"农旅电子商务＋产业扶贫"模式启动以来,电子商务协会、孵化基地和培训学校持续对联盟内企业、创业企业和个人、贫困户进行全方位帮扶管理咨询和创业辅导,年累计服务超过300人次,创业导师开展项目辅导100余人次。截至2018年年底,县农旅电子商务联盟企业累计收购农产品200多万元,创设就业岗位62个,用工276人次,其中贫困人口221人次,通过入股分红、直接或间接销售农产品等累计带动贫困户增收超百万元。

"农旅电子商务＋扶贫"的电子商务发展新模式为县域实体经济发展和精准脱贫攻坚提供了优质服务,广大贫困群众自力更生、勤劳致富的内生动力持续增强。

(资料来源:涞源电商新模式:"农旅电商＋扶贫". http://www.cnr.cn/scjj/20190423/t20190423_524587934.shtml.)

案例思考:

1. 你认为涞源县为什么要选择"农旅电子商务＋扶贫"的发展新模式?

2. 你认为什么是农旅电子商务?

3. 农旅电子商务的价值或作用有哪些?

【知识目标】

- 了解农旅及农旅电子商务的基本含义和发展现状。
- 掌握农旅电子商务经营的思维方式和经营模式。
- 掌握农旅电子商务经营策略。

【能力目标】

通过本章的学习,掌握农旅电子商务的基本实施技巧,在此基础上能够策划出农旅电子商务项目运营方案,或者为正在运营的农旅电子商务项目提出改进方案。

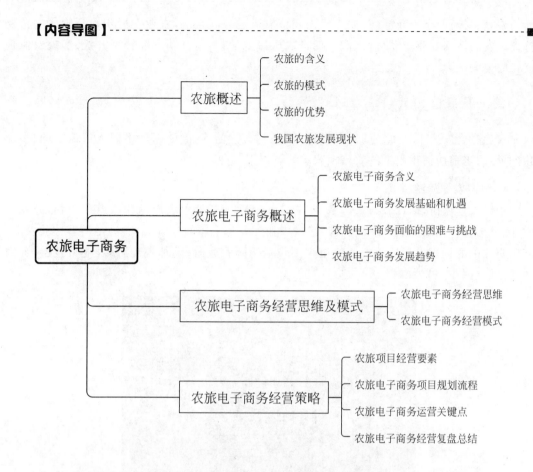

12.1 农旅概述

随着现代农业的发展和旅游新需求的产生,一种农业与旅游业相融合的新业态产生了,成为推动农业与乡村发展的新动力,这便是农旅。

12.1.1 农旅的含义

农旅即农业旅游,是乡村旅游和休闲农业发展的新模式,是实现产业融合的新手段。农旅项目在充分尊重农业产业功能的基础上,合理开发利用农业旅游资源和土地资源,以所开发的农业旅游休闲项目、农业配套商业项目、农业旅游地产项目等为核心,形成整体服务品质较高的农业旅游休闲聚集区。

农业旅游作为农业和旅游业的结合物,是利用农业景观和农村空间吸引游客游览消费的一种新型农业经营形态,是依托现代农业发展和新农村建设两大载体,通过整合优势产业资源、优化空间布局、拓展农业旅游功能、创优品牌形象全面提升农业旅游产业。农旅融合不是二者的简单叠加,而是要通过加快农业结构调整,推动农业从生产走向生态、生活功能的拓展,促进农业产业链延伸,建立现代农业和乡村旅游业的产业体系。

当前,我国农村一、二、三产业融合发展持续推进,农业产业链不断延伸,农业多功能不断拓展,农村新业态不断涌现,成为我国经济发展进入新常态,农业发展步入新阶段的重要特征。发展休闲农业与乡村旅游业,促进农旅深度融合,是推动农业转型升级、实现农业现代化的强大动力。

12.1.2 农旅的模式

农旅融合发展不是单一的固定模式,而是各具特色的、能够满足不同人群需要的、多样化的模式,当前所涌现出来的农旅模式主要有以下几种。

1. 田园农业旅游模式

田园农业旅游,即以农村田园景观、农业生产活动和特色农产品为旅游吸引物,开发以农业、林果、花卉、渔业、牧业等各具特色的农业元素为主体的旅游活动,满足游客体验农业、回归自然的心理需求。田园农业旅游主要包括田园农业游、园林观光游、农业科技游、务农体验游(见图 12-1)等模式。

图 12-1　务农体验游

2. 民俗风情旅游模式

民俗风情旅游是以农村风土人情、民俗文化为旅游吸引物,充分突出农耕文化、乡土文化和民俗文化特色,开发农耕展示、民间技艺、时令民俗、节庆活动、民间歌舞等旅游活动,增加乡村旅游的文化内涵。最典型的就是傣族的泼水节,泼水节民俗风情旅游不仅有泼水,还包括了很多其他的内容,如文艺表演、傣族未婚青年的"丢包"活动等都是吸引游客的民俗旅游活动。

3. 村落乡镇旅游模式

村落乡镇旅游是以古村镇建筑和新农村风景为旅游吸引物,开发观光旅游。例如,位于安徽合肥巢湖经济开发区的"三瓜公社"(见图 12-2)按照"一村一品"和"一户一特"的思路进行产业规划,重点打造了南瓜电商村、冬瓜民俗村、西瓜美食村和印象半汤度假村,开发茶、泉、农特、文化四大系列一千余种半汤优质农特产品,建设各类产品基地,通过各类专业合作社促进农特产品产业化发展,让村民足不出户便能把产品卖向全国,形成了以农特产品种养、生产加工、电子商务物流、餐饮住宿、休闲旅游为基础,三产融合发展的"三瓜公社"新模式。

图 12-2 "三瓜公社"建筑外墙

4. 休闲度假旅游模式

休闲度假旅游模式是指依托优美的乡野风景、舒适怡人的清新气候、独特的地热温泉、环保生态的绿色空间,结合周围的田园景观和民俗文化,兴建一些休闲、娱乐设施,为游客提供休憩、度假、娱乐、餐饮、健身等服务的乡村旅游模式。例如,位于湛江市东海岸的破头区龙头莫村的疗理休闲山庄分炭乐区、旅业区、旅游餐饮区、炭烧烤区、垂钓区和炭文化展示区六个功能区(见图 12-3),主要以高温度烧炭过程炭窑余留的远红外线、负离子、纯氧热能,刺激皮肤出汗,促进人体细胞新陈代谢。

图 12-3 疗理休闲山庄导示牌

5. 科普教育旅游模式

科普教育旅游是指利用农业科普教育基地、农业观光园、农业科技生态园、农业产品展览馆、农业博览园或博物馆,为游客提供了解农业历史、学习农业技术、增长农业知识的旅游活动。例如,无锡现代农业博览园是一个汇聚农业科技展示、优质农产品展示、吴文化农业史展示、科普教育、休闲体验和生态旅游等功能于一体的综合型现代农业休闲主题公园。

6. 农家乐旅游模式

农家乐旅游模式是指农民利用自家庭院、自己生产的农产品及周围的田园风光、自然景点，以低廉的价格吸引游客前来吃、住、玩、游、购、娱的旅游活动。农家乐旅游的雏形来自国内外的乡村旅游，并将国内特有的乡村景观、民风民俗等融为一体，具有鲜明的乡土特色。同时，它也是人们旅游需求多样化、闲暇时间不断增多、生活水平逐渐提高的必然产物，是旅游产品从观光层次向较高的度假休闲层次转化的典型例子。农家乐旅游模式是当前最为常见的一种农旅模式。

7. 回归自然旅游模式

回归自然旅游模式是指利用农村优美的自然景观、秀丽的山水、茂密的森林、平静的湖水发展观水、赏景、登山等旅游活动，让游客亲近大自然、回归大自然。

12.1.3 农旅的优势

农旅是农业与旅游业的融合，具有多重优势。

1. 促进农业价值提升

农业原始的价值在于生产农产品，满足国民饮食需求，价值单一。农旅打破了这一现象，将农业价值进行了深度挖掘，使得农业具有了多重价值，包括生产、观光、科技展示、教育、体验等多个方面。农旅的发展不仅提升了农业的价值，而且促进了农业持续发展。

2. 带动乡村经济发展

乡村的核心产业和经济基础为农业，农业的发展能够带动乡村经济的发展。农旅模式扩大了农业的价值，为农民带来了新的收入，最终能够带来乡村经济的发展。

3. 活跃国内消费经济

农旅能够非常好地吸引城市消费群体到农村进行消费，使村民能够获得经济收入，村民有了经济收入后又会消费由城市部门生产的消费品，形成国内消费循环，最终可达到活跃国内的整体消费经济的效果。这是非常理想的国内经济发展模式，城乡相互服务，城乡同步发展。

12.1.4 我国农旅发展现状

当前我国农旅发展主要呈现出以下三个特点。

1. 多样化发展

当前我国农旅产业正处于快速发展时期，呈现出多种多样的发展模式。这些极具特色的休闲体验产品满足了不同人的需求，也带给人们不一样的旅游体验，例如农家乐的主要内容是感受农家生活方式，而观光农庄则以度假为主。

2. 主体数量不断增加

我国休闲农业和乡村旅游主体数量在政策与市场的共同作用下持续增长，截至 2018 年年底，农业农村部一共创建了 388 个全国休闲农业和乡村旅游示范县，聚集村达到了 9 万多个，并且推介了 710 个"中国美丽休闲乡村"以及 248 个"中国美丽田园"。

3. 多主体化经营

近年来，我国农业部和各地相关政府机构通过规范管理，不断引导休闲农业健康有序发展，其发展方式已从农民自发发展向各级政府规划引导转变，经营规模已从零星分布、分散经营向集群分布、集约经营转变，功能定位已从单一餐饮功能向休闲、教育、体验等多功能转变，空间布局已从景区周边和城市郊区向更多的适宜区域转变，经营主体已从单一的农户经营为主转向多主体经营。

12.2 农旅电子商务概述

农旅要获得良好发展，也需要通过互联网向消费者推广信息，拉近与消费者之间的关系，并促成消费者的消费。

12.2.1 农旅电子商务含义

农旅电子商务是指借助于互联网传播速度快、连接直接、在线交易等优势而开展的，以农旅服务项目为交易对象的商业活动。它与传统的电子商务模式非常相似，只是交易和服务的对象不同。农旅电子商务以农旅服务项目为交易对象，以城市旅游消费者为服务对象。

12.2.2 农旅电子商务发展基础和机遇

1. 强力政策支持

我国已颁布多项休闲农业和乡村旅游的扶持政策，将休闲农业和乡村旅游上升为国家的重点支持发展对象，为农旅电子商务发展奠定了坚实的政策支持基础。

2017 年、2018 年中央一号文件强调要构建农村一、二、三产业融合发展体系，大力发展休闲农业和乡村，实施休闲农业和乡村旅游精品工程，建设一批设施完备、功能多样的休闲观光园区、森林人家、康养基地、乡村、特色小镇；利用闲置农房发展民宿、养老等项目；发展乡村共享经济、创意农业、特色文化产业。积极开发观光农业、游憩休闲、健康养生、生态教育等服务。

2019 年中央一号文件强调要发展壮大乡村产业，拓宽农民增收渠道；充分发挥乡村资源、生态和文化优势，发展适应城乡居民需要的休闲旅游、餐饮民宿、文化体验、健康养生、养老服务等产业；加强乡村旅游基础设施建设，改善卫生、交通、信息、邮政等公共服务设施。

2020 年的休闲农业和乡村旅游政策从原有的重旅游转换为重农业，2020 年中央一号文指出重点培育家庭农场、农民合作社等新型农业经营主体，培育农业产业化联合体，通过订单农业、入股分红、托管服务等方式，将小农户融入农业产业链。2020 年 2 月，农业农村部办公厅印发《2020 年乡村产业工作要点》的通知，其中重点提到积极发展乡村休闲旅游，一是建设休闲农业重点县；二是培育休闲旅游精品；三是推介休闲旅游精品景点线路。

2021 年中央一号文件提出，加快推进农业现代化，构建现代乡村产业体系。针对休闲农业和乡村旅游提到，开发休闲农业和乡村旅游精品线路，完善配套设施，并推进农村一、

二、三产业融合发展示范园和科技示范园区建设。

2022年中央一号文件提出,聚焦产业促进乡村发展,持续推进农村一、二、三产业融合发展,实施乡村休闲旅游提升计划;突出实效改进乡村治理,创新农村精神文明建设有效平台载体,启动实施文化产业赋能乡村振兴计划。鼓励各地拓展农业多种功能、挖掘乡村多元价值,重点发展农产品加工、乡村休闲旅游、农村电商等产业。实施乡村休闲旅游提升计划。支持农民直接经营或参与经营的乡村民宿、农家乐特色村(点)发展。将符合要求的乡村休闲旅游项目纳入科普基地和中小学学农劳动实践基地范围。文件还提出,启动实施文化产业赋能乡村振兴计划。整合文化惠民活动资源,支持农民自发组织开展村歌、"村晚"、广场舞、趣味运动会等体现农耕农趣农味的文化体育活动。办好中国农民丰收节。加强农耕文化传承保护,推进非物质文化遗产和重要农业文化遗产保护利用。

2. "互联网+"大力加持

2015年3月全国两会上,全国人大代表马化腾提交了《关于以"互联网+"为驱动,推进我国经济社会创新发展的建议》的议案,表达了对经济社会创新的建议和看法。他呼吁,以"互联网+"为驱动,鼓励产业创新、促进跨界融合、惠及社会民生,推动我国经济和社会的创新发展。马化腾表示,"互联网+"是指利用互联网的平台、信息通信技术把互联网和包括传统行业在内的各行各业结合起来,从而在新领域创造一种新生态。

2015年3月5日上午十二届全国人大三次会议上,李克强总理在政府工作报告中首次提出"互联网+"行动计划。李克强总理在政府工作报告中提出,要制订"互联网+"行动计划,推动移动互联网、云计算、大数据、物联网等与现代制造业结合,促进电子商务、工业互联网和互联网金融(ITFIN)健康发展,引导互联网企业拓展国际市场。2015年7月4日,经李克强总理签批,国务院印发了《关于积极推进"互联网+"行动的指导意见》。这是推动互联网由消费领域向生产领域拓展,加速提升产业发展水平,增强各行业创新能力,构筑经济社会发展新优势和新动能的重要举措。

为响应"互联网+"行动和推动农旅发展,2020年1月农业农村部、中央网络安全和信息化委员会办公室印发《数字农业农村发展规划(2019—2025年)》,对于休闲农业和乡村旅游方面提出:一是发展"农业旅游互联网+",创新发展共享农业、云农场等网络经营模式;二是打造"智慧休闲农业平台",完善休闲农业数字地图,引导乡村旅游示范县、美丽休闲乡村(渔村、农庄)等开展在线经营,推广大众参与式评价、数字创意漫游、沉浸式体验等经营新模式。这是国家层面首次以专项规划明确提出"互联网+"助力农旅发展,也为我国农旅电子商务发展指出了方向和路径。

2020年5月22日,国务院总理李克强在发布的2020年国务院政府工作报告中提出,持续全面推进"互联网+",打造数字经济新优势。"互联网+"行动还在继续,这必将持续推动农旅电子商务发展,并助力农旅电子商务迈上一个新的台阶。

3. 丰富的农业资源基础

我国农业生产历史悠久,地域辽阔,各个地区的农业生产方式和习俗有着明显的差异,农业文化资源极为丰富,以此为基础能够开发出多样化、各具特色的农旅项目,这是农旅电子商务发展的坚实资源基础,能够吸引众多旅游群体。

4. 巨大的市场需求空间

随着我国经济的快速发展,人们生活水平有了很大的提高,更加重视身心的放松以及精神物质文明的享受。据国家文化和旅游部统计的数据显示,2019 年上半年全国乡村旅游总人次达 15.1 亿次,总收入 8600 亿元;而 2018 年上半年全国乡村旅游接待总人次为 13.7 亿人次,总收入为 7700 亿元。无论是旅游接待人次,还是旅游总收入,都有大幅增加,这表明农旅市场需求空间巨大,越来越多的游客愿意选择农旅,这是促进农旅电子商务发展的根本动力。

12.2.3 农旅电子商务面临的困难与挑战

农旅电子商务虽然有着良好的发展机遇,但是也面临着困难与挑战,主要包括以下几点。

(1) 我国农村产业融合发展总体处于初级阶段,产业融合发展层次较低,产业融合的链条短、附加值低,利益联结松散,合作方式单一。

(2) 土地、人才、资金等供给不足。政策规定,以农业为依托的各类场所需按建设用地进行管理,许多农村产业融合发展项目难以正常实施,农村金融产品有限,农用土地和各类设施都不能抵押,借贷融资困难导致规模难以扩大,且多数地区农村产业融合缺乏专业型人才和复合型人才。

(3) 产业融合主体带动能力较弱,有实力的新型经营主体少,部分新型经营主体结构单一、管理粗放、经营能力不强,部分经营主体创新能力不足,在推进区域标准化、品牌化建设方面服务不足。

(4) 电子商务模式在农旅方面的应用处于初级阶段,整体运营经验和具体运营模式等都不够成熟,难以大规模推动农旅电子商务的发展。

12.2.4 农旅电子商务发展趋势

随着农旅产业和电子商务模式的不断发展,农旅电子商务未来发展将会呈现以下趋势。

1. 产业化

农旅融合本身就是产业化发展,从农业的资源供应到旅游业的旅游项目运营管理需要涉及多个产业环节。农旅电子商务进一步促进了产业化,拓展延长了原有的农旅产业链,形成了农旅电子商务新产业。

2. 深度化

农旅电子商务的发展要求农旅向着更深层次发展,开发出更加具有吸引力和特色性的农旅服务项目,以吸引更多游客,如在观光型农旅项目基础上增加亲子体验、教育、科技展示、农业种植体验等深度服务项目。

3. 融合化

基于网络技术的发展和消费者需求的转变,农旅电子商务将会进行线上、线下深度融合,达到线上、线下相互服务、相互支持。例如,游客在线下实地体验农旅服务项目的同时可以随时随地进入线上平台,以获得更为精准、详尽的景点导航、景点讲解、景点 AR 展示等服务,增强线下农旅服务项目的体验度;游客还可以在线上通过相关文字、图像等资料了解农旅景点服务项目,在线预约或订票,并由线上平台提供导航引导游客到线下进行实地体验;

线上平台可以根据游客的相关爱好、习惯等资料推荐符合游客需求的服务项目,让游客获得良好的旅游体验。

12.3 农旅电子商务经营思维及模式

要实现农旅电子商务经营,必须具备相应的经营思维,掌握适宜的运营模式。

12.3.1 农旅电子商务经营思维

农旅电子商务的经营需要具备四大思维方式。

1. 休闲思维

休闲一般包含两个方面的意义:一是消除体力的疲劳;二是获得精神上的慰藉。将休闲上升到文化范畴则是指人的闲情所致,为不断满足人的多方面需要而处于的文化创造、文化欣赏、文化建构的一种生存状态或生命状态。休闲通过人类群体共有的行为、思维、感情,创造文化氛围,传递文化信息,构筑文化意境,从而达到个体身心和意志的全面、完整的发展。休闲发端于物质文明,物质文明又为人类提供了闲暇、伴生了闲情逸致。休闲反映时代的风貌,是整个社会发展与变更的缩影。通过休闲,可以了解其他文化形式,也可以了解人世沧桑的变化。休闲总是与一定历史时期的政治、经济、文化、道德、伦理水平紧密相连,并相互作用。

自古以来人们便十分重视休闲的内容,并对其赋予浓厚的文化内涵,形成了独具一格的文化,如收藏字画、篆刻临帖、弈棋鼓琴、栽花养鱼等均是休闲的方式。

现代社会流行的休闲项目包括运动、旅游,以及新兴的休闲农业。休闲农业主要提供清泉菜地认养、清泉葡萄庄园采摘、酿酒、客家古村落等具有其他特色的休闲形式,形成一站式的都市休闲、游游、观光目的地。要做好农旅电子商务必须具备休闲思维,为游客提供良好的休闲娱乐享受。

2. 产业化思维

产业化是指某种产业在市场经济条件下,以行业需求为导向,以实现效益为目标,依靠专业服务和质量管理,形成的系列化和品牌化的经营方式和组织形式。产业化的概念是从产业的概念发展而来的。产业是居于微观经济与宏观经济之间的一个集合概念,是具有某种同一属性的企业或组织的集合,也是国民经济以某一标准划分的部分。

旅游产业本身就是一个产业群,它由食、住、行、游、购、娱六个基本方面组成,旅游产业是由饭店住宿业、餐饮服务业、交通业、娱乐业和景点、旅行社等多种行业所构成的一个庞大的产业链。农业产业是集食物保障、原料供给、资源开发、生态保护、经济发展、文化传承、市场服务等产业于一体的、多层次、复合型的综合产业,农旅更是一个多行业的集合性产业群。

农旅电子商务要获得大发展,必须聚合包括农业、旅游、电子商务等多行业的优势和资源,形成规模化的产业优势,吸引更多的游客,实现多行业优势和资源的集合释放,达到经营能力质的提升。农旅电子商务本身是多行业的融合性业态,若无产业化的经营思维,整个业态将处于多行业的松散合作状态,很难达到有效经营,更难以打造品牌及知名度,自然最终也就很难实现农旅电子商务的发展。

3. 体验思维

体验是指亲身经历,实地领会,也指通过亲身实践所获得的经验,又指查核、考察。农旅是一种具有高度体验性的消费活动,无论是观光、垂钓、景色欣赏还是务农、教育都非常重视体验性,游客的体验度直接决定着农旅服务项目的口碑、评价及成败,是农旅服务项目的决定性要素。农旅电子商务经营必须具备体验思维,将农旅服务项目打造得更具有体验性,提升游客对于农旅服务项目的满意度和体验度。

4. 生态思维

生态通常是指生物的生活状态,是生物在一定的自然环境下生存和发展的状态,也指生物的生理特性和生活习性。人们常常用生态来定义许多美好的事物,如健康的、美的、和谐的事物均可以生态来表达。

农旅是在充分尊重农业产业功能的基础上,合理开发利用农业旅游资源和土地资源而进行提供相关的旅游项目服务,在农旅项目开发时需要充分农业及农村的生态性,不可违背农业与农村的生态而肆意开发,否则农旅项目就违背了其本质。游客选择农旅的目的和初衷也是农旅本身具有的生态性,游客通过农旅希望真切感受农业与农村的生态环境,与大自然亲近。

生态思维是开发、建设农旅项目最为基本的指导思想,是决定农旅项目能否具有农业与农村特色、满足游客体验需求的基本要素。生态思维不仅要求农旅项目符合农业与农村的实际特性,还要求农旅项目资源之间的衔接符合生态性,相互之间能够充分尊重各自实际特性。

12.3.2 农旅电子商务经营模式

当前农旅电子商务常用的经营模式主要有以下三种。

1. B2C 模式

农旅电子商务 B2C 模式是指农旅电子商务经营者为分散的个体游客提供相关农旅项目服务,这是当前农旅电子商务最主要的经营模式。农旅电子商务主要服务于农旅项目周边城市的人群,游客通常以个人或家庭为主,B2C 模式能够很好地为这类人群提供服务。

农旅电子商务 B2C 模式的典型代表是休闲游购,它是江苏省首个集休闲观光与特色农产品购物于一体的综合性农旅电子商务平台,于 2019 年 6 月 20 日正式上线,该应用平台由江苏省农业宣传教育与文化体育中心、江苏省休闲观光农业协会、江苏省农业技术推广总站联合指导成立,包含乡游天下、周边游、旺铺、特色商城四大板块,集聚了 16 个大类的休闲观光农业资源,通过"图文+直播""文字+VR 展示",向消费者直观展示农庄、山水风光、古村古镇等特色景观。该应用平台还与线下农业展会紧密结合,集聚各地的特色农产品、乡字号、土品牌。

B2C 模式的经营重点在于服务好个体游客,满足个人游客对于农旅项目的需求,并注重个体游客对于农旅服务项目的评价,需要塑造良好口碑以吸引更多的游客。

2. B2B 模式

农旅电子商务 B2B 模式是指农旅电子商务经营者为团体性游客提供相关农旅项目服

务,例如旅行团、企业员工游、事业单位团体教育等。B2B 模式与 B2C 模式共同构成了目前主流的农旅电子商务市场。当前 B2B 经营模式比较小众,多是为企业、单位机构提供定制化、小范围的服务项目,常见的形式为教育培训,例如通过农庄(场)为企业职工提供的团建、教育培训等服务。

B2B 模式的经营重点在于服务好企业、机构等团体性组织,为它们提供定制化、精准化的个性农旅服务项目,满足组织共同的需求。设计服务项目应充分考虑团体成员的受教育程度和兴趣爱好,这是决定经营成败的关键。

3. O2O 模式

农旅电子商务 O2O 模式是指农旅电子商务经营者通过线上与线下两种方式为游客提供全方位的农旅项目服务,最大限度满足游客的需求,给游客带来令人满意的体验感受。O2O 模式是未来最具有发展潜力的农旅电子商务经营模式。在该模式中,可以借助线上平台推广宣传农旅项目,并引导游客到达目的地,然后由线下服务者为游客提供实地的参观旅游、消费体验等服务。游客从接收到农旅服务项目的信息,到导航到达,再到线下的实地游览,各个环节紧密联系,使游客能够享受到顺畅的、系统化的旅游服务。

12.4　农旅电子商务经营策略

12.4.1　农旅项目经营要素

农旅电子商务的核心是农旅项目,要做好农旅电子商务经营,首先要做好农旅项目的设计与打造。农旅项目以农业为核心,通过为农业注入相关经营要素,形成"农业＋全(多)要素"的多产融合新模式,丰富和提升游客的消费感受与体验,为农旅电子商务经营增加吸引力和竞争力。

农旅项目的经营要素主要分为以下十个方面。

1. "闲":农业＋家庭农场＋农事体验

"归园田居"是当前不少城市人追求的生活方式,大棚采摘、农场承包、开心农场、共享农场等形式的农闲体验模式是休闲农业与乡村旅游独有的休闲娱乐活动。通过加强田园景观设计、注重劳动体验、结合生产趣味性、结合休闲娱乐,使农事体验活动休闲娱乐化,可以大大增加游客的兴趣。

2. "游":农业景观＋观光旅游

由"卖产品"转向"卖风景"是农业转型升级的重要方向。具有创意性和核心吸引力的农业景观对吸引游客至关重要。农旅电子商务必须挖掘本土农业的自然人文要素、历史文化要素、产业资源要素和区域环境要素,运用创新创意、科学技术等手段构建田园审美综合体,具体包括室内伊甸园、户外立体农业、观光科技农业、婚庆基地等。

3. "娱":农业＋嘉年华

农业嘉年华是将嘉年华的娱乐方式融入农业节庆活动中,是拓展都市现代农业实现形式、发展方式、运行模式的一种新探索、新实践。农业嘉年华致力于打造一个突出农业主题,融农业生产、生态、休闲、教育、示范等多功能于一体的都市型现代农业盛会。

4."养"：农业＋健康养生＋休闲

养生农业在休闲农业与乡村旅游中经常出现,致力于将传统的"体力型农业"向"智慧型、快乐型、审美型、参与体验型"的创意农业转变。健康农业核心是"以人为本",以健康为前提,以现代科技手段为支撑,积极开发可持续发展的、能够提高和促进人体健康、调节人体机能的优质化、营养化、功能化的农旅活动,推动农业与体育运动、养生补品、休闲保健、SPA场所等共融发展。

5."学"：农业＋儿童教育

儿童的健康成长离不开高质量的户外活动环境。但城市的不断扩张使儿童只能被迫在拥挤的街道、广场玩耍,离新鲜的空气、自然的环境越来越远。与教育结合的农业,因其独特的地理环境、农业生态景观以及农耕文化,能给儿童提供丰富的活动空间、多样的体验活动、丰满的精神享受,是良好的农业与自然生态教室,也是实施自然教育的理想场所。

6."购"：农业＋有机大集

随着人们食品安全意识的提高,消费者对农产品安全、健康、质量的需求越来越旺盛,农旅项目中的农夫市集应运而生。在农夫市集中,农户可以销售自己所生产的绿色、有机农产品,消费者可以在亲近自然、放松自己的同时采购到安全、健康、绿色有机的农产品,由此打造一条联动线上线下的高效、稳定的有机大集。除了常年组织实体大集交易以外,经营者还可以通过网络平台连接农场主与消费者,举行虚拟化的网络农夫市集。

7."食"：农业＋特色餐饮

餐饮是诸多农旅项目引流、留客和创造营收的必备要素。许多休闲农庄餐饮和住宿的收益占了总收益的70%～80%。餐饮一方面可以让游客更为深入感受农旅项目,另一方面可以让游客品尝到真正绿色、有机、健康、安全的农产品,感受自然的"农味"。

8."住"：农业＋田园住宿

借助自然风光和田园乡村风景打造民宿,突出乡村特色及田园景观,将民宿融合在农旅项目的自然与人文环境之中,既能保证生态和绿色的初衷,又能给人心旷神怡的感觉。如果农旅项目的定位是中高端民宿,想要留住高消费水平的游客,就需要营造惬意的氛围,实现情怀和功能的完美结合,做出如木屋、集装箱群、国际青年旅社、帐篷营地、房车营地等具有独特民宿品味和风格的住宿形式。

9."产"：农业＋特色产业

特色农业是将区域内独特的农业资源开发成区域内特有的名优产品,进而转化为特色商品的现代农业。深入推进农业供给侧结构性改革是做强、做精、做大农业特色产业的必经之路。农旅项目需要依据农业整体资源优势及特点,围绕市场需求,突出地域特色,坚持以科技为先导,以农村产业链为主,高效配置各种生产要素,发展出如农产品加工体验售卖、精油加工等项目,形成规模适度、特色突出、效益良好和产品具有较强市场竞争力的特色农旅产业。

10."演"：农业＋实景演艺(演出、活动)

随着"美丽乡村""特色小镇"的建设,全国各地如雨后春笋般产生了很多"演艺特色小镇",这些小镇是在充分挖掘本地人文历史资源的结果。城市人群选择农旅是想要感受农村地域独有的民俗和风情,而当地独特的民俗和风情最佳的呈现方式就是"实景演艺",这是当前很多成功农旅项目的常用策略。例如,山西省临汾市尧乡古镇,近年来紧紧围绕"尧文化"传承与文化演艺融合发展的理念,主推华夏文明本源与尧文化寻根体验活动,先后演排推出了《尧舜传奇》《走西口》《醉打蒋门神》《抛绣楼》等大型实景剧目,每天在古镇内展演,吸引了众多游客。

12.4.2 农旅电子商务项目规划流程

1. 现场踏勘及资料收集

现场踏勘和资料收集的主要内容包括气候、日照、水文、降雨量、土壤条件、地形地貌、环境污染、人口、劳动力、经济条件、交通条件、农业生物资源及重大农业产业项目、旅游资源及周边旅游项目、观光休闲农业资源及周边观光休闲农业项目,还包括所在区域城乡建设总体规划、土地利用规划、新农村建设规划、农业规划、旅游规划等相关的规划文本和图件及测绘图、土地利用现状图等图件。

这些内容是进行农旅电子商务项目规划分析及实际规划的基础和依据,务必踏勘、仔细收集、全面调研。资料内容可以通过相关文献资料、图书期刊、网络资料库及亲自测量、调研等途径获得,应保障内容来源真实、可靠,不可道听途说、随意检索。

2. 现状分析与 SWOT 分析

根据踏勘和收集到的资料,需要对本区域条件、观光休闲农业资源、已有的观光休闲农业、观光休闲农业发展环境进行全面分析和评价,可使用 SWOT 分析法确定观光休闲农业项目内部的竞争优势(strengths)和竞争劣势(weaknesses)、外部环境的机会(opportunities)和威胁(threats),为本项目的战略定位提供依据。

3. 确定发展定位和发展目标

在现状分析的基础上,确定发展定位和发展目标。发展定位包括功能定位、发展方向定位、形象定位、主题定位、市场定位、目标客源定位。其中,功能定位是围绕吃、住、行、游、购、娱、学、养、产、演这十个要素,结合农业观光休闲方式,确定主体功能,如休闲娱乐型、观光观赏型、农事体验型、疗养度假型、民俗节庆型、会议餐饮型、民俗实景演艺型等;形象定位是根据农旅项目的特点,融入人们熟知的人文、生态、生物、科技的形象,提出独特清晰、引人入胜的主题;市场定位是分析确定目标市场和目标客源,并按照功能区、营销时序、客源类别构造三维营销战略框架。发展目标是某一发展时期及其分时段期间的游客量、销售额、利润等营业性目标。

4. 功能分区和单体设计

大规模的农旅项目要进行功能分区及单体设计。功能分区应根据农业生产布局、资源差异和游客观光休闲的要求确定,每个功能区要有一个形象定位及确定的主题,同时要对每个功能区的重要单体进行设计,如雕塑小品、园艺、建筑、牌坊等。农旅项目在策划阶段要绘制功能区布局图,并最好附有标志性单体效果图,方便农旅项目的经营者和消费者全面了解农旅项目的特色。

5. 营销策划和节事安排

营销策划包括品牌策划、宣传策划、促销策划等。品牌策划包括品牌定位、品牌诉求、品牌广告语、品牌标志和品牌形象等；宣传策划包括宣传信息内容、信息载体、宣传周期、宣传对象等；促销策划包括促销策略、节事等促销活动的安排、针对不同目标市场和目标客源的具体促销方案等。此外，农旅项目策划内容还包括融资策划、招商策划、管理策划、保障策划等。

图12-4　三瓜公社公众号页面

节事活动往往是推广农旅项目以及招商引资的重要形式，是吸引旅游群体、树立旅游形象、提高知名度、增加客源的重要手段。节事活动要围绕主题开展，表现形式要活泼，实行市场化运作，将节事活动与农旅项目推广、农产品销售、企业宣传和冠名结合起来，如桃花节、葡萄节、密克斯杯龙舟赛。

6. 确定电子商务经营平台

农旅电子商务项目的经营最终要落实在具体的电子商务经营平台中，这便需要在确定好以上五个方面的内容之后，确定具体的电子商务经营平台。根据电子商务经营平台的归属权不同，电子商务经营平台可以分为两种模式：一是第三方经营性电子商务平台，如当前规模较大、用户较多的飞猪、携程、中国乡村旅游网等；二是自营性电子商务平台，当前这一类型平台较少，无论是知名度还是规模都非常小，是经营者自己开发、搭建的专项服务于自己游客的电子商务平台，如三瓜公社自己开发、搭建的微信公众号微电子商务平台，如图12-4所示。

12.4.3　农旅电子商务运营关键点

在农旅电子商务经营过程中，应保证项目实施、全面、有序，最大限度落实规划方案的要求和内容。在农旅电子商务项目经营过程中应注意以下关键点。

1. 打造吸引眼球的视觉景观

游客在不了解农旅项目其他元素的情况下，通常是靠眼睛来评价农旅项目，视觉景观直接决定游客对农旅项目的评价和口碑。吸引眼球的视觉景观就可以提升游客对于农旅项目的体验度和好评度，非常有利于农旅项目的口碑打造和宣传推广。打造吸引眼球的视觉景观有两种方式：第一种方式是大地景观设计，如主题花卉、香草的种植、独特的建筑、特色的雕塑等，这种方式对于市场的吸引力较大，效果明显，模式成熟，文化延展性强；第二种方式是借助灯光等工具美化乡村的山水田园，营造壮美的乡村田园夜景，如彩色农家屋、红色南瓜雕塑等，在夜间非常容易吸引游客的眼球，并形成独特的创意。

2. 特色主题节庆活动不可忽视当地文化元素

不同的乡村有不同的节庆活动元素，如庆祝丰收、祈祷祝福、彰显民族特色、体现乡村生活等。节庆活动策划是一项以节日为载体,通过对节庆活动的安排和节庆内容的设置,达到宣传当地优势资源或者获得经济收入目的的一种策划方案。通过举办节庆活动,可以达到在短时间内宣传项目、打开市场的效果,但是在节庆活动策划的过程中一定不能忽视当地文化元素和乡村民俗文化的融合及运用。

3. 打造更具乡村气质的游乐体验活动

游客选择农旅项目,绝对不是想要享受与城市游乐园类似的游乐活动,而是希望参加具有乡村特色、乡土气息的农耕、农事体验、亲子娱乐活动,如做草编、耕地、锄草、割稻、磨豆腐、织布、做陶罐等,或者在水中打水仗、玩泥巴、游泳等。这些游乐活动充满乡村气息,是城市游乐园中无法体验到的,是真正的农旅项目才具有的特色气质。

4. 建立配套的绿色、生态餐饮设施

游客在农旅项目中除了"观""玩"之外,还需要"吃"。"吃"是农旅项目不可缺少的部分。人们在游玩的过程中必然会消耗能量,只有通过"吃"才能够补充能量,这便决定了"吃"的刚需和基础性作用。通过"吃",游客可以更为深入体验、感受农旅项目的特色,并与农村自然更近接触。要为游客服务好"吃",必须建立完善的、配套的绿色、生态餐饮设施。

5. 完善乡村住宿业态体系

游客在农旅项目中的最后一个基础需求便是"住",这是近距离接触乡村、原生态生活的最佳方式,夜观星空、夜听虫鸣无不惬意。要满足游客"住"的需求,必须具备完善的乡村住宿业态体系,形成突出乡村特色及田园景观的民宿。

6. 注重线上与线下的融合、联动

农旅电子商务由农旅服务项目与电子商务活动两部分构成,农旅电子商务的经营必须注重这两部分的融合。电子商务应发挥线上的优势,通过互联网快速连接游客,并为游客提供便捷化的体验服务,如农旅项目介绍、展示、导航、虚拟游览等,引导游客下单购买农旅服务项目;农旅服务项目应发挥线下的优势,为游客提供实地的游览、玩乐项目,并全面做好服务,保障游客的满意度,并转化为游客在线上平台中的好评和良好的口碑,进而转化、吸引更多的游客。

12.4.4 农旅电子商务经营复盘总结

农旅电子商务项目策划方案不可能做到十全十美,运营也不能完全落实计划,这极易为农旅电子商务项目带来经营风险。要消除或降低农旅电子商务项目的经营风险,最佳的方式便是复盘总结,及时找出方案或者落地工作的不足之处,并加以修正、完善。复盘总结可以从以下三个方面展开。

1. 农旅项目本身

农旅电子商务最为核心的要素是农旅项目,它的成败直接决定着农旅电子商务的成败。复盘总结农旅项目,需要从农旅项目的特色性、产业化程度及农村生态性、配套服务度等角度进行考量,这是关乎游客是否会选择农旅服务项目和对农旅服务项目好评度的要素。

2. 电子商务平台

农旅电子商务平台是游客前期了解农旅服务项目并进行购买服务的线上支持性平台,

因此它必须具备一些基础功能,能够为游客提供一定范围的服务,如农旅项目介绍、服务在线购买等。对电子商务平台的复盘总结,一是衡量这些基础性的功能是否具备,二是考虑平台在哪些方面还不能够满足游客的消费需求,最终形成汇总,完善电子商务平台功能,为游客提供更好的线上服务。

3. 线上与线下的融合性、衔接性

农旅电子商务必须做好线上与线下的良好融合和衔接,否则无法为游客提供良好的体验和消费。在进行农旅电子商务项目复盘总结时,应考量项目线上与线下的融合性、衔接性,督促项目做好线上与线下的全面融合、衔接,保障农旅电子商务项目的顺利进行。

【知识盘点】----------------------------------■

本章的主要内容为农旅电子商务,分别从农旅电子商务的相关概念、发展现状、农旅电子商务经营思维与模式、农旅电子商务经营策略方面进行了详细阐述,旨在帮助农旅电子商务经营者在充分理解农旅电子商务的基础上,掌握农旅电子商务的经营方法,夯实农旅电子商务经营基础。

【深度思考】----------------------------------■

1. 通过本章的学习,你认为农旅电子商务的经营要点是什么?

2. 农旅电子商务与农产品电子商务有什么异同?

3. 根据你的学习和生活经历,你认为农旅电子商务未来会如何发展?

【项目实训】----------------------------------■

1. 实训名称:农旅电子商务项目策划。

2. 实训目标:熟悉农旅电子商务运营。

3. 实训要求:

(1) 组建实训项目小组(建议 4~5 人一组,教师根据班级实际人数情况确定)。

(2) 小组根据自身实际情况,选择至少一个农旅项目。

(3) 小组为此农旅项目策划一套农旅电子商务运营项目方案,内容包括农旅项目介绍、农旅电子商务平台介绍、农旅项目推广策略等。

(4) 各个项目小组在班级内进行演讲,陈述农旅电子商务运营项目方案。

(5) 教师及其他小组同学对报告进行点评。

第13章

农村消费品电子商务

【导入案例】--■

国美电器的市场下沉

国美电器深耕家电零售34年,近年又向综合型O2O模式转型。在国内消费增长空间向县乡等农村市场下沉的趋势背景下,国美电器开启了市场下沉行动。截至2021年2月26日,国美县域店已经超过2200家,并且全部实现数字化升级改造工作,都采用"一店一页"的线上线下运作模式,视频导购、专业导购、礼宾服务覆盖周边3~5千米。

国美在2021年4月的业绩公告中表示,未来18个月会继续快速拓展网络,以加盟为主、自营为辅的方式,完成线下平台的基本布局,力争线下门店达到6000家,线下向线上引流实现月活1亿以上,其中三至六线城市布局提速将会是重点。县域店将成为未来国美新的商业增长点,融合创新的业态模式正在突破地理边界,实现线上线下流量的再分配,不断释放乡村消费新潜能。

在日常建设中,国美"家·生活"战略及线上线下双平台模式也同步覆盖县乡区域,共同促进乡村零售换挡升级。2021年1月23日,国美正式推出全新娱乐化、社交化零售平台"真快乐"App,配合线下门店完成"一店一页"数字化升级,实现了国美覆盖全国的线下平台的无缝衔接和精准赋能。"真人即时在线解答+商品快速送达+到店、到家服务"的全链条服务模式,与城镇居民享受相同品质服务。

与此同时,国美线上"真快乐"App力推"真选+低价"的选品模式,切实迎合了下沉市场升级品质消费的需求。借助线上平台的大数据力量,国美提出"八重真选"的选品逻辑,即全网初选、品牌二选、销售三选、口碑四选、比价五选、定价六选、补贴七选、服务八选,通过多维度筛选优质产品。基于34年深耕零售业的优势,国美通过与厂商伙伴深度对接,以直销方式砍去溢价,做到既从源头把控商品品质,又能实打实补贴用户,让"低价"成为真选的核心优势之一。

案例思考:

1. 国美电器市场下沉的动机是什么?

2. 与美国电器一样市场下沉的电子商务企业有哪些?它们又是如何运营的?

3. 你认为农村消费品电子商务与农村电子商务的区别是什么?

【知识目标】--■

- 了解农村消费品电子商务的含义、特征及发展现状。
- 掌握农村消费品电子商务经营策略。

- 了解农村消费品电子商务发展趋势。

【能力目标】 --

通过本章的学习,能够设计出完整的农村消费品电子商务运营方案,或者为正在运营的农村消费品电子商务项目提出优化方案。

【内容导图】 --

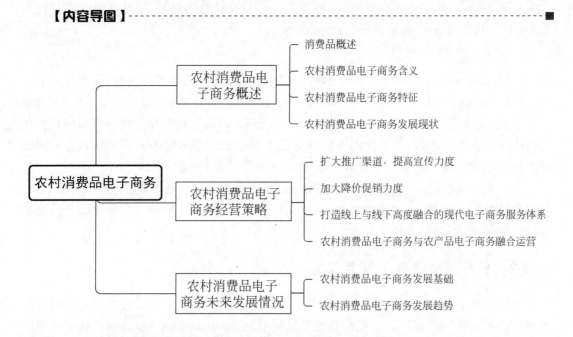

13.1 农村消费品电子商务概述

13.1.1 消费品概述

消费品是指由最终消费者购买并使用的产品。消费品是用来满足人们物质和文化生活需要的社会产品,也称消费资料或生活资料。根据所满足的需要层次,消费品可划分为生存资料(如衣、食、住、用方面的基本消费品)、发展资料(如用于发展体力、智力的体育、文化用品等)、享受资料(如高级营养品、华丽服饰、艺术珍藏品等)。根据使用时间,消费品可分为一次或短期使用的普通消费品和可供长期使用的耐用消费品。

根据消费者的购买行为和购买习惯,消费品可以分为便利品、选购品、特殊品和非渴求品四类。

1. 便利品

便利品(convenience goods)是指消费者要经常购买、反复购买、即时购买、就近购买、惯性购买,且购买时不用花时间比较和选择的商品。

2. 选购品

选购品(shopping goods)是指顾客会对使用价值、质量、价格、样式等进行认真比较的产品,如家具、电子产品、服装、汽车等。选购品可以划分为同质品和异质品。同质选购品的质量相似,价格明显不同,消费者选购时主要在与销售者商谈价格。但对服装、家具等异质选购品,产品特色通常比价格更重要,异质选购品的经营者必须备有大量的品种或花色,以满足不同消费者的喜好,并请受过良好训练的推销人员为顾客提供信息咨询服务。

3. 特殊品

特殊品(speciality goods)是指具有特定品牌或独具特色的商品,是对消费者具有特殊意义和特别价值的商品,如收藏品、结婚戒指等。

4. 非渴求品

非渴求品(unsought goods)是指消费者不熟悉,或虽然熟悉但不感兴趣,不主动寻求购买的商品,如环保产品、人寿保险、专业性很强的书籍等。非渴求品主要包括以下两种类型。

(1) 新的非渴求品(new unsought goods)是指那些的确提供潜在客户所不知的新的理念的产品。信息含量大的促销活动能帮助说服顾客接受产品,并结束其非渴求状态。例如微波炉、录像机等如今已非常流行的产品,在刚刚推出时属于新的非渴求品。

(2) 常规非渴求品(regularly unsought goods)是指那些仍然处于非渴求状态,但并非一直如此的产品,如墓碑、人寿保险以及百科全书。需求可能存在,但潜在户却并未激起购买欲,对于这些产品,人员推销十分重要。

13.1.2 农村消费品电子商务含义

农村消费品电子商务是相对于城市成熟的消费品电子商务而言的,它是指在农村地区进行的消费品电子商务活动,主要消费者是居住于农村地区的居民或从业者。这是一个新的消费品电子商务市场,当前仍处于初步开发的状态,具有巨大的消费潜量,吸引了各大电子商务企业积极布局农村电子商务运营。

农村的居住者既是生产者,也是消费者,他们同样需要通过消费品来满足自身日常生活所需,尤其是日用百货类消费品,如鞋服、日化、厨具、调味品等。而这些消费品不是在农村地区生产的,需要从城市购入,原来农村居民主要依靠传统线下零售店铺进行购买,但是受市场规模和地理位置等多个方面要素的影响,这些线下零售店铺具有明显局限性,且店铺整体规模较小,只能经营有限品类和数量的消费品,难以满足农村消费者的消费需求,尤其是农村居民经济收入水平的提升,消费需求也日益增长并趋于多元化。此外,线下消费必须要到店铺中,这给农村消费者带来了许多不便。随着电子商务模式的逐渐成熟和电子商务基础设施(物流、网络、联网终端设备等)的日益完善,农村消费品电子商务应运而生。它将为农村消费升级和经济活力带来益处,助力农村获得更好发展。

13.1.3 农村消费品电子商务特征

农村消费品电子商务除了具有电子商务及农业电子商务的基本特征之外,还具有以下几点自身独有的特征。

1. 消费人群以中青年人为主

据京东的中国农村电子商务消费报告显示,超过 90% 的农村网购人群分布在 19～45 岁,其中 26～35 岁的人群是消费主力军,超过 70%。这一现象主要由三个方面的原因造成:一是这部分群体相对的受教育程度较高,大多数达到了高中学历水平,能够完成基本的文字、文件阅读理解,这为网络购物奠定了基础;二是这部分群体成长于计算机时代,思维活跃、接受新鲜事物的能力较强,而且大多在接受学校教育时接触过网络,具备一定的网络使用意识,并且喜欢应用网络;三是这部分群体成长在我国经济大发展时代,消费积极性高、具有多元化需求,希望通过网络购买到具有特色的商品。

2. 移动化更为明显

受农村地区网络设施的影响,农村的网络设备多以手机为主,手机上网的人数比例高达84.6%,高出城镇 5 个百分点,移动化更为明显。移动化更将是农村消费品电子商务未来的趋势和常态,它将助力农村消费品电子商务迈上更高的台阶。

3. 家居、服饰等类产品消费占比较高

根据北京欧特欧国际咨询有限公司的监测数据显示,全国县域网络零售额分品类来看,排名前五位的品类分别是家居家装、服装服饰、家用家电、食品酒水和母婴产品,占全国县域零售额品类的比例依次为 22.0%、21.6%、10.1%、8.7% 和 6.8%。家居家装、服装服饰等产品消费占比明显较高,远远高于家用家电、食品酒水、母婴及其他类产品。这一现象主要由三个方面的原因造成:一是家居家装、服装服饰等类产品的价格本身偏高,最终的消费额自然比较高;二是家居家装、服装服饰等类产品在农村地域品类及数量都较少,村民的消费选择空间非常小,而电子商务平台中有着异常丰富的产品品类和数量,能够给村民更大的消费选择空间,村民自然更愿意通过电子商务途径进行这些类产品的消费;三是家用家电、食品酒水、母婴及其他类产品,在农村地域相对丰富,村民能够有选择性的购买到,且它们都属于日常消费产品,往往不会通过电子商务途径购买。

4. 人均消费额较低

受制于农村经济收入水平、村民网购意识、农村地区电子商务基础设施等多个方面的因素影响,农村消费品电子商务的人均消费金额较低,村民每年的消费金额通常为 500～2000 元,这明显低于城市消费品电子商务消费金额。但随着乡村经济的发展、村民网购意识的提升和基础设施的完善,这一现象会发生较大的变化。

5. 更关注降价促销活动

受农村整体经济发展情况的影响,村民的经济收入水平仍然偏低,这使村民在消费时更加关注商品的价格,更容易被降价促销活动引起消费兴趣。在消费品电子商务方面同样如此,村民更加关注商品的降价促销活动,希望通过活动购买到更加实惠的商品。

13.1.4 农村消费品电子商务发展现状

1. 当前消费规模

根据 2022 年 1 月 17 日国家统计局发布的数据显示,2021 年我国社会消费品零售总额44.1 万亿元,其中乡村消费品零售额实现 59265 亿元,同比增长 12.1%,显示了农村消费规模的迅速增长。同时,随着近年来农村地区网络和物流等基础设施的不断完善,农民网络消费意识和习惯的进一步养成,农村地区网络消费比例急剧提升,已与城镇网络消费比例相差不大。

2. 机遇

农村消费品电子商务发展的机遇主要包括三个方面:一是农村网民数量增多,村民网

购意识增强；二是农村网购基础设施日趋完善，包括物流体系和网络设施；三是乡村经济的发展和提升，村民经济收入水平明显提升，具有一定的经济基础进行消费。

3. 困难

农村消费品电子商务当前所面临的困难主要包括三个方面：一是县、乡、村三级物流体系仍不完善，制约网购商品的配送效率；二是村民网购的意识还在发展阶段，仍比较薄弱，没有形成网购习惯；三是电子商务企业乡村配套服务不完善，难以取得村民信任。要发展好农村消费品电子商务，必须突破这三点困难。

13.2 农村消费品电子商务经营策略

农村消费品电子商务与农资电子商务的主要差异在于经营的商品类型不同，农村消费品电子商务以日常消费品为主，农资电子商务以农资物品为主。除此之外，两者都以农村地区为经营目标，面对的都是农村地区的居民。因此，两者的经营策略基本相同，都需要完善农村电子商务的基础设施，构建县乡村三级物流体系，完善农村网络基础设施，培养村民网购意识等。除了这些策略，还有一些其他方法能够助力农村消费品电子商务，让村民能够借助于网络购买到更加优质、实惠的消费品。

13.2.1 扩大推广渠道，提高宣传力度

农村相对于城镇而言，其信息更加闭塞，这使村民接收消费品和网上购物信息受到了非常大的阻碍，不利于村民进行网购消费。必须扩大在农村地区的信息推广渠道，提高宣传力度，让村民广泛接收网购信息，进而促进村民的消费品电子商务消费。扩大推广渠道，提高宣传力度可以通过以下几个方面展开。

1. 刷墙广告

刷墙广告是农村宣传最为原始的一种手段，操作简单、容易上手，而且效果比较明显。京东、淘宝、当当等大型电子商务企业进入农村地区时都采用过这种宣传手段，如图13-1～图13-3所示。经营者可以与当地村民合作，在其院落墙体等地方刷写广告；也可以与当地乡政府或村委会进行协商，设立一些广告牌或者刷写一些广告语。

图 13-1　京东农村刷墙广告

图 13-2　淘宝农村刷墙广告

图 13-3　当当农村刷墙广告

2. 线下促销活动

一般农村地区都存有传统的赶集活动,村民会在集会当日聚集起来进行消费,消费品电子商务经营者可以利用这一集会举行线下促销活动,让村民快速知晓网购消费模式,并让村民了解到网购的新颖产品和实惠价格。

3. 与县乡相关政府机构合作,扩大推广宣传面

消费品电子商务经营者可以与县、乡级相关政府机构进行合作,举办推广宣传活动,例如电子商务送家电下乡活动。通过此类活动可以在让村民了解电子商务购物模式的同时,树立良好的企业公众形象。

4. 借助于新媒体平台做好新宣传

依托于手机等移动端产生的新媒体平台,是当前农村居民接收信息的最主要的渠道,应借助这一信息载体做好电子商务活动的宣传推广,如以转发得奖品的利益驱动方式发动村民在其朋友圈进行宣传推广,或者让村民们拍摄快手短视频进行分享推广。

13.2.2　加大降价促销力度

村民对于商品价格非常敏感,降价促销是刺激村民消费的有效方式。通过降价促销,不仅能够以较低的价格让村民享受到品质优良的产品,而且能够低价吸引村民逐渐养成网购

消费的习惯和意识。

加大降价促销力度,主要可以从以下两个方面进行。

1. 增大降价优惠力度

商品降价促销力度越大,对于村民的吸引力越强,他们就越愿意通过电子商务进行消费。在消费品电子商务的发展时期,电子商务企业在获取城市消费者时也采用了这一方式,创造出来诸如"6·18""双11"等消费狂欢节,以大幅折扣吸引了众多消费者

2. 增加降价优惠促销商品品类和数量

若参与优惠活动的商品品类和数量过少,也很难吸引到村民消费。我国是一个地域辽阔、民族众多的国家,各地农村的风俗习惯、消费需求是多种多样的;即使是同一位村民,他的消费需求也是多种多样的,他会需要家装家饰、家电、服装服饰、日用日杂等各类商品,因此少量的降价优惠促销商品品类和数量难以满足需求多种多样的村民,必须增加促销商品的品类和数量。

13.2.3　打造线上与线下高度融合的现代电子商务服务体系

村民不接受网购消费的最大原因是电子商务"看不见,摸不着"。"看不见"是电子商务没有任何线下实体店铺和营业人员,与传统消费模式完全不同,无法使消费者产生信任感;"摸不着"是商品无法直接感知,网络中只有商品的图片,却无法感知商品的品质、材质、触感等,商品形象不够真实,这也与传统消费模式不同。

要让村民接受电子商务消费模式,必须要构建线上与线下高度融合的现代电子商务服务体系,线上提供品种丰富、质优价廉的商品供村民选择,线下提供信用保障及相关退货、售后等服务,形成"看得见,摸得着"的消费模式,让村民可以放心进行电子商务消费。

目前农村消费品电子商务经营者主要为大型综合电子商务企业,如阿里巴巴、京东、当当、苏宁等,它们已经积累了丰富的线上商品资源,所欠缺的是线下服务,这是限制它们拓展农村消费市场的最大阻碍。要完善线下服务,需要借助于线下服务店或体验店,可通过以下两种方式进行构建。

1. 自建

农村消费品电子商务企业自建线下服务店或体验店,可以完全依照电子商务企业的经营路线为服务于村民消费者,且店面提供的体验或者服务完全是电子商务企业所拥有的业务项目,能够在消费者心中形成专业、专注的良好经营形象。同时,店铺经营人员都是经过电子商务企业系统培训的员工,能够给村民消费者提供更加专业、全面的服务。但是,电子商务企业自建服务店或体验店成本较高,需要投入店铺租金、装修费用、店铺工作人员薪酬、日常办公费用等,在建设前期很难实现盈利。

2. 合建

合建是指与当地相关实体店铺合作建立线下服务店或体验店。当地实体店铺通常在本地有一定的客流量和可信度,村民消费者更易进店了解与体验。这不仅能够有效促进农村消费者消费,而且能够大幅降低电子商务企业的成本投入,企业无须支付店铺租金、装修等费用,也无须支付人员薪酬及办公费用,只需要为合作店铺提供系统培训,传授运营技巧就

可以。但由于与店铺是合作关系,很难保障店铺完全落实电子商务企业的经营方针及为消费者提供良好的服务。这也是当前农村消费品电子商务经营者最为困扰的一个问题,很多现实中的农村消费品电子商务线下体验店都是形同虚设,今日亲密合作、明日分道扬镳的现象也是屡见不鲜。

农村消费品电子商务企业如何构建线下服务店或体验店,需要根据自身的实际情况决定,构建的目的是为村民消费者提供良好的线下服务和信任背书,促进村民接受电子商务消费。如果电子商务企业资金允许,自建线下服务店自然是最好的方式,这对于构建企业良好的形象非常有益,但也无须各村镇都自建,只需要在县城及重点乡镇建立样板店铺,在其他小型村镇可采取合建的方式,这样既可以保障经济效益,又能够通过自建带动合建提升店铺的经营能力和信誉。

13.2.4 农村消费品电子商务与农产品电子商务融合运营

农村消费品电子商务负责消费品下行,即将城市消费品通过电子商务途径输入农村,满足农村消费者对于工业日用物品的需求;农产品电子商务负责农产品上行,即将农村农产品输入城市,满足城市消费者对于农副产品的需求。"一下一上"实现了城市与农村之间产品的双向流通,服务了城乡两地域的消费需求。这是电子商务进农村最为理想的运行模式,更是规划电子商务进农村最大的驱动力。

农村消费品电子商务是以农村地域村民为消费者目标,而他们的经济收入主要依靠农产品的销售。因此要提升农村消费品电子商务的经营效果,必须夯实农产品的销售基础,使村民消费者有消费能力,而农产品销售最好的模式是电子商务,农村消费品电子商务与农产品电子商务融合运营是天作之合。

消费品电子商务与农产品电子商务融合运营,能够实现多方资源的高效利用,达到效益最大化,例如可以共用物流体系,城市至农村下行过程中运输消费品,农村至城市上行过程中运输农产品,物流的空载率减小,效益自然增加;可以共用线下服务店或体验店,下行过程中充当村民消费者的消费体验场所,上行过程中充当农产品包装、收寄及交易服务店,增加店铺的业务范围,提升收益。

当前农村消费品电子商务经营企业多采取这一模式,在其农村消费品电子商务业务经营的同时开展农产品电子商务业务经营,例如阿里巴巴、京东、拼多多等。

阿里巴巴推出的农村淘宝项目通过与各地政府合作,实现了"网货下乡"和"农产品进城",帮助农民脱贫致富。2017 年 6 月,农村淘宝正式升级,与手淘合二为一,针对农村市场增设"家乡版"。相关数据显示,阿里巴巴旗下的农村淘宝已孵化培育出 160 多个区域农业品牌,上线 300 多个兴农扶贫产品和 23 个淘乡甜种植示范基地,建成超过 3 万个村级服务站,发展近 5 万个"村小二"。

京东的农村电子商务项目主要为 3F 战略、京东便利店和京东帮。其中,3F 为实施工业品下乡、农产品进城、乡村金融三大战略。目前京东在全国数百个贫困县上线商品超 300 万种,实现销售额超 500 亿元,直接带动数十万户农民增收。

拼多多的"多多农园"是在农产品上行方面的新探索,旨在通过对产业链的改造,打通农村地区农产品上行通道,让农民享受更多产业链利益。拼多多还将推动 100 个"多多农园"项目落地云南,覆盖 500 个村,培养 5000 名云南本土农村电子商务人才,孵化和打造 100 个云南特色农产品品牌。

13.3　农村消费品电子商务未来发展情况

13.3.1　农村消费品电子商务发展基础

农村消费品电子商务的未来值得期待，主要依靠以下几个方面的基础。

1. 电子商务模式逐渐完善与成熟

电子商务模式经过 20 余年的发展，已趋于成熟，但电子商务的发展并未就此停止，还在不断完善，这是农村消费品电子商务发展坚实的基础，将指导、引领农村消费品电子商务进一步向前发展，并为农村消费品电子商务提供成熟的运营技巧和模式。

2. 农村电子商务基础设施逐步完善与成熟

政府机构、大型电子商务企业、三大通信企业（移动、联通、电信）、物流服务商等，都在积极推进农村电子商务项目，投入大量的资源、资金构建、完善农村电子商务的基础设施。这为农村消费品电子商务夯实了硬件基础，有利于农村消费品电子商务迈上更高一层台阶。

3. 村民网购习惯的逐步养成与提升

在大型电子商务企业、政府机构等多方面的引导下，村民的网购意识已在逐渐养成和提升，随着持续的教育和影响，村民的网购意识会越来越强，网购消费的行为也会越来越普遍，这是农村消费品电子商务发展最大的驱动力，推动着农村消费品电子商务更快发展。

基于电子商务模式、农村电子商务基础设施的完善和成熟，以及村民网购意识的提升，农村消费品电子商务未来必将会迎来大的发展，成为继城市消费品电子商务之后第二波电子商务发展高潮，农村电子商务的红利将得到充分释放。

13.3.2　农村消费品电子商务发展趋势

农村消费品电子商务未来发展的将会呈以下趋势。

1. 智能化

基于"三网融合"、物联网、大数据、云计算等创新技术的广泛使用，农村消费品电子商务将与智能工业、智能流通、智能消费连接成一个有机的整体，实现智能化运营，为村民消费者提供更加精准的消费品，实现个性化消费和服务。

2. 商品品类国际化

当前城市电子商务商品品类已开始国际化，在各大电子商务平台中，进口商品品种非常丰富，未来随着农村经济的发展和村民网购意识的养成，村民必然会购买进口商品，农村消费品电子商务的商品品类也将趋于国际化。

3. 依托移动终端

随着移动网络的发展和移动终端技术的成熟，未来农村消费品电子商务将会更加依赖移动设备。当前移动终端已有一定的规模,手机、智能手表、智能眼镜、智能电视机等几乎随处可见,人们逐渐告别了过去传统的网购形式,可以随时随地进行网购消费。移动终端的持续普及,会使农村消费品电子商务也相应快速发展。

4. 线上、线下融合化

未来电子商务整体的发展趋势就是线上、线下融合化,农村消费品电子商务也不例外。线下将发挥其物流、服务、体验等优势,为消费者提供更好的服务,提升消费者的消费体验;线上将发挥其丰富的商品资源和生动的商品展示方式,为消费者提供多样的商品及全面的商品知识。线下与线上优势互补,将共同服务于消费者,促进消费者网购消费。

【知识盘点】--

本章的主要内容为农村消费品电子商务,分别从农村消费品电子商务的含义和发展现状、农村消费品电子商务经营策略、农村消费品电子商务发展趋势方面进行了详细阐述,旨在帮助农村消费品电子商务经营者在充分理解其概念的基础上,掌握农村消费品电子商务的经营方法,夯实经营基础。

【深度思考】--

1. 通过本章的学习,你认为农村消费品电子商务的经营要点是什么?

2. 农村消费品电子商务为什么是农村电子商务不可缺少的一部分?

3. 农村消费品电子商务为什么要与农产品电子商务融合运营?

【项目实训】--

1. 实训名称:农村消费品电子商务项目策划。

2. 实训目标:熟悉农村消费品电子商务运营。

3. 实训要求:

(1) 组建实训项目小组(建议 4~5 人一组,教师根据班级实际人数情况确定)。

(2) 小组根据自身实际情况,选择至少一款农村消费品。

(3) 小组为此款农村消费品策划一套电子商务运营项目方案,内容包括农村消费品介绍、农村消费品电子商务平台介绍、农村消费品推广策略、农村消费品物流及支付实施办法等。

(4) 各个项目小组在班级内进行演讲,陈述农村消费品电子商务运营项目方案。

(5) 教师及其他小组同学对报告进行点评。

参 考 文 献

[1] 杨振荣. 实战农业电子商务[M]. 北京：清华大学出版社，2017.

[2] 杨伟强，湛玉婕，刘莉萍. 电子商务数据分析[M]. 2版. 北京：人民邮电出版社，2019.

[3] 北京博导前程信息技术股份有限公司. 电子商务数据分析概论[M]. 北京：高等教育出版社，2020.

[4] 苏来金，任国平. 食品安全与质量控制实训教程[M]. 北京：北京师范大学出版社，2020.

[5] 宋卫江，原克波. 食品安全与质量控制[M]. 武汉：武汉理工大学出版社，2019.

[6] 柳西波，丁菊，黄睿. 农村电商[M]. 北京：人民邮电出版社，2020.

[7] 秦阳，秋叶. 社群营销与运营[M]. 北京：人民邮电出版社，2017.

[8] 杨振荣，姜志梅，骆丽娜. 制胜私域流量[M]. 北京：机械工业出版社，2020.

[9] 杨振荣，李亚，乔海燕. IP时代微商运营实战宝典[M]. 北京：清华大学出版社，2018.

[10] 徐适. 品牌设计法则[M]. 北京：人民邮电出版社，2018.

[11] 陈国胜. 农产品营销[M]. 3版. 北京：清华大学出版社，2020.

[12] 郑舒文，吴海端，柳枝. 农村电商运营实战[M]. 北京：人民邮电出版社，2017.

[13] 裴涵，范志刚，丁晖，等. 农村电商运营：从策略到实战[M]. 北京：电子工业出版社，2018.

[14] 赵亮亮，杨振荣，刘英. 玩"赚"短视频：抢占流量新阵地[M]. 北京：清华大学出版社，2020.

[15] 秦阳，秋叶. 微信营销与运营[M]. 北京：人民邮电出版社，2019.

[16] 方建华. 微信营销与运营解密[M]. 北京：机械工业出版社，2014.

[17] 洪涛，洪勇. 2016年中国农产品电子商务发展报告[M]. 北京：中国财富出版社，2016.

[18] 唐生. 中国电子商务发展报告（2016—2017）[M]. 北京：中国商务出版社，2017.

[19] 魏后凯，杜志雄. 中国农村发展报告—聚焦农业农村优先发展[M]. 北京：中国社会科学出版社，2019.